育 人 之 路

——高校思想政治理论课实践教学攀越

主　审：郭　姣

主　编：吕　志

副主编：张居永　　温汉雄

　　　　刘小龙　　刘　伟

中央编译出版社

CCTP

Central Compilation & Translation Press

图书在版编目（CIP）数据

育人之路：高校思想政治理论课实践教学攀越／吕
志主编．—北京：中央编译出版社，2014.3
ISBN 978 - 7 - 5117 - 2023 - 8

Ⅰ.①育… Ⅱ.①吕… Ⅲ.①高等学校 - 思想政治教
育 - 教学研究 - 中国 Ⅳ.①G641

中国版本图书馆 CIP 数据核字（2014）第 004316 号

育人之路：高校思想政治理论课实践教学攀越

出 版 人：刘明清
出版统筹：董　巍
责任编辑：张　建　曲建文
责任印制：尹　珺
出版发行：中央编译出版社
地　　址：北京市西城区车公庄大街乙 5 号鸿儒大厦 B 座（100044）
电　　话：(010) 52612345（总编室）　　(010) 52612363（编辑室）
　　　　　(010) 52612316（发行部）　　(010) 52612315（网络销售）
　　　　　(010) 52612346（馆配部）　　(010) 66509618（读者服务部）
传　　真：(010) 66515838
经　　销：全国新华书店
印　　刷：三河市天润建兴印务有限公司
开　　本：710 毫米 ×1000 毫米　1/16
字　　数：299 千字
印　　张：18.25
版　　次：2014 年 3 月第 1 版第 1 次印刷
定　　价：54.00 元

网　　址：www. cctphome. com　　　邮　　箱：cctp@ cctphome. com
新浪微博：@ 中央编译出版社　　　微　　信：中央编译出版社（ID：cctphome）
淘宝网店：编译出版社书店（http://shop108367160. taobao. com/）

本社常年法律顾问：北京市吴栾赵阎律师事务所律师　闫军　梁勤
凡有印装质量问题，本社负责调换。电话：010 - 66509618

编 委 会

前 言

作为进一步提升高校思想政治理论课教育教学实效性的重要抓手，高校思想政治理论课实践教学以其独特的价值和功能受到了中宣部、教育部的高度重视。中宣部、教育部早在2005年联合下发的《关于进一步加强和改进高等学校思想政治理论课的意见》中就曾明确指出："高等学校思想政治理论课所有课程都要加强实践环节。要建立和完善实践教学保障机制，探索实践育人的长效机制。围绕教学目标，制定大纲，规定学时，提供必要经费。加强组织和管理，把实践教学与社会调查、志愿服务、公益活动、专业课实习等结合起来，引导大学生走出校门，到基层去，到工农群众中去。要通过形式多样的实践教学活动，提高学生思想政治素质和观察分析社会现象的能力，深化教育教学的效果。"2012年1月，教育部、中宣部、财政部等七部门在联合下发的《关于进一步加强高校实践育人工作的若干意见》中，针对统筹推进高校实践育人工作作出了新的统一规划和部署，并再一次强调"思想政治理论课所有课程都要加强实践环节"。

为了贯彻落实中宣部、教育部等部门有关文件精神，自2005年开始，许多高校围绕思想政治理论课实践教学的改革进

行了积极的理论探索与实践创新，并取得了一些有益的研究成果。以广东药学院为例，自2006年开始，我们独立设置了"思想政治理论实践教学课"，安排2学分、36学时，并根据课程教学需要配置了相应的管理机构、师资队伍、经费保障，在国内率先进行了将思想政治理论课实践教学由政策形态向课程形态转变的全新尝试；2009年，我们编撰出版了《面向社会 实践育人：高校思想政治理论课实践教学探索》一书，较为系统地探索了高校思想政治理论课实践教学的模式建构、教学内容拓展、组织实施和保障、考核评价等一系列基本理论与实践操作问题。作为当时国内为数不多、研究领先的思想政治理论课实践教学研究专著之一，该书还获得了教育部社科中心"2010年高校德育创新发展研究成果"三等奖；2011年，以"思想道德修养和法律基础"课实践教学的改革为突破口和研究对象，我们编撰出版了在国内具有开拓意义的思想政治理论课课堂实践性教学研究专著——《思想道德修养与法律基础课实践教学活动指导》。

即将付梓的这本《育人之路——高校思想政治理论课实践教学攀越》，主要融合了2011年以来我们在高校思想政治理论课实践教学理论研究和实践探索方面的最新成果，作为我们在高校思想政治理论课实践教学研究领域的一部承前启后之作，全书内容由三编组成。

第一篇为"课题研究"编。以课题研究推动高校思想政治理论课实践教学的理论探索与实践创新，已经被实践证明是促进高校思想政治理论课实践教学改革的重要举措，也是我们多年来在高校思想政治理论课实践教学研究领域不断攀越的成功经验和有效手段。基于此，本编以"课题研究"为主线，通过全景扫描式的介绍，分别展示了我们近年来承担完成的"高校思想政治理论课实践教学实效性研究"、"广东特色的高校思想政治理论课实践教学体系研究"、"思想政治理论课实践教学改革经验与特点研究"等三项以高校思想政治理论课实践教学为主题的省部级课题研究过程及其成果。在课题研究方面,我们申报了"高校思想政治理论课实践教学实效性研究",于2009年11月获得教育部思想政治理论课专项任务立项,此项目由吕志教授主持,研究历时一年有余,发表论文4篇,撰写完成研究报告1份,出版研究专著1部。该课题顺利结项后,我们申报了"广东特色的高校思想政治理论课实践教学体系研究"、"思想政治理论课实践教学改革经验与特点研究"两项广东省教育科学规划研究课题课题,并被批准立项。在温汉雄副教授和刘伟副教授的主持下,这两个项目在高校思想政治理论课实践教学研究领域取得了一些研究成果。上述三项省部级课题研究的开展及其研究成果的取得,对于整体推进高校思想政治理论课实践教学的改革,提升高校思想政治理论课实践教学的实效性具有重要的理论借鉴意义与实践应用价值。

第二编为"探索创新"编。迄今为止,学术理论界对于高校思想政治理论课实践教学的研究和探索已经有一段时间,但是,对于高校思想政治理论课教育教学而言,高校思想政治理论课实践教学仍然是一个相对较新、值得不断探索的理论与实践课题。而探索创新,始终是高校思想政治理论课实践教学改革与发展的生命所在。本编安排的内容,就是我们在高校思想政治理论课实践教学研究领域不断探索创新的结晶。其中第一、二两章主要是从微观层面详细介绍自2006年以来广东药学院规划实施的思想政治理论课实践教学实施方案及其在思想政治理论课实践教学方面的管理创新措施,以期为兄弟高校提供可资借鉴的实践模式与管理思路。第三、四、五章则以三门高校思想政治理论课课程为例,分别探讨了"毛泽东思想和中国特色社会主义理论体系概论"课实践教学方法改革与范式创新、"思想道德修养与法律基础"课课堂实践性教学的原则、教学设计思路和具体操作方法,以及"中国近现代史纲要"课实践教学中地方史资源的利用等问题。

第三编为"成果荟萃"编。敏于行，行必果，这是高校思想政治理论课实践教学探索创新的旨趣所在和内在要求。多年来，我们不仅专注于高校思想政治理论课实践教学的理论思考与探索，同时也十分注重高校思想政治理论课实践教学成果的梳理与整合，除了将有关思想政治理论课实践教学的理论研究与实践创新成果及时编辑介绍宣传，同时还坚持每年编辑一集大学生优秀调查报告。本编作为"成果荟萃"分为"教师篇"和"学生篇"两部分，首先，荟萃了近年来我校思想政治理论课教师关注社会问题、指导实践教学、进行社会实践考察、亲身参加社会调研等撰写而成的社会实践考察报告及调研报告6篇，视野及于现代化进程中广东人的素质提升、推进大学生科学素质教育、研究生德育工作及红色文化考察等相关内容。其次，我们还从现已编辑的6辑《大学生优秀调查报告集》中精心挑选了16篇大学生优秀调查报告并尽量保持其原貌，这些调查报告虽然囿于大学生的视野与学识而稍显稚嫩，但它们却反映了广东药学院大学生在教师的指导之下关注社会现实、投身社会实践的学子情怀和时代风貌，极大拓展丰富了高校思想政治理论课实践教学的内涵和形式。

自2006年以来，我们始终不渝地坚守在思想政治理论课实践教学这一高校思想政治理论课教育教学研究新的学术园地。从在国内高校中开创性地独立设置"思想政治理论实践教学课"，到编辑出版《面向社会 实践育人：高校思想政治理论课实践教学探索》、《思想道德修养与法律基础课实践教学活动指导》等两部思想政治理论课实践教学研究专著，再到本书的编辑出版，所有这一切都在见证着我们的不断探索、矢志攀越，其中虽然有苦累，有困惑，但回望多年来的每一份耕耘与收获，使我们坚信这一切的付出是值得的。我们期待着在高校思想政治理论课实践教学领域的这一系列理论研究与实践探索成果能够成为提升高校思想政治理论课教育教学改革的催化剂和原动力，也希望我们的创新与思考能为从事高校思想政治理论课教育教学的同行们带来新的理论之思与实践之行。

编者

2013 年 10 月于广州大学城

目　录

第一编　课题研究

一 高校思想政治理论课实践 教学实效性研究

（一）项目研究的总体情况

教育部人文社会科学研究课题（思想政治理论课研究专项）"高校思想政治理论课实践教学实效性研究"（项目批准号：095DSZK049），在2009年被正式批准立项。在此之前，广东药学院在思想政治理论课"05方案"的实施过程中，已经将思想政治理论课的实践教学纳入教学计划，并开始在实践教学方面进行了探索。课题获准立项促使我们对思想政治理论课实践教学的研究更加深入，在实践教学的理论探索和实践操作层面迈上一个新台阶。课题研究情况如下。

1. 在理论研究层面

课题研究着眼问题、化难解惑，科学立论、准确聚焦，整体视野、综合探讨，立足广东、面向全国，构建了一个说理透彻、体系完整、内容丰富的高校思想政治理论课实践教学理论体系，很好地回答了高校思想政治理论课实践教学研究领域面临的问题，对思想政治理论课实践教学的界定、实践教学体系的构成、实践教学的形式、实践教学的资源整合和实践教学的考核评价都提出了与众不同的观点见解，所展现的理论视野和研究成果在一定程度上提升了我国高校思想政治理论课实践教学理论研究的水准。

本课题研究完成研究论文4篇，研究报告1份，研究专著1部。

2. 在实际探索层面

课题研究着眼应用、强化操作、强调可行，探索制定了"广东药学院思想政治理论课实践教学实施方案"和9个附件材料，使思想政治理论课实践教学有了标准化、制度化、体系化、操作性强的规范要求，将思想政治理论课实践教学列入教学计划、进入课堂、深入学生，收到实效，连续指导了广东药学院多届大学生的思想政治理论实践教学课，在课题进行期间编辑完成了多集"广东药学院《思想政治理论实践教学课》大学生社会实践优秀调查报告辑"。广东药学院思想政治理论实践教学课的模式在推介之后，全国有数十所高校前来参观学习，认为广东药学院的思想政治理论课实践教学有创新，可操作，形成特色，走在前列，值得学习。

3. 在服务社会层面

根据思想政治理论课实践教学的基本要求，组织思想政治理论课教师到广东省贫困县——连南瑶族自治县进行社会实践，完成了连南县委县政府委托的研究报告两篇：（1）《发展民族地区教育，促进社会经济发展——连南瑶族自治县教育发展状况调研报告》；（2）《连南县民族医药健康产业发展的现状分析与对策研究》。目前两篇报告已被连南县委县政府采用，并产生了很好的社会效益，受到好评。

4. 在研究方法层面

在开展思想政治理论课实践教学的过程中，我们根据探索、规范、提升思想政治理论课实践教学的目标，确立了本课题研究的基本思路是：沿着"理论—实践—理论—实践"的路径，系统分析影响高校思想政治理论课实践教学实效性的各种影响因素及其相关环节，对不同类型高校思想政治理论课实践教学的现状进行调查、比较、分析，归纳出其不同特点，整合实践教学相关因素，构建实践教学体系、设计优化实践教学模式，探索实践教学的特点规律，明确提高实践教学实效性的做法，为全面推进思想政治理论课实践教学提供理论支撑、实施方案和决策依据。

在课题研究过程中，我们采用了调查分析、理论研究和对策探讨三者相结合的研究方法，坚持理论教学与实践教学结合、理论探索与实证研究结合、一般规律总结与特色经验挖掘结合，立足广东的实际，面向全国，从理论和实践，创新与提升的高度进行深入的思想政治理论课实践教学的理论研究、进而制定出具有可操作性的思想政治理论实践教学课的实施方案。

5. 在学术价值层面

课题研究紧紧抓住当前社会和人们所关注的热点—高校思想政治理论

课的教育教学进行探讨，以实践教学这一影响和制约当前高校思想政治理论教育教学实效性提高的重要课题作为切入点进行系统和深入研究，有针对性地回答了高校思想政治理论课实践教学的认识、领导、组织、规划等一系现实难题，构建了一个说理透彻、体系完整、内容丰富的高校思想政治理论课实践教学理论体系，很好地破解了当前我国高校思想政治理论教育教学研究领域必须予以回答的实践教学难题。

本课题研究的理论成果和实施方案在思想政治理论课实践教学领域中处于领先地位，课题的理论研究成果有着较高的学术价值，提升了我国高校思想政治理论课实践教学理论研究的水平，课题的实施方案填补了思想政治理论课实践教学存在的空缺，实现了在这一研究领域的学术理论创新和实际应用的可操作性。对提高高校思想政治理论课实践教学的实效性有重要的理论探索意义和实践推广价值，课题研究的阶段成果出版和发表后，在全国高校思想政治理论课教育教学领域引起了强烈反响，受到广东省教育厅有关部门的充分肯定，广东省教育厅在对课题成果之一专著《面向社会，实践育人》的鉴定意见中高度评价该书的学术理论创新价值和实践指导意义，并将该书列为广东省教育厅思想政治理论课教师培训推荐阅读学习书目之一，众多从事高校思想政治理论课教学的同行也给予了该书较高评价，称赞该书为推动全国高校思想政治理论课教学改革作出了重要贡献，肯定了该书在全国高校思想政治理论课实践教学研究领域的领先地位。

（二）主要研究成果的基本内容、创新性及其社会影响

1. 基本内容

（1）专著

《面向社会 实践育人——高校思想政治理论课实践教学探索》全书共分上、中、下三编，共计41.6万字。上编为"思想政治理论课实践教学篇"，主要着眼于高校思想政治理论课实践教学的理论探索与体系构建，分设七章。分别就认识高校思想政治理论课实践教学的重要性、实践教学新模式的建构、教学内容拓展、原则确立、组织实施和保障、考核评价、教学形式探索等一系列事关高校思想政治理论课实践教学的基本理论与实践操作问题进行了全面探讨和理论体系构建。中编为"思想政治理论教育社会实践篇"，主要内容是对思想政治理论教育的相关环节进行分析探

讨，分设五章。分别就思想政治理论教育要结合社会实践、关注社会现实、结合大学生专业学习和社团活动等问题进行了深入理论阐释和实践探索。下编着眼于对高校思想政治理论课实践教学改革创新实践经验的总结和相关成果的介绍，主要选取了广东药学院大学生通过社会实践调查所撰写的优秀调查报告，全面展示广东药学院"面向社会，实践育人"的思想政治理论课实践教学的探索成果，附录收录介绍广东药学院、广州科贸职业学院在开展思想政治理论课实践教学方面的具体做法和经验总结。

（2）研究论文及研究报告

1）研究论文

课题的研究论文及研究报告，立足学科建设，通过对广东药学院开展思想政治理论课实践教学过程中所遇到的问题、所积累的经验进行深入调研分析，明确思想政治理论课实践教学的属性、特点，探讨了影响高校思想政治理论课实践教学实效性的因素及环节，探索了如何整合实践教学的相关因素、优化实践教学的形式，破解当前影响实践教学实效的难题，加强实践教学考核评价等理论研究问题，探讨了具有可操作性的实践教学模式和长效机制。

课题的四篇理论研究论文构建了"提高高校思想政治理论课实践教学实效性研究"的系统理论体系，拓展了课题研究的理论空间，提升了课题研究的学术水平。

论文一：《对思想政治理论课实践教学实施的思考》

该论文对思想政治理论课实践教学的内涵和形式进行了分析探讨，认为思想政治理论课实践教学可以成为一门具有独立形态的课程，与高校其他课程一样需要系统规划和科学培育；分析了人们对思想政治理论课实践教学存有的困惑和认识的局限，提出要构建和完善思想政治理论课的实践教学体系，实现思想政治理论课实践教学的目标，提高实效性。

该论文在对思想政治理论课实践教学现状和存在的问题探讨分析的基础上，认为思想政治理论课实践教学是把理论与实际、课堂与社会、学习与研究紧密联系起来，培养学生联系实际思考问题、运用理论分析问题、自主研究解决问题等实践能力的多种教学方式的总和。通常应有两种形式：课内实践教学和课外实践教学。提出我们要以创新精神进行探索，以务实做法进行实践，从而实现思想政治理论课实践教学的目标。

思想政治理论课实践教学是一次探索性的教学改革，是思想政治理论课与时俱进的客观要求；进行实践教学的改革探索，形成实践教学新模式，提高实践教学实效，是思想政治理论课改革、发展和创新的可靠保证。

论文二：《论思想政治理论课实践教学体系构成及其建设》

该论文对思想政治理论课实践教学体系所涉及的相关因素进行系统分析，明确了实践教学体系中各相关因素的作用，并在此基础上提出高校思想政治理论课实践教学体系构建的思路、措施，以期达到提高思想政治理论课教学实效性的目的。

该论文分为两个部分：

第一部分：思想政治理论课实践教学体系构成要素分析

从高校思想政治理论课实践教学开展的视角来看，要使整个教学系统有序、有效地运转，教学系统应具有驱动、受动、调控和保障功能，在实践教学实施过程中，需要准确把握以下相关因素：

① 明确实践教学主导：教师主导。

② 确立实践教学主体：学生主体。

③ 确定实践教学目标：相应的实践教学主题。

④ 拓展实践教学内容：实践教学的专题活动。

⑤ 完善实践教学管理：相应的制度规范。

⑥ 落实实践教学保障：相应的保障条件。

第二部分：思想政治理论课实践教学体系的建设

论文主要围绕思想政治理论课实践教学体系所涉及的教师主导、学生主体、教学目标、教学内容、教学管理和教学保障等因素对构建思想政治理论课实践教学体系、提高实践教学实效性进行探索，提出了以下的建设措施：

① 明确实践教学要求，提高教师队伍素质。

② 彰显实践教学主体，激发学生参与实践教学的积极性。

③ 精心设计实践教学目标，提高实践教学的实效性。

④ 拓展实践教学形式，开发实践教学资源。

⑤ 构建实践教学评价体系，完善实践教学考核机制。

⑥ 完善实践教学制度，构建实践教学保障机制。

思想政治理论课实践教学体系的建设是一个长期、复杂的过程，需要各方统筹协调、齐抓共管，需要在理论探讨和实践实施的基础上，不断地进行总结、提升和推广，以提高思想政治理论课实践教学的实效性，使思想政治理论课成为大学生真心喜爱、终身受益的优质课程。

论文三：《论思想政治理论课实践教学的形式及其实施》

实践教学是思想政治理论课教学系统不可或缺的重要组成部分。该论文着重围绕思想政治理论课实践教学的形式及其实施展开探讨分析，以期提高思想政治理论课实践教学的实效性。

按照思想政治理论课实践教学的内涵，其实践教学形式可划分为课内实践教学、社会实践教学、虚拟实践教学三种最基本的形式。其中，课内实践教学便于学生参与，社会实践教学贴近现实生活，虚拟实践教学拓展教育空间，三者相互补充、相互促进，共同构成了思想政治理论课实践教学的大系统，共同发挥着提高思想政治理论课实践教学实效性的重要作用。

思想政治理论课实践教学有多种多样的实施方式。该论文中根据实践教学的形式，将其实施概括为思想政治理论课课堂实践教学的实施、课外实践教学的实施和虚拟实践教学的实施三种类型，并对每种类型实践教学的实施都提出了具体的要求。

总之，思想政治理论课实践教学要一改过去"以教师为主体，以教材为中心，以课堂为平台"的封闭状况，形成"以学生为主体，以实践为中心，以社会为平台"的开放式实践教学过程，要把学生作为社会的主体来培养，而不是把学生作为社会的客体来塑造；形成师生互动、以人为本的生活世界，而不是将教学自身的活动作为追求目的。

论文四：《新时期高校思想政治理论课实践教学考核评价的理论探索》

实践教学考核评价是思想政治理论课教学的本质属性和提高教学实效性的内在要求。主要是指评价者依据一定的思想政治评价标准，运用定性与定量相结合的科学方法，对思想政治理论课实践教学过程及其结果进行的价值判断。该论文就新时期高校思想政治理论课实践教学考核评价的思想来源、教育价值、首要任务和根本目的等问题进行探讨。在此基础上明确提出如何构建具有时代特色的实践教学考核评价体系，是加强和改进高校思想政治理论课实践教学及其管理所面对的重要课题。结合实践教学，该论文认为应深化改革，逐步探索科学的思想政治理论课考核评价目标，合理的考核评价方法，完善的评价模式，达到人才培养的最佳效果。

2）研究报告

《构建高校思想政治理论课实践教学长效机制的探索——基于广东药学院的经验》

思想政治理论课实践教学在大学生思想政治教育方面具有突出的特点和优势。该研究报告在总结广东药学院思想政治理论课实践教学经验的基础上，探讨了构建高校思想政治理论课实践教学长效机制四个方面的举措，以期为各高校增强思想政治理论课实践教学实效提供参考。

研究报告分为四个部分：

① 独立设置课程，确保思想政治理论课实践教学制度化

在实践探索的前提下，广东药学院构建了比较完善的思想政治理论课实践教学制度和体系，主要经验有三点：首先，独立设置"思想政治理论实践教学课"，确保其必修课的地位。广东药学院采取了单独设置"思想政治理论实践教学课"的组织管理方式，把每一门思想政治理论课的实践学时整合起来，组合成一门新的"思想政治理论实践教学课"，该课程共计36学时、2个学分。教务处将其作为必修课排进教学计划，下达教学任务，提供课时和课酬。

其次，思想政治理论课教学部成立专门的教研室，负责"思想政治理论实践教学课"的组织管理工作。

最后，严格按照必修课程的要求，制定、完善教学管理规章制度。

② 创新内容形式，实现思想政治理论课实践教学规范化

广东药学院根据思想政治理论课实践教学的特点，对实践教学内容和形式进行了积极的探索，主要经验在于理顺了实践教学过程中的几对关系：首先，处理好实践教学内容与形式的稳定性和灵活性的关系，既保证实践教学作为课程的规范性，又凸显实践教学的灵活性。

其次，处理好思想政治理论课实践教学与其他实践活动的关系，既凸显思想政治理论实践教学课的课程特点，又整合其他实践活动为实践教学服务。

再次，处理好实践教学过程中教师的主导性与学生主体性的关系，既发挥教师的积极引导作用，又鼓励学生发挥自主性。

③ 落实保障条件，实现思想政治理论课实践教学的长效化

广东药学院思想政治理论课实践教学取得的突出成绩，促使学校有了落实和改善教学保障条件的强大动力，实现了"以保障条件促成效，以成效促保障条件改善"的良性循环，形成了比较健全的教学保障机制，

具体体现在组织保障、队伍保障、经费保障等方面。

④ 整合教学资源，凸显思想政治理论课实践教学特色

广东药学院思想政治理论课实践教学在资源整合层面上力求增强教学实效，凸显教学特色。其在教学目标层面的资源整合，表现为将提升大学生医药文化素质作为实践教学的改革方向，探求学校培养应用型医药卫生人才的目标如何在思想政治理论课实践教学中得以贯彻落实，充分发挥实践教学在培养学生"扎根基层、医道济世"的良好品质中的功能和作用。在教学手段层面的资源整合表现为将思想政治理论课实践教学与专业课实践教学环节、团委、学生处开展的大学生社团组织的实践活动以及大学生文化科技素质活动之间搭建桥梁，有机结合，形成合力，开展专题实践教学活动，凸显思想政治理论课实践教学的特色和作用。

（3）实施方案

课题在进行研究的过程中，既重视思想政治理论课实践教学的理论研究，又重视思想政治理论课实践教学的具体操作和实施，把理论研究与实践教学实施工作紧密结合。我们以广东药学院为例，对思想政治理论课实践教学的实施进行了探索，经过多年来的实践，初步形成了科学的、规范的、特色鲜明的广东药学院思想政治理论课实践教学的模式，受到了有关专家学者的充分肯定和兄弟院校教师的高度好评。可以说广东药学院的思想政治理论课实践教学模式以其规范严谨的体系，富有时代感的调研选题，灵活多样、操作性强的实践形式，卓有成效的实践效果受到了学校教学主管部门、教师和学生的充分肯定。

在课题研究的过程中，我们对思想政治理论课实践教学的教学改革进行了积极探索，教学研究成果主要体现如下。

制定《思想政治理论课实践教学实施方案》及相关配套规范文件

按照教育部思想政治理论课"05方案"的要求，广东药学院从2006年起，开始独立设置"思想政治理论实践教学课"，经过多年的探索，逐步形成了一整套具有本科院校特色的思想政治理论课实践教学体系和模式，对"思想政治理论实践教学课"的课程性质、教学要求、组织管理、实施方式、保障机制等都作了明确规定。

实施方案的特点：一是独立设置"思想政治理论实践教学课"，确保实践教学的规范化和长效化。二是健全课程教学管理制度，使得实践教学具有很强操作性。

10

为了保证实践教学的顺利开展，使实践教学有章可循，我们制定了与实施方案相配套的 9 个教学规范文件：

附件 1. 《〈思想政治理论实践教学课〉课程教学指导纲要》

附件 2. 《〈思想政治理论实践教学课〉实施办法》

附件 3. 《〈思想政治理论实践教学课〉课程简介》

附件 4. 《〈思想政治理论实践教学课〉教师职责》

附件 5. 《〈思想政治理论实践教学课〉社会调查指南》

附件 6. 《〈思想政治理论实践教学课〉调研报告评分标准》

附件 7. 《〈思想政治理论实践教学课〉学生考核要求》

附件 8. 《〈思想政治理论实践教学课〉社会实践报告诚信声明》

附件 9. 《〈思想政治理论实践教学课〉课程小结》

通过制定《思想政治理论实践教学课实施方案》及相配套的 9 个教学管理规范文件，做到了对实践教学组织实施的各个环节都有明确规定，从而确保了思想政治理论实践教学课的规范与高效。

（4）拓展成果

1）广东药学院《思想政治理论实践教学课》大学生暑期社会实践优秀调查报告集。

2）广东药学院《思想政治理论实践教学课》课题调研组赴连南瑶族自治县系列研究咨询报告 2 篇。

拓展成果一：

广东药学院《思想政治理论实践教学课》大学生暑期社会实践优秀调查报告集收录了近年来本科生、研究生所撰写的 200 余篇社会调研报告，是思想政治理论课实践教学课题研究的拓展成果之一。内容涉及社会、政治、经济、文化等方面，大学生通过思想政治理论课的实践教学在教师的指导下，运用中国特色社会主义理论观察社会、观察生活、体验人生，通过自己的亲身感受加深对思想政治理论课教育教学内容的掌握理解。调查报告集所反映的题材内容十分丰富，对新农村建设、失地农民问题、农村教育问题、农村的环境保护、新型农村合作医疗、农村老人生活状况、大学生的校园生活、社区文化建设、食品安全、农民工问题等都进行了比较深入的调查。通过这种实践教学形式使大学生受到锻炼，了解了社会，提高了分析问题和解决问题的能力，提高了大学生交往和写作的能力，是对思想政治理论课课堂教学的拓展，发挥了实践育人的重要作用。

拓展成果二:

广东药学院《思想政治理论实践教学课》课题调研组赴连南瑶族自治县系列研究咨询报告 2 篇。第一篇:《发展民族地区教育,促进社会经济发展——连南瑶族自治县教育发展状况调研报告》;第二篇:《连南瑶族自治县民族医药健康产业发展的现状分析与对策研究》。这两篇调研报告是思想政治理论课实践教学课题研究的拓展成果,由课题主持人吕志教授负责拟定研究思路,与课题组的其他教师共同完成,是思想政治理论课教师深入生活、服务社会的具体体现,也是理论联系实际,面向社会、服务社会、实践育人的成果体现。目前,这两篇研究咨询报告已经被连南县委县政府采用,并且给予很高的评价。

2. 创新性及其应用、社会影响

课题研究把实践教学这一影响和制约当前高校思想政治理论教育教学实效性提高的问题作为切入点,结合广东药学院的实际有针对性地进行系统和深入研究,破解了高校思想政治理论实践教学课的认识、领导、组织、规划等难题,构建了一个说理透彻、体系完整、内容丰富、操作性强的高校思想政治理论实践教学课的理论体系和实施方案,很好地回答了高校思想政治理论教育教学研究领域面临的现实困惑,在实践教学研究领域处于领先地位,在一定程度上填补和充实了我国高校思想政治理论课实践教学理论研究和实践探索的空缺。课题研究的成果可以为各级各类高校开展思想政治理论课实践教学,提高教学实效性,提供理论支撑、实践指导和模式借鉴。

专著和论文出版发表后,在全国高校思想政治理论课教育教学领域引起强烈反响,受到广东省教育厅有关领导和部门的充分肯定,广东省教育厅在对专著的成果鉴定意见中,高度评价该书的学术理论创新价值和实践指导意义,全国众多从事高校思想政治理论课教学的同行也给予了该书较高评价,称赞该书为推动全国高校思想政治理论课教学改革作出了重要贡献,肯定了该书在全国高校思想政治理论课实践教学研究领域的领先地位。目前,该书先后被《学校党建与思想教育》、《思想政治教育研究》、《思想教育探索》和《前沿》等学术期刊刊发和引用,被中山大学、华南理工大学等百余所高校图书馆购买收藏,杭州师范大学、新乡医学院、广州美术学院、广东海洋大学、广东医学院、广东交通职业技术学院等高校思想政治理论课教师在获悉该研究成果后,专程来我校了解学习思想政治理论课实践教学的做法和经验。

　　课题研究的阶段成果之一：《对思想政治理论课实践教学实施的思考》荣获《学校党建与思想教育》杂志社、教育部高校社科发展研究中心举办的"新中国成立 60 周年高校党建理论与实践"优秀论文"二等奖"；阶段成果之二：专著《面向社会，实践育人》荣获教育部高校社科发展研究中心举办的第二届"高校德育创新发展研究成果"三等奖；阶段成果之三："高校思想政治理论课实践教学探索"荣获 2010 年度广东药学院科研成果三等奖。

（三）问题和建议

　　1. 课题的实践探索需进一步加强

　　建议教育主管部门在广东药学院思想政治理论实践教学课实施方案的基础上，不断改革创新，深化充实，吸取其他院校的经验做法，形成有特色、操作强的"普通本科院校思想政治理论实践教学课实施方案"，供全国各高校在思想政治理论课实践教学的实施时借鉴参考，并提供指导。

　　2. 课题的宣传推广工作需进一步加强

　　目前，从我们所了解到情况来看，思想政治理论课实践教学已经成为各级各类高校关注的热点：改革的重点，但是有的高校对思想政治理论实践教学课内涵界定不甚了解，对思想政治理论实践教学课如何开展无从下手，广东药学院在思想政治理论实践教学课方面积累了丰富经验，有一些成功的做法，出版了《面向社会、实践育人——高校思想政治理论课实践教学探索》一书，形成了较完备的思想政治理论实践教学课的实施方案和相关规定，受到了许多高校的关注。从各方面的信息来看，设置思想政治理论实践教学课很有必要，加强对思想政治理论实践教学课成功的做法、经验的总结宣传、推广和普及工作刻不容缓，我们也期望高校思想政治理论课的教育主管部门加强这方面的指导，经过共同努力，将思想政治理论课的研究成果变为实施成果，以提高思想政治理论课实践教学的实效，使思想政治理论课成为大学生真正喜爱，终身受益的课程。

二 广东特色的高校思想政治理论课实践教学体系研究

（一）研究的背景

思想政治理论课实践教学是由思想政治理论课程性质的特殊性决定的。高校思想政治理论课是以马克思主义为指导，对大学生进行政治素质教育、思想素质教育、道德素质教育和科学素质教育，帮助大学生形成正确的世界观、人生观、价值观的课程。衡量思想政治理论课教学质量的重要标准之一，就是看通过思想政治理论课教学，学生在思想上和行动上是否发生了变化，学生能否比较客观地看待周围的人和事，能否比较科学地去解决遇到的问题。学生思想和行动的变化、理想信念的形成是在学习理论知识与社会现实联系中不断生成的，由此决定思想政治理论课程必须做到理论和实践的结合。自高校思想政治理论课"05方案"实施以来，广大高校政治理论课教师以及有关理论工作者针对新形势下高校思想政治理论教育的新情况、新要求，积极研究和探讨高校思想政治理论课实践教学相关问题，在理论上提出了一些见解，在实践中创造了一些好的做法和经验，增强了高校思想政治理论课教育教学工作的实效性。但由于国内高校思想政治理论课实践教学的理论研究和实践操作尚处于积极探索之中，目前所形成的成果在总体上是比较零散、不系统的，还存在诸多不足，主要表现在：第一，对实践教学的含义理解不一。有学者认为，思想政治理论课实践教学是指走出校园，参与社会的实践活动；还有学者认为，思想政治理论课实践教学是指内容直接来源于实践，能让学生直接参与或能增加学生感性认识的教学形式，分为课堂实践和课外实践，其中课外实践包括校内实践和校外实践；有的学者和高校甚至把思想政治理论课实践教学直接等同于学生社团的"三下乡"活动。第二，对实践教学的认识基本上还处于经验总结阶段。从目前来看，学界对思想政治理论课实践教学还缺乏深入的理论研究，已有的成果大部分仅从意义和价值角度提出实践教学的重要性，缺乏可操作的实施方案和规程。同时，对实践教学的探索缺乏地方特色和专业特色，实践教学的针对性不强。

由于理论研究的不足，导致很多高校在实践教学的具体操作过程中产生了一些现实问题：第一，学生参与的广泛性不够，无法顾及面向全体学生的普及性问题，部分学生参与使实践教学失去了广泛性意义。第二，不少高校没有把实践教学纳入学校相应的教学计划中，实践组织的随意性较大，难于形成稳定、一贯的活动形式，实践教学"走过场"，甚至处于"放羊"状态，收不到实践教学应有的效果。第三，实践内容和形式不规范，缺乏有效的管理和考核，最终导致了实践教学的针对性和实效性不强。高校思想政治理论课实践教学目前的状况和存在的问题，要求我们必须要进一步加强理论探讨和实践研究，探索出一条既有特色又有实效的路子，从而实现思想政治理论课实践教学的教学目标。

从广东的实际来看，进一步推动高校思想政治理论课实践教学的深入研究，具有得天独厚的条件和基础。

首先，广东省委省政府关于加强高校思想政治理论课实践教学环节的文件精神和要求，以及《珠江三角洲地区改革发展规划纲要》的全面实施，为加强高校思想政治理论课实践教学的研究提供了有力的制度保障。为了贯彻《中共中央、国务院关于进一步加强和改进大学生思想政治理论教育的意见》（中发〔2004〕16 号）的精神，广东省委省政府在 2005 年发布的实施意见中明确指出各高校要"强化实践环节"，"牢固树立和落实实践育人的思想，坚持理论和实践相结合"，要"把社会实践纳入学校教学总体安排和课程管理体系"。2009 年 7 月，广东省委教育工委、广东省教育厅发布的《关于高等学校贯彻落实〈珠江三角洲地区改革发展规划纲要〉的指导意见》（粤教工委〔2009〕22 号）进一步提出，各高校要"深化本科教学改革，强化实践动手能力培养"，"利用校外校内各种条件切实加强学生实践动手能力培养，进一步带动和加强本科高素质专业人才培养工作，构建以本科人才培养品牌特色示范专业为中心的专业群，形成以应用型、实践性、技能性等课程模块为特征的课程与教学内容体系"，增强高等学校人才培养、科技创新和服务广东经济社会发展的能力。

其次，广东的社会特点为构建具有广东特色的高校思想政治理论课实践教学体系提供了现实条件。作为我国改革开放前沿阵地的广东，与全国其他地区比较，具有显著的社会特点：第一，广东地方经济比较发达但发展很不平衡，社会矛盾比较突出。在经济全球化和全面建成小康社会的进程中，机遇和挑战并存。第二，广东是我国改革开放最早的地区，长期以来形成的经验对全国的示范和辐射作用明显，从而使广东成为中国特色社会主义理论体系中许多重要思想的发源地。第三，广东地处岭南地区，具有浓郁的岭南文化。同时，广东是中国近现代革命的发源地，历史人文资源丰富。第四，广东毗邻港澳地区，对外开放程度大，青年大学生思想活跃，接受新事物的能力较强。第五，广东高校众多，类型比较齐全，专业特色比较明显。

以上这些特点为广东高校思想政治理论课实践教学的研究和开展提供了众多有利条件。本研究以辩证唯物主义和历史唯物主义为指导，借鉴社会学、教育学、心理学的原理，立足于广东实际，通过文献收集、逻辑分析、对比归纳的方法，对思想政治理论课实践教学的含义和特点进行尽量科学和准确的界定和概括；运用问卷调查和访问调查等实证方法，对当前广东高校思想政治理论课实践教学的现状进行分析研究，发现其中存在的不足，剖析其原因；运用理论研究和实际探讨相结合、一般和个别相结合的方法，探索实践教学的思路、方式和途径，构建具有广东特色的高校思想政治理论课实践教学体系和教学模式。

（二）研究的基本内容

1. 准确理解高校思想政治理论课实践教学的内涵和外延

长期以来，由于国内高校思想政治理论课实践教学的理论研究和实践操作尚处于积极探索之中，人们对实践教学的内涵和外延尚存在不同的理解，甚至产生一些认识上的误区。一是将实践教学等同于社会实践活动。认为学生在校园内外参加的各种社团活动、青年志愿者活动、"三下乡"活动或是暑期实习、见习、社会调查等就是思想政治理论课实践教学；二是将实践教学等同于社会实践教学，把实践教学与课堂教学相对应，认为"课堂教学"即是"课堂理论教学"，"实践教学"即是"社会实践教学"。这种观点认为思想政治理论课要搞"实践教学"就要带学生走出校门，通过参观、考察或专题社会调查等形式接触和了解社会，只有这样才是真正的实践教学。这些观点看起来不无道理，但实际上对思想政治理论课实践教学的内涵和外延作了过于宽泛或过于狭窄的理解。

本研究认为，要理解思想政治理论课实践教学的内涵和外延，首先必须要把握思想政治理论课实践教学的目标。显然，从我国的思想政治理论课的性质和功能来看，思想政治理论课实践教学具有三个明显的特点：

一是目标性。思想政治理论课实践教学目标是指在一定的条件和环境下，人们对思想政治理论课实践教学活动所期望达到的结果，主要包括认知目标、能力目标和政治素质目标，即通过实践教学活动，使大学生进一步加深对马克思主义理论的理解和掌握，引导大学生去探究现实社会中的各种现象和问题，并运用所学理论去分析这些现象和问题，提出解决问题的办法，使大学生在探讨、研究各种现象和问题的过程中，坚定社会主义信念，明辨是非，不断完善自我，从而提高自己的思想政治素质，健康成长为中国特色社会主义事业的建设者和接班人。

二是课程性。思想政治理论课实践教学是高校思想政治理论课教学的重要环节，是作为课程而存在的。正是作为课程的重要一环，使实践教学在教学内容、组织形式、评价考核、实施保障等方面与大学生社团实践活动有着重大区别。课程性，是思想政治理论课实践教学的重要特点。

三是针对性。思想政治理论课实践教学是提高思想政治理论教学效果和提高学生运用理论观察问题、解决问题能力的重要手段，必须要紧紧围绕课堂教学的理论内容来设计和开展。因此教学的针对性非常明显。在教学内容上要针对时代主题和社会现实，解决学生的思想困惑，在组织形式上要针对不同专业、不同年级学生的特点和要求。

根据以上特点，我们认为，思想政治理论课实践教学是在思想政治理论课教师的组织下，根据既定的教学目标和教学计划，针对思想政治理论课理论教学和学生实际，通过具体实践途径，引导学生进一步理解、吸收、内化基本理论、原理，从而进一步树立马克思主义的世界观和方法论的一种教学模式。从内涵上讲，思想政治理论课实践教学是一种课程形态的教学，与课程理论教学相呼应，为该课程教学目标服务。作为一种课程形态，实践教学与理论教学一样，都应纳入学校专业人才培养方案，有明确规定的学时、学分，有具体的实践教学内容和实践教学目标，有完整、规范的实践教学大纲和完整的监控体系、评价体系等。从外延上看，思想政治理论课实践教学不仅仅指校外社会实践教学，而应包括所有富含"实践本质"的各种类型的实践教学。把握和判定思想政治理论课实践教学的标准，主要不是看教学场所是否在社会，而是看教学内容、教学方式、教学途径是否具有"实践性"。实践的本质就是实践主体的亲身参与，凡是学生作为主体积极主动、亲身参与的教学活动，都可以称之为实践教学。因此实践教学既可以在课内进行，也可以在课外进行；既可以在校内进行，也可以在校外进行。也就是说，高校思想政治理论课实践教学除了"社会实践教学"活动外，亦应包括"校内实践教学"和"课堂实践教学"。

2. 广东高校思想政治理论课实践教学实施的机制保障

高校思想政治理论课实践教学在实现思想政治理论课教学目标方面具有课堂理论教学所不能替代的作用和特殊重要的意义。但由于高校思想政治理论课实践教学在教学理念、教学时间和空间等方面都发生了深刻变化，因此，必须创造和具备比较完善的保障机制，才能真正取得教学实效。从广东实际来看，这些保障机制包括组织机构保障机制、规章制度保障机制、经费支持保障机制和师资队伍保障机制等。

（1）组织机构保障机制。要确保实践教学的正常进行，首要的是要建立有效的领导体制和工作运行机制，为思想政治理论课实践教学提供强有力的组织保障。根据已有的经验和实践教学发展的需要，学校除了成立由党委书记或校长为组长的"思想政治理论课建设领导小组"，负责思想政治理论课的长远规划和宏观指导以外，还应在领导小组下面成立以分管教学副校长或主管学生工作副书记为主任的"思想政治理论课实践教学指导委员会"或"思想政治理论课实践教学指导办公室"常设机构，专门负责实践教学工作，定期研究实践教学的有关问题，组织、协调相关部门的沟通、合作事宜，解决在实践教学中遇到的困难，并为实践教学的进行提供指导性意见。教务处和思想政治理论课教学部门负责实践教学的组织和实施。思想政治理论课教师和各院系学生工作干部相互配合，对实践教学进行具体管理。从目前情况来看，广东高校基本上都成立了"思想政治理论课建设领导小组"，但有不少高校的领导小组却形同虚设，很少开展实质性的工作，实践教学的问题更是无人问津，导致实践教学甚至整个思想政治理论课建设处于实际上"群龙无首"或"自生自灭"的尴尬境地。

(2) 规章制度保障机制。严格的管理和健全的制度是实践教学科学化、制度化、规范化的有效保障。由于思想政治理论课实践教学的特殊性，在制度的设计和安排上要根据其实际和特点讲求针对性、有效性、灵活性和可操作性。实践教学的制度应该包括宏观和微观两方面。宏观上的制度主要是指学校对思想政治理论课实践教学的组织领导、机构设置、经费投入、学时学分规定等方面的制度，这是从学校层面上构建实践教学的最高制度保障。微观上的制度主要是指思想政治理论课教学部门对实践教学的具体组织、管理和程序等方面的制度，这是从具体操作层面上构建实践教学的基本制度保障。只有从宏观上和微观上设计和制定从"学校领导——相关职能部门——思想政治理论课教学部门——教师——学生"一体化的管理制度，才能既可以防止理论与实践脱节的情况发生，又可以杜绝实践教学在组织安排上的随意性。

(3) 经费支持保障机制。思想政治理论课实践教学缺乏必要的经费投入和支持，是思想政治理论课教师在组织实践教学时所遇到的难以解决的重要问题，是造成实践教学难于顺利开展和取得应有效果的最大障碍。随着教学时空的扩展，实践教学更加依赖于经费的支持和保障，实践教学资源库的建立和完善、实践教学基地的开辟和建设、教师和学生外出社会调查的支出、实践教学课题的研究、实践教学的评优奖励等等，都需要有充足的经费保障。否则，即使组织再有力、制度再健全，教师再积极，学生的参与热情再高，实践教学要取得实效，也只能是一句空话。在实践教学经费的投入上，广东高校一直走在全国前列。《中共广东省委广东省人民政府关于进一步加强和改进大学生思想政治教育的实施意见》（粤发〔2005〕12 号）明确规定，各高校必须从收缴学费中按在校学生总数每生每年 20 元的标准提取专项经费用于思想政治理论课教学，并形成长效机制。各高校基本上落实了这一规定。除此以外，有的高校还通过智力输出的方式与有关企事业单位、实践教学基地本着"互利互惠"的原则筹措经费，以弥补专项经费的不足。充足的经费投入，为广东高校开展实践教学提供了坚实的经费保障和物质条件。

(4) 师资队伍保障机制。教师既是活动的倡导者，又是活动的组织者，更是活动的参与者。倡导、组织、参与的能力与程度决定着活动的成败。因此，思想政治理论课实践教学成功与否的关键在于能否建立和健全一支相对稳定的校内外专兼职结合的教师队伍。这支相对稳定的校内外专兼职结合的教师队伍应包括高校思想政治理论课专职教师、各院系分管学生工作的党总支书记和分团委书记以及政治辅导员、还可聘请工作责任心强、业务水平高，而又热心于学生思想政治教育的其他专业教师担任社会实践导师。有了一支相对稳定专兼职结合的教师队伍，为提高实践教学的水平和质量提供了有利条件。要建立和健全这样的一支队伍，必须要按照合理流动、动态稳定的原则，逐步建立能进能出、择优上岗、可持续发展的队伍建设机制。从当前高校的实际情况来看，需从以下几个方面着手：提高认识，搞好规划，下大力气规划建设好实践教学队伍；确立制度，逐步形成思想政治教育工作人员择优输入、相对稳定、按需培养、奖惩分明和合理分流的良性运行机制，培养和造就一支能适应新形势的工作队伍；从制度和机制上解决好专职人员的职称和待遇问题，使他们产生温暖的归属感、安全的保障感和奋斗的成就感；利用政策杠杆增强吸引力，使思想政治教育课教师成为人人尊敬和羡慕的工作岗位。

3. 把握广东特色，构建高校思想政治理论课实践教学模式的基本原则

广东高校要充分发挥思想政治理论课实践教学的育人功能，实现实践教学目标，提高实践教学的实效性，应把握广东特色，坚持以下三大基本原则。

（1）坚持教师主导性和学生主体性相结合的原则

这是开展思想政治理论课实践教学应坚持的一般原则。任何教学活动都是师生互动的过程，需要老师和学生的积极参与，应该发挥教师的主导作用和学生的主体作用，思想政治理论课实践教学也不例外。思想政治理论课实践教学是有目标、有计划、有组织的教学活动，必须在思想政治理论课教师主导和组织下进行。但由于实践教学组织难度较大，有些教师对实践教学基本上放任自流，学生也敷衍了事，思想政治理论课实践教学效果较差。因此，必须充分调动教师有效开展实践教学的积极性和学生积极参与的热情。

坚持教师主导性和学生主体性相结合的原则，首先要求教师必须按照实践教学的目标，就实践教学的目的、任务、要求、内容和形式、时间地点、经费预算、安全注意事项、实践效果评价等撰写详细的教学方案并指导学生开展实践活动。同时要求教师充分发挥学生的主体作用，培养帮助学生自己组织、自主活动，调动学生参加实践学习的主动性、积极性和创造性，逐步培养学生的实践能力和创新意识。只有把教师的有效指导与鼓

励学生自主选择、主动探究有机结合起来，才能取得较好的实践教学效果。

（2）坚持地域性与开放性相结合的原则

这是立足广东，体现广东特色，充分利用广东本土资源为思想政治理论课实践教学服务所应坚持的基本原则。广东高校特别是省属高校，学生大部分来自广东，毕业后也大部分留在广东工作，他们对广东的环境和文化有亲近感、认同感，容易从情感和理性两方面加深对广东的历史认知和现实认知。这一地域性特点，反映在思想政治理论课实践教学体系构建上，就是要紧密结合广东的历史文化传统和现代社会经济发展现状。当然，地域性原则并不意味着封闭保守，而是要做到地域性与开放性相融合。如果没有地域性特色，思想政治理论课实践教学就会失去个性，不易得到学生的亲近和认同；如果没有开放性，思想政治理论课实践教学就会变成保守、封闭和落后。如何才能真正做到既要突显实践教学的地域性和个性，又要保持其开放性、时代性和先进性，是打造思想政治理论课实践教学的一个亮点，也是一个难点。必须以开放的心态、务实的精神系统调查、梳理富有广东特色和鲜明时代特点的地域资源，可将这些资源分为广东特色的人才资源、物力资源和历史文化资源三大类。深入挖掘这三大实践教学资源，定期开展参观考察和社会调查活动，对提高思想政治理论课实践教学的实效性和科学性有十分重要的作用。

（3）坚持思想政治理论课实践教学与专业课实践教学相结合的原则

这是结合各类型、各层次、高校不同专业的特点，提高思想政治理论课实践教学针对性应坚持的基本原则。不管什么专业的学生，都要进行一定时间的专业实习。长期以来，他们的实习有专项经费的支持。他们的实习目的地主要是各种企事业单位、社区等。与专业实习联手，是思想政治理论课实践教学的一种绝佳选择。学生可以利用专业实习的空隙，或适当延长实习时间，给学生适当增加思想政治理论课实践的任务。这样，在不需要另行开辟实践基地、不需要大幅度增加实践经费开支的情况下，为思想政治理论课实践教学的广泛开展提供条件。这一原则和做法不仅体现了思想政治理论教育的合理性，而且遵循了思想政治理论教育的规律。对大学生进行思想政治理论教育，本来就不单纯是思想政治理论课教师的事情，也不是仅靠思想政治理论课就能完成得了的。事实上，任何一门专业课的学习，都要考虑到社会、伦理等方面的问题，都要回答诸如"这个领域的历史和传统"、"它所涉及的社会经济问题"、"要面对的道德和伦理问题"等等。对大学生进行思想政治理论教育，需要全体教师甚至全社会的支持和参与，思想政治理论课必须与专业课相结合，把思想政治理论教育广泛渗透于各门专业课程。这样，才能真正形成一个思想政治理论教育的网络，实现高校教师"教书育人"的道德目标。为此，思想政治理论课要主动介入学生专业实习，有目的地将学生的课堂学习与企业实践、将理论学习与实践体验有机融为一体，构建一个全程育人模式，促进学生全面发展。

（三）高校思想政治理论课实践教学模式构建——以广东药学院为例

模式即范本、样本、模本的式样，为"某种事物的标准形式或使人可以照着做的标准样式"。思想政治理论课实践教学模式是指在高校思想教育理论课实践教学开展中逐渐形成的用于组织和实施思想政治理论课实践教学的典型化范式，即在思想政治理论课教师指导下，抓住特点，对个别研究者或研究团队的思想政治理论课实践教学的组织方式、经验等作简要概括，供广大教育工作者开展工作时选择。思想政治理论课实践教学模式起着使实践教学从理论向实践转化的桥梁作用，使个别教育实践向普遍教育实践推广。广东药学院是广东高校中最早规范化开展思想政治理论课实践教学的高校之一，经过多年的探索和研究，已形成了一套相对成熟，并有制度、经费、人员保障，具有可操作性和体现教学成效的社会实践教学模式。

1. 设置"思想政治理论实践教学课"，制定课程管理和规章制度

（1）设置"思想政治理论实践教学课"。当前，许多高校思想政治理论课开展实践教学的做法是在"思想道德修养与法律基础"、"马克思主义基本原理概论"、"中国近现代史纲要"、"毛泽东思想和中国特色社会主义理论体系概论"四门课程分别安排相应的课时，组织学生外出参观、考察。任课教师为完成实践课时，一方面要联系学生前往参观、考察的单位或工厂、企业；另一方面要向相关部门申请经费、班车安排，还要做好学生的安全保护工作。其结果是教师搞得焦头烂额、身心疲惫，而学生并没有在思想上得到触动和理论上得到提升。鉴于以上投入大，效果差的现状，广东药学院把"05方案"中设置的四门思想政治理论课实践教学课时进行整合，设置了"思想政治理论实践教学课"，并专门设立形势与政

策教育教研室，负责该课程的统一管理和组织实施。该课程共计36学时、2个学分，作为学生的一门必修课，学校教务部门把该课程列入教学计划并排入课表。

（2）制定课程管理文件和规章制度。为确保思想政治理论课实践教学课程不流于形式，配合课程的开设制定了相关文件制度。第一，制定课程教学管理文件，规范思想政治理论实践教学课的组织实施。该院思想政治理论课教学部先后制订了《思想政治理论实践教学课实施方案》、《思想政治理论实践教学课教学大纲》等管理文件。第二，制订相关规章制度，推动实践教学课程特色建设。这些制度包括《思想政治理论实践教学课手册》、《思想政治理论实践教学课要求和成绩评定标准》、《思想政治理论实践教学课指导教师管理办法》、《思想政治理论实践教学课论文（调查报告）批改标准》、《思想政治理论实践教学课优秀学生和优秀论文（调查报告）评选及表彰办法》，等等。规章制度的制定和执行，使思想政治理论课实践教学各项工作顺利开展，充分调动了教师和学生的积极性，在人员、经费、职责方面得到有效落实和取得应有的成效，达到学生满意、教师满意、学校满意。

2. 做好课程开展的前期准备工作

第一，每学年组织召开课程研讨会。每学年，在思想政治理论实践教学课组织实施前，负责该课程管理的教研室将组织召开2-3次全体指导教师参加的课程研讨会。研讨会的内容包括汇报、总结上一学年思想政治理论实践教学课的情况、课程改革等内容。第二，制作系列课程组织实施所需的各种材料。每一学年，为规范任课教师指导工作，学生实践活动开展和社会调查报告撰写，优秀调查报告评选等各项工作，课程负责教研室将根据课程教学要求制定、改进、完善课程教学所需相关表格和文本。第三，制定思想政治理论实践教学课社会实践调查指南。为达到教学目的，避免学生偏离思想政治理论课要求开展实践活动，每学年制订"思想政治理论实践教学课"社会实践调查指南，从方向目标对学生的社会实践活动和社会调查报告撰写进行引导。

3. 课程的组织实施

第一，进行课程课堂辅导。大学生往往缺乏进行调查研究的能力，因此在学生实践前，要组织教师对学生进行必要的培训，让学生了解思想政治理论实践教学课的目的和要求。在学期结束前5周内，各任课教师将对自己所指导班级的所有学生进行不少于 2 学时的课堂辅导，重点指导学生如何具体进行校外假期社会实践，特别是如何开展社会调查和社会服务。如怎样选择调查和服务类型，怎样联系调查和服务对象，怎样实地开展调查活动，怎样解决遇到的困难和问题，怎样撰写调查报告，等等。指导教师向学生公布各种联系方式，做到学生有疑问，教师及时解决。第二，严把学生思想政治理论实践教学课选题质量，每位任课教师要求所指导班级的团支书在暑假放假前把本班所有的选题汇总上交给指导教师进行审核，符合要求的即可通过，不符合要求的需重新选题。由此可避免学生选题的随意性，并可避免同一选题在同一班级多人重复的现象。第三，抽查学生社会实践第一手材料，并组织召开班级思想政治理论实践教学课交流会。在交流会上，指导教师对调查报告或实践论文进行点评，提出主要存在问题和修改意见。每组学生选派 1 名代表谈实践的感想、体会或收获，与同学们分享实践成果。

4. 后期评价、总结、宣传、奖励

要使思想政治理论实践教学课真正取得实效，不能让学生上交一篇调研报告后就了事。必须及时进行总结，评选优秀调查报告，对优秀学生进行总结、表彰，以激励学生参与实践的热情和积极性。学生上交调查报告以后，指导教师根据考核要求及时对调查报告进行认真、客观的评审，并写出评审意见。同时，遴选出一定数量的优秀调查报告汇编成册，作为思想政治理论实践教学课的成果，对那些真实可靠的优秀调查报告进行适当的修改后，推荐到相关报刊杂志发表。调查报告评审完后，及时召开总结表彰大会，对优秀学生和优秀调查报告进行表彰奖励。

广东药学院实践教学的模式是在多年的摸索中逐渐形成和完善的。这种模式的最大特色在于统一设置思想政治理论实践教学课，成立专门教研室进行统一的管理，可有效克服各门课程开展实践教学时各自为政、管理混乱的状况，而且这种模式在实施中能够做到"事前有辅导，事中有指导，事后有总结"，使实践教学真正落到实处，取得良好效果，实现实践教学的目标。广东药学院的这种模式和做法得到了教育部和教育厅相关部门领导的充分肯定，省内外高校同行亦纷纷前来取经交流。这种模式的意义在于可为全省或全国高校思想政治理论课实践教学体系和模式的探讨和研究提供可资借鉴的参考。

三 思想政治理论课实践教学改革经验与特点研究

(一) 项目研究计划的执行情况

"思想政治理论课实践教学改革经验与特点研究——基于广州大学城高校思想政治理论课实践教学的分析"系广东省教育科学"十一五"规划研究项目立项课题,于2011年3月被广东省教育科学规划领导小组正式批准立项。本课题以近年来高校思想政治理论课实践教学改革作为研究对象,以广州大学城十所高校作为分析研究的样本,力求获得一些有价值及规律性的成果,以此促进高校思想政治理论课教育教学工作的全面发展。

课题立足近年来高校思想政治理论课实践教学改革现状,总结思想政治理论课实践教学中的有益经验,抓住存在的矛盾问题,深入分析影响和制约当下高校思想政治理论课实践教学的相关因素,探讨如何整合与优化思想政治理论课实践教学的形式,力求探寻实效性强的教学新模式,发挥积极的示范效应,较好地落实高校思想政治理论课实践教学的培养目标。经过近两年的研究,课题申请书中的预定目标得到了很好的执行。其具体情况如下。

1. 在理论研究层面:完成学术论文2篇,参编专著1部。

2. 在实际操作层面:围绕广州大学城十所高校,展开了实证调查,在深入分析现状、探寻原因的基础上,完成并发表论文《广州大学城高校思想政治理论课实践教学现状调查报告》1篇。

3. 完成相关研究报告1篇。

育人之路——高校思想政治理论课实践教学攀越

（二）主要研究成果的基本内容、创新性及社会影响

1. 研究成果的基本内容

课题研究围绕"总结广州大学城高校近年来思想政治理论课实践教学改革的经验与特点，进一步提高教学实效性"这一中心，扣住"广州大学城高校思想政治理论课实践教学现状调查"、"05方案实施以来广州大学城高校思想政治理论课实践教学改革中的有益经验"和"提升广州大学城高校思想政治理论课实践教学实效性的重点与措施"三个问题，主要研究内容如下。

（1）高校思想政治理论课实践教学现状调查

"05方案"实施以来，全国高校普遍加强和改进了思想政治理论课实践教学工作。广东省教育科学研究"思想政治理论课实践教学改革经验与特点研究——基于广州大学城高校思想政治理论课实践教学的分析"项目课题组，于2011年6月至9月在广州大学城开展了关于"高校思想政治理论课实践教学改革现状与问题"的抽样调查。目的是了解"05方案"实施至今，高校思想政治理论课实践教学改革的现状、资源整合利用情况、教师与学生对现状的满意度、改革的形式及成效等，问题涉及面较为全面，贴近现实，客观性较强。调查按照综合类、理工类、师范类、医药类等院校选取了广州大学大学城10所高校，具有一定的典型性和代表性。问卷分教师和学生两种，发放教师问卷200份，回收有效问卷191份；发放学生问卷1200，回收有效问卷1185份，有效率在95%以上。

首先，广州大学城高校思想政治理论课实践教学现状调查。课题组在调研中设计四大类共二十余道问题，力图客观真实地了解思想政治理论课实践教学改革的成效，寻找存在的问题。四大类问题包括"05方案"实施以来思想政治理论课实践教学改革的认知程度、思想政治理论课实践教学实施形式与体会、思想政治理论课实践教学的评价、教师对思想政治理论课实践教学的评价等。

在对思想政治理论课实践教学改革认知程度的调查中。绝大多数的大学生认为思想政治理论课实践教学改革很有必要和有必要；20%的大学生认为没必要或说不清楚。对思想政治理论课实践教学改革状况的回答，超过半数大学生认为改革效果较好，30%的大学生认为思想政治理论课实践教学改革效果不理想。表明"05方案"实施以来大学生对思想政治理论

26

课实践教学改革成效还不够满意，教学改革部分还有待改进与加强。

对思想政治理论课实践教学实施形式与体会的调查中。过半数的学生选择主要形式是任课老师组织的专题讲座、案例分析等；37%的学生选择校外主要形式为参观、实习、社会调查等，而自行参与社会实践又占半数。这一结果折射出社会实践形式还不够丰富，组织与指导力量薄弱。在访谈过程中，绝大多数的学生表达自己走向社会参与丰富多彩的社会实践的愿望。近70%的学生认为社会实践可以帮助他们提升理论水平，扩大知识面，开阔视野。也有部分学生对思想政治理论课实践教学认识不清，态度消极。对校内实践教学活动感受的问答，认为形式丰富，能充分调动学生热情的仅占31.5%；次数较多，但吸引力不够的有52%；这说明各高校虽然比较重视校内实践教学，但实践教学活动的效果还有待进一步提高。课题组还对学生很少或不愿主动参加思想政治理论课实践教学的原因进行了调查。大学生认为主要的原因是实践教学活动内容、形式不够新颖，缺乏吸引力；其次是理论教学与实践教学联系不够紧密，教师对实践教学活动的要求和安排不具体；学校实践教学资源（如场地、设备、实践基地、经费等）不足。从以上数据可以看出部分大学生对目前高校思想政治理论课实践教学组织、管理、保障等条件还不太满意。

学生对思想政治理论课实践教学的评价。评价很满意、比较满意的占43.3%；很不满意、不尽人意的占56.7%。这一结果不容乐观，超过半数的大学生对思想政治理论课实践教学现状不满。此外，对思想政治理论课实践教学态度、内容形式、学时、效果等影响因素分析时，发现各高校具体操作不一，学生评价存在较大差异。其中，认为内容形式比较丰富，基本达到了教学计划规定学时的大学生占26.8%；认为内容充实，形式多样，达到了教学计划规定的学时的大学生占23.7%；认为自己所参加过的实践教学活动内容和形式一般，没有达到教学计划规定的学时数的大学生占36.6%。在回答思想政治理论课实践教学效果影响因素时，认为实践教学缺乏系统性的占35.4%；认为是学校实践教学资源（如场地、设备、实践基地、经费等）不足的占37.8%。这也暴露了当前思想政治理论课实践教学活动依然比较薄弱。对教师指导思想政治理论课实践教学的评价：认为教师责任心强，经常给予指导的学生占52.2%；认为教师责任心一般，基本上没有指导的学生占31.6%，这反映了师资队伍建设有待加强。在思想政治理论课实践教学管理情况的调查中，认为学校管理到位，有制度和规定的占 30.8%；认为管理一般，有制度但执行情况一般的占 40.3%；认为管理不到位，教师和学生随意性很大的占 19.7%；认为缺乏有效管理的占 9.2%。

教师对思想政治理论课实践教学的评价。统计显示，对目前思想政治理论课实践教学质量的总体评价，教师认为很满意仅占 12.7%；比较满意的占 39.8%；不满意和很不满意的分别占 31.5% 和 16%。认为开展思想政治理论课实践教学很有必要和有必要的教师分别占 39.1% 和 51.4%；认为没有必要和说不清楚的教师分别占 4.7% 和 4.8%。对于开展思想政治理论课实践教学活动，愿意参加并指导的教师占 89.6%；10.4% 的教师表示不愿意参加；10.3% 的教师认为可以请其他人员参加并指导。在思想政治理论课实践教学形式方面，认为形式丰富多彩的教师占 14.3%；认为形式比较多的占 28.5%；认为自己所在学校思想政治理论课实践教学形式比较少的占 43.1%。对于大学生很少或不愿意自觉参加思想政治理论课实践教学活动的回答，46.9% 的教师选择学校思想政治理论课实践教学资源不足；25.2% 的教师选择大学生思想认识不够；21% 的教师认为学校不够重视，对思想政治理论课实践教学活动没有做出明确的要求和安排。对于影响思想政治理论课实践教学效果的因素，72.4% 的教师认为理论教学与思想政治理论课实践教学脱节是目前最大的影响因素；6.7% 和 20.9% 的教师认为是教师素质和大学生素质的原因。关于当前开展思想政治理论课实践教学的障碍，38.5% 的教师认为是没有完整的课程体系；46.4% 的教师认为是经费不足；15.1% 的教师认为是实践教学基地不够。

其次，高校思想政治理论课实践教学的问题反思。根据调查结果，课题组认为"05 方案"实施以来，尽管思想政治理论课实践教学有了较大改进与提升，但还未彻底转变传统思想政治理论课教学模式的影响，归纳起来，主要存在以下四个方面的问题。

一是对思想政治理论课实践教学意义和目的认识的偏差。调查发现，许多高校对思想政治理论课实践教学的育人功能、意义认识存在偏差。比如，在教育管理层面，一些人认为思想政治理论课教学主要通过课堂的理论"灌输"即可达到对学生进行"三观"教育目的，而轻视社会实践在人的发展中的重要功能；在学校层面，一些教师普遍将社会实践看成是课堂教育的延伸和补充，作为一种软任务来看待，尤其对思想政治理论课实践教学比较忽视；从学生自身来看，受就业难及只重视专业发展等短视认识的影响，轻视思想政治理论课实践教学对自身成长的价值，在参与的过程中缺乏主动性和积极性。

二是对实践教学与理论教学辩证关系的割裂。一方面，很多学校思想政治理论课教师主要负责理论课的课堂教学，很少参加大学生的各种社会实践活动，从而错过了利用实践教学来检验、巩固、强化理论教学的大好时机，造成了理论教学与思想政治理论课实践教学的严重脱节，并且反过来影响、制约了理论教学的实效，最终导致学生对思想政治理论课形成了枯燥、刻板、无用的负面印象。另一方面，学生工作队伍负责组织学生参与"三下乡"、"自愿服务活动"等社会实践，然而，由于缺乏明确目标的引导，缺乏科学理论的指导，缺乏活动过程中以及活动之后的总结和提升，不少活动的意义没有得到充分的显现和挖掘。这种理论与实践的割裂，既影响思想政治理论课的教学实效，也不利于学生的成长成才。

三是对思想政治理论课实践教学条件保障与政策执行的随意削弱。长期以来，高校思想政治理论课实践教学实效性不强，主要受以下因素制约：各项政策与保障条件如必要的教学课时、相对固定的实践场所、富有教育意义的教学内容、灵活多变的实践形式、相对稳定的教师队伍等无法得到保障，从而导致思想政治理论课实践教学的随意性比较明显，教学效果难以得到保证。首先是教学课时的缺乏。在思想政治理论课教学中，绝大部分教学课时是分配给理论课教学的，许多教师承担繁重的理论课教学任务，根本无暇顾及思想政治理论课实践教学。其次是思想政治理论课实践教学场地和设施的缺乏。长期以来，许多学校课堂内的理论教学是主要方式，尚未引进心理辅导、团队活动等教学方法，因而在校内很难建有思想政治理论课实验室，也较少尝试跨出校门，建立实践基地。再次是思想政治理论课实践教学方式的随意性。由于没有课时的要求，缺乏经费的保障，思想政治理论课实践教学的开展与否主要取决于思想政治理论课教师本身的喜好和兴趣，也较少研究怎样介绍和推广思想政治理论课实践教学，这必然会导致教学方式的随意性。

四是对思想政治理论课实践教学科学激励和合理考核构建的迟滞，从而导致了实践教学的实效性不强。由于上述问题长期未能得到有效解决，必然导致思想政治理论课实践教学课程地位的弱化，课程建设的不足又必然带来科学激励、考核评价机制的迟滞或缺失。从教师的角度来看，由于缺乏必要的保障，再加之理论教学工作繁重，教师开展思想政治理论课实践教学的积极性受到严重影响。即使个别教师有兴趣去探索思想政治理论课实践教学，但由于缺乏必要的经费和基地实践，很多活动难以展开，课题研究成效大打折扣。从学生的角度来说，对他们就业、升学有影响的主要是理论课的成绩，因而学生参与实践活动的积极性也不高。此外，一些学校在思想政治理论课教学中，主要采取试卷考试的方式来考核学生对理论的记忆和掌握程度，思想政治理论课实践教学根本没有纳入学生的成绩评定范围之内，也没有科学的、可供操作的评定方式，这使得思想政治理论课实践教学更加不受重视。

（2）广州大学城高校思想政治理论课实践教学规范化改革与经验研究

本项目研究在实证调查的基础上，分析广州大学城高校思想政治理论课实践教学的有益经验，并运用系统性理论的原理与方法，梳理和总结了"05方案"实施以来思想政治理论课实践教学规范化改革的五大成果：

一是加强领导，创建思想政治理论课实践教学的协调联动机制。广州大学城十所高校积极贯彻中央和广东省委关于高校思想政治理论课"05方案"实施的精神，不断改进实践课教学，主要从理顺管理体制、政策保障、教学条件与经费投入等方面，逐步形成了思想政治理论课实践教学的联动机制。经过多年的努力，目前已建立和完善了党委统一领导、党政群齐抓共管、有关部门各负其责、全社会大力支持的领导体制和工作机制，形成全社会共同关心支持大学生思想政治教育的强大合力。广东省落实了省级教育行政部门一名副厅长、高校一名副书记和一名副校长主管高校思想政治理论课教育教学的管理结构，为高校实施新课程方案提供了领导保障。按照要求，各高校逐步建立独立设置直属学校党委领导的二级机构——思想政治理论课教学科研单位。在此基础上，各高校为社会实践课不断提供政策保障和条件支持。比如，对思想政治理论课社会实践采用必修的"模块化"学分结构，学生参加思想政治理论课实践教学活动纳入必修学分或选修学分。同时，为解决高校思想政治理论课实践教学经费不足的矛盾，广东省积极引导高校认真贯彻落实省委文件，在保证正常行政事业经费的基础上，从收缴学费中按照每生每年20元的标准提取思想政治理论课教学专项经费，专项经费主要用于教学改革与教学研究、社会实践、学习考察和学术交流。在有效落实相关经费政策后，广州大学城高校思想政治理论课在实践教学方面明显取得实效。

二是培养教师队伍，完善思想政治理论课实践教学的激励机制。按照以专业为主的原则，以"职业化、专业化、专家化"为目标，强化思想政治理论课教师队伍的建设和管理，实行思想政治理论课教师资格准入制度、新任教师初训制度、教师全员培训制度和骨干教师研修制度。近年来，广东省教育厅组织实施了思想政治理论课"名教师骨干教师的培养"工程，经过努力培养了一批专业化程度高、教育理念先进、实践教学能力突出的优秀思想政治理论课教师。同时，完善激励机制，改善和提高思想政治理论课教师的待遇，落实高校思想政治理论课的经费投入和教学科研条件，创造良好的工作环境。鼓励思想政治理论课教师队伍采取脱产进修、攻读学位、名师指导、社会考察、国内外学术交流等措施。到2010年底，广州大学城高校已经基本上建立起一支年龄结构完整、学历层次较高、职称结构合理、性别结构平衡的思想政治理论课专任教师队伍。

三是创新内涵建设，规范思想政治理论课实践教学内容体系。创新内容与形式，不断推进教学内容体系的规范化，是近年来广州大学城高校思想政治理论课实践教学改革的重要内容。结合现代思想政治教育理论与实践，各高校思想政治理论课实践教学主要围绕三种基本的形式：课内思想政治理论课性实践教学、社会思想政治理论课实践教学和虚拟思想政治理论课实践教学。课内思想政治理论课性实践教学通过教师与学生之间的课堂讨论、辩论、案例分析、模拟教学等基本方式得以实施；社会思想政治理论课实践教学根据教学基本要求，有目的、有选择地布置思考题、调研题和活动题等项目，要求学生运用所学的思想政治理论课相关理论去分析、认识和解决现实中人们的思想问题和社会问题。包括围绕专题进行社会调查、参观革命传统教育基地、以服务社会为主的各种志愿者服务、社团活动或短期挂职锻炼，等等。虚拟思想政治理论课实践教学借助互联网络技术的支持，通过互联网信息检索、网络通讯、网上调查、制作个人主页、开设博客、参与网络论坛等有效载体，把思想政治教育的内容和要求融入到大学生个人的网络生活中，使各种活动和价值目标追求达到一致，从而产生合力功能。

四是面向社会，拓展思想政治理论课实践教学基地。近年来，广州大学城高校逐步建立了一批稳定的课外思想政治理论课实践教学基地。实践教学基地的优势，不仅有助于组织学生参观学习，帮助他们理解与掌握所学理论，而且参与实践基地调研和建设，还能锻炼大学生的实践能力和提升他们的综合素质。基地思想政治理论课实践教学具有教育内容的时代性、教育功能的导向性、教育形式的实践性、教育对象的主体性、资源使用的稳定性等鲜明优势是课堂教学所无法媲美的。在实践中，部分高校的基地思想政治理论课实践教学成效得到了学生和社会的广泛认可。

五是改革考核方法，推进思想政治理论课实践教学的测评机制。建立实践课教学的测评机制，完善相关政策和制度保障，是确保大学城高校思想政治理论课顺利发展的关键。首先，广东省教育厅制定《广东省高等学校（本科）思想政治理论课建设评估指标体系》，并在省内高校组织开展思想政治理论课建设评估。内容涵盖领导体制、工作机制、经费投入、课程设置、教学管理、教学研究、队伍建设、教学评价、条件保障和改革特色等多项内容。经过几年建设，已逐步形成比较完善和成熟的测评标准。尤其是在实施中，形成了以评估专家为主导的思想政治理论课教学指导委员会，评价和监督实施。与此同时，为便于操作，大学城各高校结合学校实际，创新思想政治理论课实践教学的考核方法。很多学校确立了思想政治理论课教学部（学院）统一考核标准的模式，考核主要内容依据学生围绕课程所撰写的研究论文、调查报告等进行，将理论知识考核和实践课题论文评价结合起来，力求全面、客观地评价学生的马克思主义理论水平和思想道德素养。

系统总结这些经验，对改进和提高高校思想政治理论课实践教学的实效性有重要的指导意义。

（3）高校思想政治理论课青年教师提高教学水平的实效性研究

近年来，随着高校的不断扩招，青年教师在思想政治理论课教师队伍中的比例越来越大，他们已成为我国高校思想政治理论课教学的重要力量。以广州大学城高校思想政治理论课教师队伍为例，大部分为35周岁以下青年教师。他们承担着繁重的思想政治理论课理论教学与实践教学指导任务，已经成为社会主义核心价值体系的宣讲者，大学生树立正确的世界观、人生观、价值观的领航人。思想政治理论课青年教师的素质构成与教学能力直接关系到能否将大学生造就成有理想、有道德、有文化、有纪律，能够面向现代化、面向世界、面向未来的全面发展的社会主义事业建设者和接班人。关注思想政治理论课青年教师的成长、不断提高他们的教学水平和实效性是本课题研究的一个拓展。在实证调查与理论分析的基础上，我们从提高思想政治理论课实践教学能力方面，提出加强师德风范、提升科研实力、重视教学实践、完善激励机制四个方面的措施，希望思想政治理论课青年教师在注重个人内化修炼作用下，不断提升专业素养，逐步成长为符合时代要求的优秀人民教师。

首先，在加强师德风范修炼层面，我们认为良好的师德风范是一名思想政治理论课教师第一素养。由于受不良社会风气的影响，一些思想政治理论课青年教师社会责任感淡漠、奉献意识缺失、职业道德淡化，重利而轻义。甚至有些思想政治理论课青年教师不热心本职工作，得过且过，无心钻研业务，对学生缺乏爱心，育人意识淡薄。为此，必须通过正确的途径提升思想政治理论课青年教师的道德意识，进而转化为教师的道德行为。比如，在课堂教学与社会实践教学中，思想政治理论课青年教师要注意在平等、和谐的师生关系中塑造自我，净化道德"灵魂"。另一方面，在和谐的同事人际关系中正确地对待同行，学会相会尊重，培养群体意识，树立良好的师德风貌。

其次，在提升科研实力方面，思想政治理论课青年教师要始终与时代发展同步，不断思考社会现实的重大问题，保持学术理论思考的前瞻性，在科研上狠下功夫。在教学方式方法上大胆探索创新，在掌握马克思主义理论的基础上，通过对国内外教学科研信息资料的加工制作，变成研究成果，充实和丰富教学内容。

再次，重视教学实践是锤炼和提升思想政治理论课青年教师教学水平的现实源泉。一名优秀的思想政治理论课教师，只能在长期的教学实践中才能逐步形成和完善起来。教学实践包括教师深入社会实际、组织课堂教学、观摩他人教学过程、科学合理的的反思等多个方面。

最后，完善激励机制是促进思想政治理论课青年教师成长的重要保障。先进的教学管理理念引导，完善的激励机制，有利于思想政治理论课青年教师大胆开拓创新。

2. 创新性及社会影响

项目研究从思想政治理论课实践教学实效性与教学改革现状相结合的角度研究思想政治理论课实践教学的依据和意义，从比较的视角研究思想政治理论课实践教学改革的特征与规律，从系统分析的视角研究思想政治理论课实践教学的经验与模式，突破了以往将思想政治理论课实践教学仅仅视为单纯的教学方式的理论局限，开阔了研究视野，在理论研究上走向了深化与细化。项目组结合广州大学城高校实际，有针对性地进行系统和深入研究，摸清了当前高校思想政治理论课实践教学中存在的诸多矛盾和难题，对"05方案"实施以来思想政治理论课实践教学改革经验与内容体系进行了梳理，很好地探讨了高校思想政治理论课实践教学研究领域面临的诸多现实问题。

在充分的理论分析与实证调研的基础上，课题组相继完成了三篇学术性论文，并公开发表，成为研究当前高校思想政治理论课实践教学改革与经验中为数不多的论文，现实针对性较强，课题研究成果已经受到教学主管部门及科技管理部门的充分肯定，同行也给予了较高评价。

（三）存在的问题及努力方向

应该指出的是，虽然我们已经按计划比较圆满地完成了课题各项研究任务，并取得了一些研究成果，但我们认为，本项目研究还存在如下不足之处：

一是相关问题的理论性研究还有待深入拓展。开展思想政治理论课实践教学，离不开马克思主义理论、教育学、心理学等理论的综合性指导，离不开对思想政治理论课实践教学的内容体系、教学形式、组织实施及考核评价等环节的综合理论研究。本课题尽管立足对思想政治理论课实践教学进行了基本的理论分析与研究，但针对诸如在思想政治理论课实践教学改革与探索中，如何体现和贯穿价值导向的问题，如何进行思想政治理论课实践教学的价值导向与教学运行机制的设计；如何在思想政治理论课实践教学中体现以生为本等相关具体问题，课题尚未详尽地给予回应和解答，有待深入综合研究。

二是实证调研范围较小，数据反映的准确性不足。本课题以广州大学城十所高校为研究样本，尽管能够在一定程度上反映高校思想政治理论课实践教学的一些内在规律和代表性问题，但是在调查样本的选择上数量相对偏少，这在一定程度上会给数据分析的准确性带来影响。调查统计过程中的人为因素也会对课题研究产生一定的影响，因此本课题对当前高校思想政治理论课实践教学改革中的问题、现状、对策的分析结论与论文成果仅仅代表本课题研究小组的观点，仅供大家参考。

 第二编　探索创新

一 广东药学院思想政治理论课 实践教学实施方案

加强思想政治理论课实践教学是构建思想政治理论课教育教学体系的重要组成部分，是解决思想政治理论课教学过程中理论联系实际的重要问题，是提高思想政治理论课教学实效性的迫切需要。中共中央、国务院《关于进一步加强和改进大学生思想政治教育的意见》指出："要坚持政治理论教育与社会实践相结合，既搞好课堂教育，又注重引导大学生深入社会、了解社会、服务社会。要坚持解决思想问题与解决实际问题相结合。"

根据中宣部、教育部《关于进一步加强和改进高等学校思想政治理论课的意见》（教社政〔2005〕5号），广东省教育厅《关于实施高等学校思想政治理论课新课程设置方案工作的通知》（粤教工委思〔2006〕4号）和《广东药学院关于思想政治理论课新课程设置方案的实施工作的方案》（广药发〔2006〕14号）等文件的要求，结合广东药学院的实际情况，特制订本教学实施方案，具体内容如下。

（一）思想政治理论课实践教学的制度和机制

健全的制度机制是实现思想政治理论课实践教学规范化、增强教学效果的前提和保障。广东药学院思想政治理论课实践教学的制度规范包括以下方面内容：

1. 按照必修课标准纳入教学安排和课程管理。为了提高思想政治理论课的实效性，做到理论联系实际，需要建立健全思想政治理论课实践教学领导、协调管理机制，把思想政治理论课实践教学纳入学校教学总体安排和课程管理体系，实践教学经费单列安排。

2. 独立设置"思想政治理论实践教学课"课程，由"形势与政策"教研室负责组织实施。根据广东药学院的实际情况，经与思想政治理论课教学部各教研室协调，并听取了教务处的指导建议，每一门思想政治理论课都拿出相应学分、学时，组合成"思想政治理论实践教学课"，共计2学分、36学时，作为必修课列入教学计划。

3. 授课对象与时间安排。"思想政治理论实践教学课"是全校本、专科学生的必修课程，在一年级第二学期面向所有专业学生开设，教务处负责排入课表，安排课时和课室，教学环节包括课堂教学、暑假社会调查和经验交流三大部分。

4. 制度规范。指导教师要严格按照本实施办法和《"思想政治理论实践教学课"教学大纲》、《"思想政治理论实践教学课"教师职责》、《"思想政治理论实践教学课"教师评分标准》等教学管理文件（具体内容见附件），按时高质完成各项教学任务。

（二）思想政治理论课实践教学的内容和形式

思想政治理论课实践教学主要目的是结合思想政治理论课的理论教学，贯彻理论联系实际的原则，根据马克思主义理论、中国特色社会主义理论体系的发展和大学生思想道德教育的需要，针对社会热点、疑点和难点及大学生的关注点，安排调整教学内容，使理论与实践互动，发挥学生的主体性，提高教学的实效性。

1. 思想政治理论课实践教学的内容

思想政治理论课的教育教学具有很强的现实性，其教学不能局限在课堂之内，应积极引导学生走出课堂，走向社会，充分发挥社会实践的作用，为大学生的全面发展创造条件，提供机会。确定教学内容需要从以下三个原则出发：一是要结合大学生关注的重要理论和现实问题，确定实践教学的主题。二是要结合院校特点、大学生思想实际和培养目标，选择实践教学的内容。三是要结合大学生的学科专业特点安排实践教学内容。

在坚持以上三个原则的基础上，我院集中指导教师的集体智慧，制定出了思想政治理论实践教学课指南，内容涉及到经济、政治、社会、文化等各个热点话题，供学生选择和参考。同时，根据经济社会变化，定期更新教学指南,做到与时俱进。

2. 思想政治理论课实践教学的程序

思想政治理论课实践教学由三个教学环节组成:学期末的社会调查专题教学、暑假期间的社会调查和撰写调查报告以及第二学期开学初的经验交流会。

第一个环节:社会调查专题教学。学期末的课程教学指导采取课堂教学的形式,由指导教师讲授社会调查的基本方法、技巧和经验,部署暑假社会调查的具体任务,提出具体要求,原则上要求教学时间不得低于四个学时。这一环节是为了教给学生基本的背景知识,了解基本的调查研究技能,从而为开展调查奠定基础。

第二个环节:开展社会调查和撰写调查报告。社会调查分教师带队调查和学生组队调查两种形式。指导教师通过电话、电子邮件等方式保持与学生的交流和沟通,及时对学生调查过程中的问题进行解答。学生以小组为单位(每个小组1-3人)完成调查,分析数据,写出符合规范的调查报告。这是教学的关键环节。

第三个环节:调查经验交流。以自然班为单位,在指导教师的组织下交流、分享社会调查经验,总结调查成果。指导教师向"形势与政策"教研室提交优秀论文,经专家组评审之后,确定优秀论文,并编辑成册,对优秀论文的指导教师和学生给予适当奖励,以激发学生的自觉性。

3. 思想政治理论课实践教学的形式

第一,指导教师拟定与思想政治理论课教育教学内容相关的研究论文,调查报告的选题范围,开展不低于四个学时以调查方法为主题的课堂教学,教给学生基本的调查研究方法,随后安排部署学生暑假社会调查的课题和任务,由学生利用暑假进行研究,完成研究论文,调查报告,由指导老师进行批改、讲评、组织交流,并给予学生相应的实践课成绩。

第二,组织优秀大学生进行重点社会调研、考察,并在全校大学生中进行宣讲,营造思想政治理论课实践教学的良好氛围。

第三,与学生处、团委和各二级学院配合协调、利用社会调查,专业实习,"三下乡""四进社区""志愿服务"义务劳动和勤工助学等活动进行相应的实践教学,增强思想政治理论课教学的针对性。

第四,结合思想政治理论课教育教学,建成若干个相对固定的思想政治理论课实践教学基地,使社会实践教学规范化、制度化。

第五，结合社会调研方面的研究课题，鼓励学生参与教师主持的各项课题研究，鼓励学生积极参加"挑战杯"等科技创新活动，增强学生科技创新能力和社会实践能力。

（三）思想政治理论课实践教学的措施保障

高校思想政治理论课实践教学的实施是一项政治性、政策性和科学性很强的工作，为了构建思想政治理论课理论教学、实践教学和选修课教学三位一体的教育教学体系，提高思想政治理论课教学实效，体现思想政治理论课教育教学规律，实现人才培养的质量目标，需要在以下方面给予相应的保障。

1. 组织实施：由"形势与政策"教研室负责组织思想政治理论课实践教学调研题目的遴选、指导教师选配、考核成绩的备案、师生实践教学的筹划、实践教学基地的筹建等项工作，由学校主管领导牵头，学期末召开思想政治理论课教学部、教务处、学生处、人事处、团委、宣传部、财务处以及相关二级学院领导参加的专题会议，讨论和部署思想政治理论实践教学课的相关工作。

2. 指导教师选配：思想政治理论实践教学课需要一支数量充裕、素质较高，有一定的组织管理和调研写作能力的指导教师队伍，思想政治理论课教学部具有硕士研究生学历，讲师以上职称的教师原则上都要承担指导实践课教学的任务，同时还要从学校党政管理干部和学生工作管理干部中聘请一定数量的兼职指导教师。注重加快师资队伍的培养力度，为指导教师的外出考察、学习交流、进修提高提供机会，不断提高指导教师的综合素质。

3. 考核方式：严格的考试考核是检验思想政治理论课的教学效果，提高教育教学质量的基本保证。思想政治理论实践教学课的考核由思想政治理论课教学部统一安排，考核内容主要依据学生围绕思想政治理论课教育教学内容所撰写的研究论文，调查报告进行，将理论知识考核和实践课题论文结合起来，力求全面，客观地评价学生的马克思主义理论素养和思想道德品德的实况，学生的考核成绩由指导教师负责评定，并以思想政治理论实践教学课成绩记入学生学籍档案。

为了确保学生撰写调研报告的真实性和原创性，建立诚信报告制度，要求每个学生在文稿最后一页签下诚信保证书，并采用随机抽查的方式，组织教师对优秀调研报告获得者进行答辩活动，以最大限度杜绝抄袭和弄虚作假现象。

4. 保障条件：实践教学是进行思想政治理论课教育教学改革和创新的一项重要举措，是提高思想政治理论课教学实效性的重要举措，为了能保证思想政治理论实践教学课的落实到位，必须提供相应的条件保障。

（1）加强对指导教师的选拔、培养和提高，为教师的考察交流，培训学习提供经费保障，学习培训经费从思想政治理论课教育专项经费中支出。

（2）制定思想政治理论实践教学课工作量考核标准，明确责任，按照每个班级 36 个课时的工作量计算指导教师的课酬。

（3）设置思想政治理论实践教学课的专项经费，为师生的社会调研、考察，实践教学成果的宣传、出版等提供必须的经费保障。

（4）建立健全思想政治理论实践教学课的激励机制，对优秀的指导教师，优秀的实践教学成果给予表彰奖励。每年编辑一本学生优秀调查报告集，对入选学生给予物质上和精神上的奖励。

（5）基地建设：

建立相对稳定的实践基地，打造实践教学的平台，保障实践教学的长效性。我院坚持"互惠双赢、共同促进"的原则，既充分调动学校的各种资源，同时又利用实践基地，以及大学生参与实践活动的真实体验，对大学生进行思想政治教育。

要坚持服务社会与教育学生相结合的原则，一方面利用师生专业知识和技能为当地经济和社会发展服务，给广大群众带来切实益处。另一方面要锻炼学生的社会实践能力，提升学生思想政治素质，实现理论教学与实践教学的紧密结合。

（四）思想政治理论课实践教学的资源整合

由于思想政治理论实践教学具有综合性强、涉及面广、影响因素多的特点，以系统的要求发现、利用和整合教学资源，是构建思想政治理论实践教学课长效机制的重要内容，也是凸显实践教学特色的关键所在。为此，需要从我院实际情况出发，积极探索资源整合的具体方式，包括：

第一，坚持实践教学与学校人才培养目标的融合。将提升大学生医药文化素质作为实践教学的改革方向，探求学校培养应用型医药卫生人才的目标如何在思想政治理论实践教学中贯彻落实，充分发挥实践教学在培养学生"扎根基层、医药济世"的良好品质中的功能和作用。广东药学院在人才培养目标上的要求是：适应广东社会经济与医药卫生事业发展的需要，面向医药卫生行业、面向基层，致力培养具有良好思想道德素质、创新精神和实践能力的高素质应用型人才。思想政治理论实践教学课要在坚持主流意识形态的前提下，紧紧围绕提升大学生医药文化素质这一任务，来组织和开展相关的实践教学活动，在提升大学生的思想政治素质的同时，着力培养学生服务基层、医药济世的精神品质，提升学生动手能力和创新能力，从而实现思想政治理论实践教学目标与学校人才培养目标之间的契合。

第二，坚持实践教学与学校其他实践资源的整合。具体表现为思想政治理论实践教学课与专业课实践教学环节、团委、学生处及大学生社团组织的实践活动，以及大学生文化素质活动之间的整合，形成教学的合力。整合专业课实践教学环节，主要通过专业课实践环节突出职业道德教育、医药文化素质、以及思想政治理论实践教学结合专业技能发展两个层面来实现，为培养具有服务精神和良好医德的人才形成合力。整合实践活动资源，主要通过与校团委、学生处、针灸协会等联合举办"医学生誓言"宣誓仪式、"三下乡"、"四进社区"、"志愿服务"等系列主题教育活动，培育学生扎根基层的信念、服务基层的品质、献身基层的精神。整合大学生素质教育资源，集中表现为将广州大学城及周边地区七所高校成功申报建设的国家大学生文化素质教育基地中的8个子基地作为思想政治理论实践教学基地，开展主题教学活动，在全面提升大学生文化素质中渗透思想政治教育。

（五）思想政治理论实践教学课指导教师职责及调研报告评分标准

1. 指导教师职责

（1）每学年第二学期18周之前，指导老师上课动员和布置实践教学的任务，并讲授调查报告的写作技巧。每位老师尽快与所带班级联系，进行课堂授课（不得少于四学时）。

（2）放暑假之前，要求每个班的实践小组确定社会实践内容以及实践报告选题。

（3）假期中，指导学生进行社会调查和撰写调查报告。

（4）指导老师必须在课程结束前抽查学生进行社会调查的第一手材料（至少2种材料），抽查率不得低于50%。

（5）指导老师于下学期第2周前积极参加所带班级学生实践成果交流座谈会。

（6）批阅调查论文（报告），按百分制进行合理评分；注意保持分数的正态分布。阅后装订成册，在每班论文封面上附上评语和所推荐优秀论文题目及作者。

（7）依据社会调查报告和平时表现给出学生的总评成绩，并在规定时间内登陆校园网，录入学生成绩。

（8）指导老师在完成成绩录入之后2周内将各自然班优秀调查报告打印稿和电子版交至"形势与政策"教研室。

（9）指导老师及时指导学生修改推选的优秀调查报告，每位老师负责对其推选的调研报告严格把关。最后由评审专家组对全校的优秀调查报告进行审核并汇编成册。

（10）一学年中无特殊情况，未承担形势与政策课教学工作的老师将不安排实践教学课。愿意承担优秀论文集编辑工作的老师可到"形势与政策"教研室报名。

2. 思想政治理论实践教学课调查报告评分标准

为了规范思想政治理论社会实践课调查报告的评分标准，准确地反映教学水平，保证学生调查报告质量，特制定本评分标准，请各位老师在阅卷过程中按此标准执行：

（1）真实性。没有经过调查，纯属捏造作假者扣40分以上。

（2）篇幅与格式。调研报告字数要求在3000字以上，没有达到要求则扣5－10分。

（3）具体评分标准：在评阅过程中，具体考察学生的报告是否切合主题以及观点正确性、逻辑清晰性与文字表达流畅性四个方面的报告内容，具体要求如下：

60分以下：文不对题，观点不明确，论证过程很不完整，毫无逻辑可言。有以上任一情况者。

60－70分：选题适当，观点无明显错误；能运用所学知识讨论某个与主题相关的问题，逻辑上无明显漏洞，文字上无明显语法错误或错别字。能分析运用一定的数据资料。

70－80 分：满足上述要求，并且选题明确，文章思维清晰，文字顺畅，能运用所学理论分析和研究现实问题，数据资料充分。

80－90 分：满足上述要求，并且选题有针对性，文章反映出严密的分析和逻辑思考能力，对所研讨问题有自己的体会。

90 分以上：满足上述要求，并且选题针对性强，对热点问题或具有现实意义的问题提出独到的见解。

（4）作业纸与卷面整洁。要求使用广东药学院统一的作业纸撰写，卷面清晰、整洁。否则扣 5－10 分。

（5）按照百分制评定成绩。

（6）各班成绩应当体现合理差别并且保证在正态分布范围之内。即 70－89 分的同学占到绝大多数，70 分以下和 90 分以上者应有适当比例。

总之，加强思想政治理论课实践教学是落实党的教育方针，是构建思想政治理论课教育教学体系的重要内容，是解决思想政治理论课教学过程中理论联系实际的重要问题，是提高思想政治理论课教学实效性迫切需要。为此，各位老师需要严格按照本实施方案的要求，紧紧围绕教育教学目标，积极开展教学探索和尝试，打造在同行中有影响力的、富有特色的思想政治理论实践教学课模式。

二 广东药学院思想政治理论课 实践教学管理创新

实践教学是高校学生思想政治教育的重要内容，在大学生思想政治教育过程中具有重要作用。中共中央、国务院《关于进一步加强和改进大学生思想政治教育的意见》中指出："要坚持政治理论教育与社会实践相结合，既搞好课堂教育，又注重引导大学生深入社会、了解社会、服务社会。要坚持解决思想问题与解决实际问题相结合。"由于实践教学具有综合性、探索性和主体性等特点，对思想政治理论实践教学课的进行有效管理是一个难度较大的系统工程，各高校应当依据实践教学的特点，在动力激发、制度规范、组织协调、资源整合和特色凸显等方面进行探索和创新，从而不断增强其教学实效。本文在总结广东药学院思想政治理论实践教学管理创新经验的基础上，概括了管理创新的四个方面举措。

（一）独立设置课程，确保思想政治理论课实践教学制度化

《中共中央宣传部教育部关于进一步加强和改进高等学校思想政治理论课的意见》（教社政［2005］5号）及其实施方案要求，"高等学校思想政治理论课所有课程都要加强实践环节。要建立和完善实践教学保障机制，探索实践育人的长效机制。"构建实践育人的长效机制是一个系统工程，其中，建立健全、规范的实践教学制度，确保其作为课程重要组成部分的地位，是高校思想政治理论实践教学课管理创新的首要环节。在实践探索的基础上，广东药学院构建了比较完善的思想政治理论课实践教学制度，主要经验有三点：

首先，独立设置思想政治理论实践教学课，确保其必修课的课程地

位。思想政治理论课05"方案"已经明确要求各高校将实践教学纳入思想政治理论课教学之中。当前，各高校主要有两种组织管理方式：一是将实践教学的任务和课时分解到"原理"、"概论"、"纲要"以及"基础"等四门课程中，以课程为单位、结合课程内容各自开展相应的实践教学活动；二是将实践教学任务和课时单列出来，由专门的教研室来负责组织实施。实践教学对学生的影响是多样的、综合的、全面的，过分注重实践教学为各门理论课程服务，不利于实践教学综合影响力的发挥，单独设置实践教学课更利于发挥实践教学的整体功能，提高教学效率。同时，单独设置课程能够凸显其课程地位，提高教学的组织效率，便于整合校内外的教学资源。

为此，广东药学院采取了单独设置"思想政治理论实践教学课"的组织管理方式，把每一门思想政治理论课的实践学时综合起来，组合成一门新课——"思想政治理论实践教学课"，该课程共计36学时，2个学分。教务处将其作为必修课排进第一学年下学期的课表，下达教学任务，规范教学要求，健全教学制度，提供课时和课酬，从而确保了其课程地位，有利于保障实践教学的常规化、制度化。

其次，思想政治理论课教学部成立专门的教研室，负责"思想政治理论课实践教学课"的组织管理工作。作为一门综合性的必修课程，实践教学牵涉面广、教学方式灵活、教学人员较多，需要成立专门的组织机构来负责协调各方面的关系，整合校内外各种教学资源。为此，广东药学院思想政治理论课教学部成立了一个教研室，专职负责"思想政治理论实践教学课"的组织管理工作。该教研室有四名思想政治理论课专职教师，其具体职责是负责实践教学的组织、实施和管理。由于有了专门的教研室，实践教学走向了规范化，并且在近年获得了部级、省级教改研究课题的支持和资助，实践教学的内容和形式也在不断改革完善。

最后，严格按照必修课程的要求，制定和完善教学管理规章制度。为了保证实践教学的顺利开展，广东药学院按照必修课的要求，制定了教学大纲、实施办法等一整套完整的管理制度。思想政治理论课教学部专门制定了《思想政治理论实践教学课实施方案》，在此基础上"形势与政策"教研室进一步起草了《"思想政治理论实践教学课"具体实施办法》，撰写了《"思想政治理论实践教学课"教学大纲》，明确规定了实践教学的目标、步骤、要求、考核等各项教学环节，要求任课教师按照教学大纲组织实践教学，进行考核，并制定了相关的奖惩措施。

（二）创新内容形式，实现思想政治理论课实践教学规范化

当前，各高校对于实践教学的内涵尚且存在着较大的争论，从而在实践教学的内容和形式方面也存在着较大的差异，这既给各高校提供了探索创新的空间，也在一定程度上影响了实践教学的组织实施及其教学实效。广东药学院根据实践教学的特点，对实践教学内容和形式进行了积极的探索，其主要经验在于理顺了实践教学过程中的几对关系，从而较好地解决了实践教学的稳定性和灵活性、实践教学活动与其他实践活动、教师与学生之间主导性与主体性关系等问题。

首先，处理好实践教学内容与形式的稳定性与灵活性的关系，既保证实践教学作为课程的规范性，又凸显实践教学的灵活性。广东药学院在思想政治理论课实践教学的组织实施中，一方面体现了课程的规范性和稳定性，主要表现在规范的教学形式和实践教学组织形式、固定的实践教学基地等方面。广东药学院把指导学生开展社会调查作为常规性的教学任务，给每个班级配置一名指导教师，指导教师拟定与思想政治理论课各门课程教育教学内容相关的考察方向或调查报告的选题指南，由学生利用暑假开展调查研究，完成调查论文或调研报告，由指导老师进行批改、评价、组织经验交流，给予学生相应的实践课成绩，并将优秀论文装订成册，进行表彰奖励。同时，在梅州干光村、东莞博物馆等地设有社会实践基地，定期带领学生去参观考察和服务；另一方面体现了实践教学的灵活性和变化性，主要体现在结合学校人才培养特点，抓住重大时事、重大节庆的机遇，不定期地组织开展相关实践教学活动。

其次，处理好思想政治理论课实践教学与其他实践活动的关系，既凸显思想政治理论课实践教学的课程特色，又整合其他实践活动为实践教学服务。当前，在各高校中，社会实践分为教学实践、专业实习、军政训练、暑期社会实践、青年志愿者活动和公益活动、科技学术活动、大学生社会工作、勤工俭学、校园文化活动等九大类型。这些实践形式与思想政治理论课实践教学有相通的地方，是思想政治理论课实践教学可以利用的资源，但不能以上述实践活动替代实践教学，理应对其进行整合和升华。广东药学院以促进学生思想政治素质全面提升为目标，以坚持思想政治理论课理论教学与实践教学相结合为原则，注重对资源的整合、提炼和升

华。为了实现这一目标，广东药学院坚持协同合作的理念，在组织制度上提供思想政治理论课教学部与学生处、团委等相关部门经常沟通的渠道，一方面聘请学生处、团委等符合资格的教师承担一定的思想政治理论课教育教学任务，另一方面聘请思想政治理论课教师担任实践活动的指导教师，从而创造了实践教学与实践活动相互结合、良性互动的前提条件。

最后，处理好教学过程中教师的主导性与学生自主性的关系，既发挥教师的积极引导作用，又鼓励学生发挥自主性。在确立实践教学内容和形式时，需要坚持学生自主性与教师指导性相统一的原则，一方面需要鼓励学生的自主性与创造性，让他们从自己的生活中去发现实践的具体内容，开展相应的研究、调查和活动，另一方面也需要教师进行相关的指导，帮助学生确立价值大、有创意的调查研究内容与实践主题。广东药学院在学期之初都会给学生近百个开展社会调查的实践课题，内容涵盖经济、政治、文化和社会建设等各个领域，让学生在教师的指导下挑选自己比较感兴趣的课题，也鼓励学生在以上课题范围内提出更具有新意的研究课题。同时，每年还会开展大学生社会调查比赛，允许学生自愿参加、自主选题、自主选择指导教师，从而充分发挥学生的积极性与主动性。

（三）落实保障条件，实现思想政治理论课实践教学长效化

有人认为，实践教学"费时、花钱而无实用价值"，将轻视乃至忽视实践教学作为一种所谓"理性"的选择，从而导致了实践教学保障条件的缺失和不完善，影响思想政治理论实践教学课的顺利开展。为了落实实践教学的保障条件，需要激发重视实践教学的动力。概括而言，这种动力既是自上而下的，也可以是自下而上的，一方面来源于上级部门的压力和学校领导的观念、意愿和重视程度，另一方面也来源于思想政治理论实践教学课实效以及教学成就的取得，从而促使学校投入相关人力和财力。

广东药学院落实保障条件的动力既来自学校层面的自觉性，也来自实践教学成就的促进。广东药学院积极探索实践教学内容和形式的改革创新，取得了一系列成果：教改项目"学生为本，德育为先，开拓创新，全面提升大学生综合素质的研究与实践"获得第六届广东省优秀教学成果二等奖；"团队心理辅导"课内实践教学探索得到了省内外专家们的高度评价，并作为特色经验在省内同行中推广，思想政治理论课教师指导学

生连续四届 20 人次获得广东省"挑战杯"竞赛一、二、三等奖；思想政治理论课教学部先后获得实践教学领域的部级、省级以及校级研究课题立项，出版了《面向社会、实践育人》等专著。实践教学的突出成绩促使学校有了落实和改善教学保障条件的强大动力，实现了"以保障条件促成效，以成效促进保障条件的改善"的良性循环，形成了比较健全的教学保障机制，具体包括：

一是组织保障。由学校主管领导牵头，每学期末召开思想政治理论课教学部、教务处、学生处、人事处、团委、宣传部、财务处以及相关二级学院领导参加的专题会议，讨论和部署思想政治理论课实践教学的相关工作，由思想政治理论课教学部下属的"形势与政策"教研室负责组织实施，其他部门协调配合。

二是队伍保障。广东药学院指导教师队伍的主体是思想政治理论课教学部教师，同时从学校党政管理干部和学生工作管理干部中聘请一定数量的兼职指导教师，要求兼职教师原则上具有硕士研究生学历，讲师以上职称。同时注重加快师资队伍的培养力度，为指导教师的外出考察、学习交流、进修提高提供机会，不断提高指导教师的综合素质。对每一位指导教师的工作职责也进行了明确的规定，保证指导教师与指导学生保持密切的联系，给学生提供及时的指导，从而不断增强实践教学实效。

三是经费保障。广东药学院制定了思想政治理论社会实践课教学工作量考核标准，明确责任，合理计算指导教师的工作量。每个学期指导老师按每班 36 课时需计算工作量及课酬。设置"思想政治理论课实践教学课"教学的专项经费，为师生的社会调研、考察、实践教学成果的宣传、出版等提供必需的经费保障。从 2006 年开始，广东药学院每年编辑出版一本学生优秀调查报告论文集，并对优秀调查报告获得者进行表彰宣传。建立健全"思想政治理论实践教学课"教学的激励机制，对优秀的指导教师，优秀的实践教学成果给予表彰奖励。

（四）整合教学资源，凸显思想政治理论课实践教学特色化

当前，在高校思想政治理论课实践教学的实践中，一个突出的问题就是没有树立正确的资源观，教学资源的利用效率比较低，其原因主要有二："一是缺乏洞察力，发现不了思想政治教育资源。二是缺乏主动性和效益观。很多思想政治教育资源处于原始、低效状态。一些教育者在利用

思想政治教育资源时，既不考虑如何将各种资源搭配形成合力，也不注重对思想政治教育资源进行培植和保护，这使得思想政治教育资源处在一种杂乱无章的无序状态。"

由于思想政治理论课实践教学具有综合性强、涉及面广、影响因素多的特点，以系统的眼光发现、利用和整合教学资源，是构建思想政治理论实践教学长效机制的重要内容，也是凸显实践教学特色的关键所在。思想政治理论课实践教学首先需要整合校内各种教学资源，形成教学的合力，要与学校人才培养目标相契合，凸显实践教学特色。思想政治理论课实践教学资源校内整合主要表现在教学目标融合与教学手段整合两个层面，教学目标融合指思想政治理论课实践教学目的与学校人才培养目标的契合关系，思想政治理论课实践教学要凸显人才培养特色，为学校人才培养注入新的内涵。教学手段融合指思想政治理论课实践教学与专业课实践教学、团委、学生处及大学生社团组织的实践活动以及文化素质活动等形成教学合力，共同促进大学生思想政治素质和创新能力的提高。

广东药学院思想政治理论课实践教学在资源整合层面进行了初步的尝试和探索，以力求增强教学实效，凸显教学特色。广东药学院在教学目标层面的融合，突出表现为将提升大学生医药文化素质作为实践教学的改革方向，探求学校培养应用型医药卫生人才的目标如何在思想政治理论课实践教学中贯彻落实，充分发挥实践教学在培养学生"扎根基层、医药济世"的良好品质中的功能和作用。广东药学院在人才培养目标上的要求是：适应广东社会经济与医药卫生事业发展的需要，面向医药卫生行业、面向基层，致力培养具有良好思想道德素质、创新精神和实践能力的高素质应用型人才。思想政治理论课实践教学在坚持主流意识形态的前提下，紧紧围绕提升大学生医药文化素质这一任务，组织和开展相关的实践教学活动，在提升大学生的思想政治素质的同时，着力培养学生服务基层、医药济世的精神品质，提升学生动手能力和创新能力，从而实现思想政治理论课实践教学目标与学校人才培养目标之间的契合。

广东药学院思想政治理论课实践教学在整合资源、凸显特色中取得了积极成果。在思想政治理论实践教学课充分利用的案例有：学生针灸协会20年如一日，坚持志愿服务社区，服务群众达10万余人，在社会引起强烈反响，曾被团中央树立为"优秀青年志愿者服务典型"，多次获省、市表彰；又如四川汶川大地震发生后，学校医药信息工程学院学生志愿者奔赴汶川地震重灾区映秀镇开展医疗信息系统重建工作，保证了灾区医药信息的畅通，受到当地政府的高度赞誉。在这些实践活动中，学生们提升了医药文化素质，增强了社会责任意识，锻炼了动手能力，从而取得了思想素质、业务素质双赢的效果。

三 "毛泽东思想和中国特色社会主义理论体系概论"课实践教学方法范式创新思考

"毛泽东思想和中国特色社会主义理论体系概论"课（以下简称"概论"课）是高校思想政治理论课的核心课程，承担着用马克思主义中国化理论成果对大学生进行思想政治教育的重任。而"概论"课实践教学是其重要的环节，坚持思想政治理论教育与社会实践相结合，是党和国家对高校思想政治教育的明确要求和基本原则。为增强教学的针对性和实效性，广东药学院不断改革和创新"概论"课实践教学的方法和形式。本文结合"05方案"实施以来广东药学院在"概论"课实践教学改革方面的实践，分析与总结教学方法范式改革成效，逐步把握教学规律，规范教学形式。

（一）"概论"课实践教学方法改革与范式分析

"05方案"实施以来，我们按照"概论"课实践教学的要求，结合现代技术和教学实践的运用，逐步改进和规范了三类基本的实践教学方法：课堂实践教学法、课外实践教学法和虚拟实践教学法。课堂实践教学法便于学生参与，课外实践教学法贴近现实生活，虚拟实践教学法有助于拓展教学空间，三者互相补充、相互促进，构成"概论"课实践教学方法的基本范式。限于篇幅，我们结合广东药学院"概论"课教学实践，摘取简要内容进行介绍。

1. 创造丰富多彩的课堂实践教学方法，组织学生参与教学，提升能力

课堂实践教学方法是以固定课堂为教学平台，以书本为教学内容，面

向学生开展实践教学活动。它的特点是使用普遍、形式灵活、参与度高、可控性强。在课堂实践教学改革中，我们突出运用以下方法：

第一，互动教学法。互动是课堂教学最常用的一种形式，它有利于调动学生积极思维，主动去思考问题、回答问题，积极展示自我、表现自我。互动的形式一般有两种：一种是专题式互动。先确定基本命题，让学生进行相应的准备，课堂上进行思想观点的交流互动。这种形式学生参与的积极性高，教师便于引导和控制。另一种是课堂问题讨论。教学中教师提出问题，引导大家对这些问题进行回答。教师再根据自己对该问题的重点、难点研究和学生讨论水平进行总体评价，针对学生的讨论进行诱导式的提问，引导学生将讨论走向深入。这种教学方法的优点是加深学生对知识的理解，培养训练学生的观察力、想象力、思维能力和分析、解决问题的能力，强化师生之间、学生之间的民主和谐、密切合作的关系，是一种有效的教学手段。当然在互动教学法中，我们需要注意以下几点，首先要组织好教学，如互动时机的选择、主题的发掘、有效的组织等问题。其次，要认真探索预防课堂互动中可能出现的冷场、学生参与度低等教学困境问题，确保课堂互动气氛活跃，敢于观点碰撞，场面热烈但不混乱。同时，还要善于引导学生将互动讨论的成果书面化，最大限度放大课堂互动的教学效果。

第二，模拟教学法。"概论"课的情景模拟教学就是让学生身临其境，进行模仿，扮演相关的角色，在感悟中受到启发和教育。这种教学的模式可以给学生展示自我的机会，也可以使学生看到在认识和把握某个问题上的多种角度，扩大自己的视野，扩大信息量的获取，并从中受到教育。学生模拟教学是一种以教师为主导，以学生主体活动为中心的教学模式。通过安排、组织学生就教学中的某一个或几个教学内容独立或合作进行学习研究，自主制作教学课件，然后面向全班学生进行公开授课。这种学生模拟教学形式可以让学生在课堂模拟教学活动中提高知识储备水平，加深对理论知识的理解，提升理论知识讲解能力和口头表达能力。当然，在实践中，我们对模拟教学的内容安排要适量，不宜冲淡正常教学计划。

第三，影视鉴赏教学法。影视鉴赏，可以分为课内经典影视鉴赏和课外影视鉴赏两种具体教学组织形式。这种方法具有独特的教学功能和价值，在课堂内组织学生集中赏析一些与"概论"课教学相关的经典影视教学片，可以增强学生学习的兴趣，深化专业知识，提高道德修养。如大多数学生在观赏《周恩来外交风云》影视片后，深深地为周总理伟大的人格魅力、道德情操所感染，对新中国成立以来的国际关系有较深入了解。当然，对于这一教学方法的运用还需进一步探索，首先是要充分利用现有的网络信息渠道发掘经典影视教学资源，并围绕"概论"课教学内容和教学目标，选择有良好教育教学价值的经典影视片，逐步建立起一套优秀、实用的教学资料库。其次，在课堂上组织学生欣赏经典影视片，要注意适时适量，处理好经典影视赏析与理论教学的关系，不能以经典影视赏析冲淡甚至完全代替理论教学。

2. 积极开展形式多样的课外实践教学，引导学生面向社会，实践育人

课外实践教学是思想政治理论课教学内容的实践化、应用化的活动过程，在时空形式、功能作用、认知方式、考评方式上都与课堂教学有明显的区别，作为思想政治理论课教学的有机组成部分和必要环节，正逐步成为课堂教学的延伸和补充。我们认为，作为一种寓教于"行"的教学过程和教学方法。它能较好地调动学生学习的积极性和主动性，培养学生的参与意识和求实精神，锤炼学生的实践能力、交际能力、组织能力、创新能力以及运用马克思主义理论认识、分析现实问题的能力，达到综合素质得以整体提升的目的。考虑到教学的内容要求及组织灵活性，我们主要选择了拓展阅读法、研究性教学法、社会实践法等主要形式开展教学。

第一，拓展阅读法。读书学习是大学生扩大知识面，深化专业知识的有效手段，也是提高文化素质和思想道德水准的重要途径。多年的实践结果表明，学生课外阅读程度的高低和数量的多少，将直接而深刻地影响到学生的理论把握程度与水平高低。通过阅读实践，自觉地而不是被迫地、有意义的而不是做作业式的来重复和重温前人的思维过程，来触发和投射现实的思考与共鸣。完成了这一步，学生才能实现自身从理论学习向社会学习转化的愿望和内在机制。在课外拓展阅读学习时，如何选择阅读书目非常关键。我们选择并推荐学生阅读以下几类书：一是以马克思主义哲学为主线，包括中西方在内的短篇精品，它可以帮助学生树立正确的人生观和世界观，培养学生的思维能力；二是我国历代党和国家领导人的著作，这样可以了解马克思列宁主义是如何与中国的客观具体实际相结合，进而正确认识当代中国；三是文学名著和历史专著，它可以陶冶情操，完善心智，拓展知识，提高素养。[2]同时，我们积极引导学生在阅读实践中学会

自主学习、自主发现、协作交流、质疑问难、实践创新。

第二，研究性教学法。研究性教学是一种开放式教学模式，是"以学生为主体、以能力为本位、以问题为载体"的教学理念渗透于教学之中。其具体方法多种多样，教师可根据教学内容和学生特点，创造性地进行教学的设计和实践。它以课外小课题研究为教学的切入点，创设一种类似研究的情境或途径，把方法的获得、能力的提高融入到获取马克思主义立场、观点和知识的过程中。让有限的教学过程成为他们探究、质疑、思考的开始，让"问题意识"去整合他们的间接知识经验，并内化为个体切身的人生经验。使学生从被动的知识吸纳者变为对客观世界的探究者，最终使学生实现对所学理论知识转化为实践意义的目的。但是在实践中，研究性教学存在专题选择适度较难、专题研究涉及的重难点及复杂性不易把握、有效的教学制约机制缺乏等等。因此，还有待教学实践探索。

第三，社会实践教学法。社会实践教学是按照理论联系实际的原则，有组织、有计划、有目的地引导学生深入社会生活，关注社会现实，了解社情民意，服务经济社会发展的一种教学模式。思想政治理论课社会实践教学，按照实践的内容、方式及特点，可以分为社会参观调查、校园文化活动、青年自愿者服务活动等主要类型的社会实践教学形式。在"概论"课教学中，社会实践教学是整个教学体系的重要环节。它能使学生更全面、更主动、更自由地介入教学活动，改变传统教学模式中学生是客体、单纯是教育的对象、是教学活动的服务者的地位，把"要我学"变为"我要学"，让学生真正成为教学活动的主体。当然，受客观条件所限，社会实践教学还面临实践基地少、实践时间少、经费来源少等问题。从主观来讲，还面临领导不够重视、形式不够规范、内容不够科学等问题，只有逐步化解社会实践教学的困境，才能真正发挥其应有的功能。

3. 依托多媒体教学平台，拓展虚拟教学方法，丰富学生的精神世界

思想政治教育网络信息资源的开发与利用，是信息技术发展到一定阶段的产物。虚拟教学方法与课内教学、课外实践教学共同构成了立体多维的现代思想政治理论课教学体系。

目前，大学生是我国互联网应用中最为活跃的群体，虚拟的网络空间丰富多彩，放大了大学生的课余空间生活和丰富了他们的精神世界，如网络浏览新闻、互联网信息检索、网络通讯、网上调查、制作个人主页、开设博客、参与网络论坛等等。"概论"课教学可以凭借这些虚拟载体，创

新教学内容与方法，正确引导大学生。

第一，搭建校园网络教育平台，拓展教育空间。"概论"网络教学平台是指借助计算机系统，将文字、声音、图像、图形、视频、动画等元素组合于一体，使多媒体信息建立逻辑连接，集成一个交互系统的计算机教学方式。对网络信息资源的开发和利用主要包括三个方面：一是根据教学需要，对相关信息资源进行采集、挖掘、选择、加工、集中和上传网络，以扩大"概论"课网络资源的信息数量；二是在分析网上现有信息资源的基础上，对其进行再次采集与加工、筛选与判别、分析与排序、编目与检索，以保证"概论"课网络信息资源的质量；三是在现实社会中，加强对大学生信息素养的教育及运用网络综合能力的培养，使其合理和合法地利用网络信息资源，以增强利用网络资源信息的效果。网络信息资源的数量和质量是实现利用网络资源效果的前提条件，成为影响"概论"课信息资源开发和利用的主要环节，也是制约网络教学工作效果的重要因素。目前在这方面还普遍存在诸多不足："概论"精品网站数量少，信息资源缺乏有效性，内容不够丰富，更新速度慢，影响力不强等。

第二，提高信息质量，实现引导功能。为了有效发挥网络资源的教育功能，可以利用网络技术手段，构建内容健康向上、形式丰富多彩、有使用价值、为人们喜闻乐见的网站，并联合高校及国内著名的马克思主义理论工作者、文化学者等参与，通过网络向大学生传播主流价值文化。同时，大力加强校园网的建设与管理，建立一套健全的校园信息传播系统，开展宣传、网上讲座、BBS论坛、电子信箱、心理咨询等服务，不断强化大学生在虚拟网络生活中的人际交往和社会参与，发挥网上论坛弘扬主旋律的舆论导向功能。

第三，开设主题博客、课程聊天室。主题博客以互联网为载体，简易、迅速、便捷地发布自己的心得，及时、有效、轻松地与他人交流，并集丰富多彩的个性化展示于一体的综合性平台，成为大学生的一种重要虚拟网络生活方式。博客的内容具有极高的共享精神和价值，可以成为思想政治理论课虚拟教学的有效载体。而网上聊天室具有在线深度互动交流的功能，为广大网民，特别是高校教师创设了一个方便快捷的思想表达和信息沟通平台，也是当前"概论"课虚拟实践教学的崭新形式，其目的意在培养学生的自主实践能力、创新精神和团队合作意识。面对这一崭新的虚拟实践平台，我们一方面引导大学生开设与"概论"课程相关的主题博客,将大学生学习的心得体会以网络日志的形式记录和保存下来,再以公共性的形式实现互联网共享。同时,鼓励大学生撰写、更新博客,使之达到培养能力、锤炼思想、增强综合素质、提高互联网应用的水平。另一方面,组织"概论"课教学名师担任课程聊天室特约嘉宾或主持人,扩大聊天室的知名度和影响力。[3]

(二)"概论"课实践教学方法范式创新的实效性评估

在"05方案"实施以来的探索中,"概论"课实践教学方法范式创新取得了明显的成效:

1. 突出了教学内容,提高了课堂教学的实效性和针对性

"05方案"实施以来,教育部重新组编"概论"课教材,内容体系丰富多彩。如果我们按照传统的理论灌输式授课方法,难以取得理想的教学实效,往往课堂教学呆板,难以引发学生的共鸣。而我们面对的大学生群体思维活跃、个性较强,他们在理论上较少迷信和盲从,因此,改进课堂教学方法,注重"概论"课实践教学成为提高教学实效性的必然要求。实践的结果表明,通过互动教学、模拟教学和影视鉴赏教学等方法的运用,激发了学生学习的兴趣,调动了他们的学习积极性,提高了教学的实效性和针对性。

2. 拓展了教学平台,提升了学生课外学习的积极性和主动性

课外实践教学及方法,为学生学习搭建了一个崭新的平台。如果实践教学方法科学合理,会产生良好的实践育人效果。一方面,课外实践学习形式多样、效果直观。尤其社会实践活动,可以使学生跳出自己生活的狭小圈子,深入现实社会,亲眼目睹改革开放带来的巨大变化,具体了解社会主义初级阶段国情。在实践问题的深入研究中,大学生们既能看到我国社会发展进步的成果,又能理性分析发展中的现实问题,从而在亲身体验中深入思考,逐步加深对党的路线、方针与政策的认识,坚定社会主义的信念。另一方面,课外实践教学法赋予参与者良好的知识和实践能力。要想取得满意的实践效果,参与者必须在理论功底、知识结构、科研水平等方面深入学习,当然,伴随实践活动的深入,他们也不断提高了自身的实践能力。一次成功的课外实践活动,会令他们终身难忘,也能激发学生在今后的社会活动中保持持续的积极性和主动性。

3. 虚拟教学展示了多样化教学风格,增强了教学的新意和吸引力

随着互联网的飞速发展及其在大学校园的渗透和普及，沟通无限的卓越功能使网络信息资源逐渐成为广大师生使用率最高的教学资源之一。包括多媒体技术在内的互联网络运用于"概论"课实践教学，发挥多媒体的技术优势，利用先进的互联网络信息资源，实现教学手段的现代化，可以提高教学的趣味性、可信性、灵活性，大大拓宽"概论"课实践教学的空间，从而增强了教学的新意和吸引力。主要体现在以下四个方面：一是化静为动，激发学生课堂实践学习的兴趣；二是变难为易，拓宽思想政治理论课实践教学的时空；三是营造情境，增强思想政治理论课实践教学的说服力；四是寓教于乐，调动学生学习思想政治理论课的积极性。[4]

（三）进一步完善"概论"课实践教学方法范式的思考

学无止境，对"概论"课实践教学方法的改革与探索同样如此，尤其一些新的教学方法，还需深入研究，才能逐步把握规律，取得较好的实效。对此，我们还需要从理论性与现实性、深度性与趣味性、政治性与科学性相统一的原则出发，进一步完善"概论"课实践教学方法范式的目的、手段与规律。

1. 从解决理论性与现实性统一关系出发，把握"概论"课实践教学方法的目的

马克思主义实践观是"概论"课实践教学遵循的基本观点和原则，体现着理论与实践的统一，因此，在"概论"课实践教学方法范式创新中坚持理论与现实的结合，符合马克思主义的本质要求。这种统一既体现在马克思主义基本原理与中国具体实际的相结合进程中，也体现在我们观察、分析当代中国具体实践的各个方面。实践教学方法运用中坚持理论性和现实性的统一，提高用马克思主义解释与解决实际问题的能力，符合增强高校思想政治理论课实效性与针对性的现实要求，也是提高"概论"课教学生命力的关键所在。

坚持理论与现实的密切统一，要求我们在"概论"课教学方法范式创新上必须紧紧把握教学的目的。一方面，教师在教学方法上要必须深入浅出地将中国化马克思主义理论的精髓讲解到位，使学生真正领悟其精神和真谛。其一，要对中国化马克思主义的主要观点进行全面、详细的阐释，包括背景、内涵、意义等；其二，要对中国化马克思主义各个理论观点之间的关系，以及各个理论体系的构建逻辑进行说明，并对相关理论形

态的超越之处进行有力的论证。另一方面，在处理教学目的与教学方法的关系时，教师要始终做到以下几个结合：将中国化马克思主义理论与学生的个人生活、学习工作、理想信念等问题相结合；将中国化马克思主义理论与社会生活中受到普遍关注的重大理论和实践问题相结合；将中国化马克思主义理论与党和国家的方针政策相结合；将中国化马克思主义理论与实践范围内出现的新问题相结合。

2. 从解决深度性与趣味性统一关系出发，创新"概论"课实践教学方法的手段

"概论"课内容博大精深，涉及经济、政治、文化、历史、科技、外交等多个方面，同时，随着实践的发展不断有新的理论成果产生。由于其具有理论性强、抽象度高的特征，在传统的教学中，教师固然备课很认真、讲解很到位，但是仍然极易出现教学内容枯燥、学生积极性不高、填鸭式灌输等现象，教学效能因此大打折扣。在"概论"课实践教学方法改革中，教师可以综合运用多种教学模式和手段，如虚拟网络教学、互动教学、模拟教学等，提高"概论"课教学的趣味性，通过开辟课外社会实践教学，让大学生深入社会，亲自参与，贴近生活，激发兴趣，提升能力。虚拟教学方法展示多样化的教学风格，有利于增强教学的新意和吸引力。

在"概论"课教学手段趣味性增强的同时，我们还要坚持思想的深度性，坚持以下几个原则：第一，具体问题具体分析。对趣味性教学章节、教学具体方法的选择要因地制宜，只有形式和内容相契合，才能达到不偏离思想教育目标，取得预期效果。第二，把握好目的和手段的关系。趣味性教学是手段，理论教育才是目的，切忌喧宾夺主、本末倒置。第三，要精准地拿捏好"度"。趣味不等于盲目迎合，不等于"泛娱乐化"，不等于庸俗低级，而是要通过创造生动活泼且为大学生喜闻乐见的教学形式，才能实现教学的目的。

3. 从解决政治性与科学性统一的关系出发，探寻"概论"课实践教学方法创新的规律

在"概论"课实践教学中，政治性与科学性密不可分。政治性是目标，科学性是条件，科学性直接制约着政治性的实现。坚持政治性与科学性的统一，体现了"概论"课的根本要求。长期以来，"概论"课构成了对大学生进行意识形态宣传、教育和灌输的主要途径，一切必须以引导学

生坚定对马克思主义的信仰、对社会主义的信念为最终目的。

有效发挥"概论"课的意识形态和政治导向功能，必须坚持课程的科学性。我们将政治性作为"概论"课的根本属性，并不否认它同样具有科学性和学术性的特点。因为它科学地揭示了人类社会发展的规律、中国特色社会主义发展的规律、中国共产党执政的规律。同其他任何科学一样，中国化马克思主义理论是一套完整、严密的逻辑体系。

"概论"课实践教学必须坚持政治性与科学性的有机统一。坚持政治性不是要采取强制手段进行灌输，而是要做到以理服人。因此，我们在实践教学中不能回避目前社会上各种对于马克思主义的非议和责难，也不能采取"贴标签"、"扣帽子"等简单粗暴的方式压制不同的理论声音。相反，我们更应该主动积极地引导大学生了解不同的理论观点，在分析、比较和批判中阐明中国化马克思主义理论的价值，在多元中实现统一，用理性的态度和科学的结论引导学生作出正确的选择。当然，对于"概论"课实践教学规律的把握，需要我们不断加强科学研究，用高质量的科研成果来提高教学水平和质量，无疑这种规律的探索更加需要强有力的学术支撑。

参考文献

[1] 钱伟量、王志芳：《邓小平理论的特征和高校邓小平理论课的案例教学》，《海南大学学报》（社会科学版）1999 年第 2 期。

[2] [4] 柳礼泉：《大学思想政治理论课实践教学研究》，湖南大学出版社，2006 年，第 120、234 页。

[3] 吕志：《论思想政治理论课实践教学的形式及其实施》，《思想政治教育研究》2010 年第 6 期。

四　高校思想政治理论课
课堂实践性教学探索

——以"思想道德修养与法律基础"课为例

高校思想政治理论课是对大学生进行思想政治教育的主渠道和主阵地，是帮助大学生树立崇高理想信念，弘扬爱国主义精神，树立正确人生观、价值观、道德观和法制观的重要途径。作为思想政治理论课程体系中的课程之一，思想道德修养与法律基础课（以下简称"基础"课）的课程性质与教学目标决定了该课程具有鲜明的实践性。"基础"课的教学不仅要注重理论知识的内化，更要重视如何将所学知识外化为具体的行为，做到知行统一。因此，在课堂教学中不断树立实践教学理念，努力探索实践教学方法，积极开展实践教学活动，激发学生内在情感，实现课堂理论讲授与学生自我教育相结合，对实现"基础"课的教学目标与提高其教学效果具有重要的意义。

（一）"基础"课课堂实践教学的原则

1. 学生为主体与教师为主导相结合

在整个课堂实践教学过程中，应始终体现学生为主体、教师为主导的原则。学生是整个实践活动的具体执行者和实施者，他们不仅仅是接受教育，接受知识的主体，同时也是自我教育和自我成长的主体。因此，在设计活动之前，应充分考虑大学生的身心特点和成长规律，也要从大学生的生活实际出发，选择适合他们的活动，这样才能引起大学生的兴趣，激发他们的情感，在活动中体验和成长。然而，"基础"课的课堂实践活动不同于一般的校园文化活动，它必须充分体现思想政治理论课的性质和目

标，必须是教师主导的活动。以学生为主体并不代表一切以学生的兴趣满足为主，而必须是在教师主导下的学生为主体。首先，在活动之初，教师必须确定活动主题的选择，活动方案的设计和活动的具体实施过程，坚持正确的活动方法和内容；其次，在活动过程中，教师应全程把握活动的正确方向，坚持党性原则，还要注重活动过程中的指导和点评，及时纠正活动中可能出现的思想偏差；最后，在活动结束之时，教师要认真的总结分析，并考核活动的效果和活动目标的实现程度。总之，没有教师指导的实践活动不是真正的课堂实践教学，只能是游戏式的趣味活动。

2. 理论讲授与实践教学相呼应

"基础"课的教学是理论教学与实践教学的结合体，并且是以理论讲授为主体，是通过理论阐述，培养学生正确的人生观、价值观和优良的道德品质。所有的实践教学活动都应以正确的理论为指导的。因此，在开展课堂实践教学的过程中，不能忽视理论讲授的重要意义和作用，更不能以实践教学来代替理论教学。但对理论的接受和理解又必须通过实践活动的体验和感受来印证，在理解中接受，在体验中学习，所以课堂实践教学必须坚持理论讲授与实践活动相呼应的原则。如广东药学院的"基础"课一般周学时为 3 学时，如果连续 3 节课的理论灌输，学生势必会对理论产生反感和抵触，也不符合教学的基本规律。因此，我们一般都会设计以两节课为主要理论讲授，一节课为实践教学活动。先讲理论，再进行课堂模拟实践，理论与实践相结合，学生也乐于接受。但要注意的是，所选择的实践活动必须与前面所讲的理论相呼应，必须是以理论指导为原则的。比如讲完如何适应大学新生活的理论之后，可以在课堂进行人际关系行为训练的实践活动，讲理想时可以进行自我探索的行为训练等。

3. 必要性与可行性相统一

"基础"课的课堂教学一般都是大班教学，一般都是 100 ~ 200 人的大课堂，在这样的课堂中组织所有的学生参与课堂活动必须同时考虑必要性与可行性的统一。有些教学活动是很有必要的，但在大班课堂里进行不一定可行，而有些活动具有可操作性，却不一定对理论的教学有帮助。因此，选择课堂实践活动必须是必要可行的。这种必要性体现在教学的活动能印证理论的科学性和先进性，能帮助学生消化和吸收理论知识，能有助于学生在实践中理解、接受和认同所学理论知识，能激发学生的内在情感，并能促使学生积极地将所学理论运用到具体的生活实践中去。而这种

可行性体现在可操作、可控制、可驾驭和可考核。这种教学活动必须符合大班教学的特点，适合人数众多的教学，还要与学生的认知水平相当，教师也必须有能力控制课堂环境。如讲爱国主义章节时，可选择"我爱中华"、"我爱我的家乡"等演讲比赛；讲社会主义道德时，可选择"道德冲突小品表演"比赛等实践教学活动。这些活动是在教师理论讲授的基础上，通过学生的自我学习和自我教育，在实践情景中使学生知情合一，完成由情感到理性认识的飞跃，并将理性认识回归到现实实践中，最后达到知、情、意、行的统一。

（二）"基础"课课堂实践教学设计思路

根据理论讲授与实践教学相呼应的原则，"基础"课的课堂实践教学设计必须以课程的教材体系为依托，尊重教材的内容和体系，保证实践教学的方向性。因此，教材是实践教学的内容所在，而丰富多彩的课堂实践教学是形式，内容决定形式，形式反映内容。"基础"课的教学内容除绪论共分为八章，根据课程体系可以概括为以绪论为切入点，以理想信念教育为核心，以爱国主义教育和人生观教育为重点，以两种规范（道德规范和法律规范）教育为目标。因此可以结合每一章节教学内容，开展专题行为训练，将理论与实践在课内很好地结合起来。以下具体谈谈开展课堂实践教学的设计思路。

1. 大学生活适应部分

绪论部分，理论内容是讲授如何尽快适应大学生活，开拓新的境界。目的是通过教学，使大学生尽快熟悉大学生活的新特点，顺利进行角色转换，提高生活自理能力、自学能力、人际交往能力，从而适应大学生新生活。因此，在课堂实践教学就围绕"我的大学生活适应与规划"展开，设计了以"大学学习适应行为训练"、"人际交往适应行为训练"为主题的教学方案。如人际交往行为训练，又从三个小主题进行训练，第一个主题是展示自我，认识他人。将学生分成不同的团队，团队可以取队名，设队长，团队成员互相认识，使学生主动去认识他人，展示自我，迈出人际交往第一步。第二个主题是赞美与倾听训练，通过活动，使学生学会倾听别人，尊重与接纳他人，提高人际交往能力。第三个主题是沟通与合作训练，使学生在了解自我的基础上去理解他人，善于沟通与合作，培养团队合作精神。通过系统的训练活动，可以提高大学生的人际交往能力和环境适应能力，帮助大学生尽快适应大学生活。

2. 思想教育部分

第一章理想信念教育，这是"基础"课教学的核心，因为理想信念也是一个人一生的灵魂和核心。帮助大学生树立正确的理想信念是本章理论教学的目标，而课堂实践教学正是以"我的生涯规划训练"而展开，根据理想的实践性和大学生自我成长的特点，以生涯发展为主线，兼顾具体的职业理想的选择问题。通过系统的自我探索训练，使学生了解自我、接纳自我，了解自己的兴趣、特长、能力等，帮助学生在大学之初就确立自己的职业生涯规划，明确自己未来的理想追求，从而学会有目的地、有计划地度过自己的大学生活。同时可以培养大学生健康的心理素质，端正大学生的思想态度，正确理解个人理想与社会理想的关系，在追求个人理想过程实现自己的社会价值。

第二、三章爱国主义教育和人生观教育部分，这是"基础"课教学的重点，其理论讲授目标是培养大学生的爱国主义精神，树立正确的人生观。而爱国主义精神本身就是一种高级的社会责任感，爱国主义教育部分的课堂实践教学就是以"责任感强化训练"为主题。因此，本章的责任感强化训练分为三个专题，从爱国主义的自我教育到我爱我家的责任意识再到对他人负责的精神体验，引导同学们逐步领悟有国才有家，有家才有个人，增强大学生的社会责任感，进而上升到爱国主义的高尚情怀。而人生观教育部分的课堂实践教学以"价值观澄清行为训练"为主题。通过对个人价值观的澄清与探索，使学生明确个人职业价值观、生活价值观、人生价值观等，引发学生对人生目的、人生态度和人生价值的深刻思考，帮助学生找到自己的人生价值所在，并树立科学、高尚的人生观。

3. 规范教育部分

第四、五、六、七、八章概括起来就是道德规范和法律规范的学习，这两种规范学习的目标是培养大学生良好的道德品质和法律素养，树立社会主义道德观和法制观。道德领域具体又划分为社会公德、职业道德和家庭美德三个部分，因此根据教学内容将开展"道德选择行为训练"等专题活动，包括道德存在体验、道德冲突行为选择、社会公德自测、敬业倾向测试、爱情价值行为选择等训练活动。如在道德冲突情景中，通过角色扮演，使学生明白道德与法律的界限，学会在解决情与法、法与理的冲突过程中，提升道德判断能力和选择能力，培养社会主义法律思想方式。同时通过爱情价值行为选择训练，使学生明确自己的爱情价值观，并指导学生树立正确的婚姻恋爱观。在道德选择行为训练中，将大学生对社会主义道德规范和法律规范的认同落实到践行中，促进道德认知转化为道德行为，进而培养大学生的良好的道德素质和法律素养。

（三）"基础"课课堂实践教学具体操作研究

以上是从宏观、中观的基础上阐述了"基础"课课堂实践教学的原则和设计思路，下面将详细介绍课堂实践教学活动的操作思路、操作过程，并以具体案例加以说明。

1. 课堂实践教学活动操作思路

课堂实践教学不仅具有宏观的总体设计思路，而且还应具有微观的具体操作思路。所有的"基础"课堂实践教学活动的操作都是沿着"理论引导→活动体验→感悟分享→总结提升→理性飞跃→实践运用"的思路进行的。这种操作思路是遵循马克思主义认识论的规律，即认识的二次飞跃理论，也就是将书本的理论知识经过学生的课堂活动体验进行内化，然后自己分享总结提升到理性认识，只有经过自己理解的知识和理论，学生才会自觉的将其运用到现实的实际生活中去。

2. 课堂实践教学活动操作过程

环节一：建立活动团队，形成团体意识

在课堂实践教学之前，根据每个班的人数，学生自由组合成若干团队，每个团队 8－10 人左右为宜，每个团队推选队长一名，选取队名、口号等，团队建立后，每周上课固定坐在一起，方便队员课堂讨论交流。课后队长带领队员根据本课程教学内容集体讨论活动主题，并安排学习时间共同交流讨论。

目的：促进学生交往与交流，提高学生人际交往能力，增强学生自学能力，培养团队合作精神，提高团队合作能力。

环节二：选择活动主题，进行活动体验

根据不同章节的教学内容，教师有针对性地选择符合理论教学内容的实践活动主题，提前布置活动任务、完成时间。每个团队根据教师要求集体讨论如何完成本次活动任务，如何将本团队学习成果展示给全班同学，并使同学从中受益。

目的：调动学生学习的积极性和主动性，培养创新意识，提高学生动手能力、搜集信息与处理信息的能力，培养大学生竞争与合作意识。

环节三：展示活动成果，分享活动感受

课堂上每个团队将进行十五分钟左右的活动成果展示。展示的方式可多样化，如 PPT 演示、演讲、辩论、小品表演、授课比赛、调查报告、服务社会汇报等，鼓励学生大胆创新。成果展示后，学生自由发言，分享活动过程中的感受和体验，自己的心得与感悟。

目的：锻炼学生的胆量和语言表达能力，提高学生分析问题解决问题能力，拓展学生思维，使学生了解自己，发现自己，表达自己。

环节四：教师总结点评，挖掘理论认识

教师根据学生的成果展示与感悟分享进行点评和总结，指出学生在活动过程中的优点和不足之处，并将活动内容、目标高度概括，提升理论水平，使学生在感性的活动中上升到理性认识。

目的：提升活动的理论层次，提高学生的是非判断能力，使感性认识上升到理性认识，使问题从表面上升到本质。

环节五：理论结合实践，活动成绩评定

根据各团队的每次活动成果展示与表现，教师与学生共同对各团队的实践活动进行打分（团队得分多少，每个成员都以此分为基础分，队长根据队员的不同表现，在团队成绩基础上酌情给分）。

目的：提升实践教学的重要性，使学生注重平时表现，提高参与课堂实践教学活动的积极性。根据教学与考试改革的精神，"基础"课的总成绩评定由理论成绩（即期末考试成绩占40%）＋平时成绩（由考勤、课堂表现、实践活动、课程作业构成，占60%）综合评定。

3. 课堂实践教学具体案例演示

（1）理论主题：如何适应大学新生活（针对绪论部分）

实践活动："微笑握手"和"当我刚入大学时"

活动一：微笑握手

首先，教师布置活动规则，掌控活动时间。规则就是请每位同学尽可能地和陌生同学握手，可以离开座位，但不能走出教室，要求目光注视他人，面带微笑，道一声"你好"。主动认识 3 位陌生同学，话题可以围绕对方的姓名、家乡、兴趣等展开。（握手活动开始，时间 3 分钟，刚进入大学的新生，一般都还比较陌生，但都渴望认识新朋友，大家都很高兴，课堂气氛很活跃，教师要观察全场同学表现，会有极少数同学不会参与活动。)

其次，握手活动结束后，教师请同学自由上台分享活动中的感受和体会，形容自己的心情。（大多数同学会表示很高兴、激动、兴奋，害羞、也会有少数人表示嘻戏、无聊等负面情绪。)

再次，请同学们思考、讨论如何更好地认识新朋友？如何在大学阶段建立良好的人际关系？与陌生同学交往如何取得较好效果等问题，并发表自己的意见。这时的课堂发言就由情绪分享的感性认识上升到理性认识，教师还可有针对性地指出刚才活动中少数同学没有离开座位不愿与人握手的问题，分析其原因。

最后，教师对同学们的发言进行总结分析，指出适应大学生活的关键。大多数同学都会认识到积极、主动、热情、真诚、尊重等对人际关系的重要作用，并能自觉地运用到自己今后的实际生活中去。这个活动能快速有效地让新生彼此认识，相互交流，使同学们在愉悦、轻松的氛围中体验、感受，从而迈开大学生活的第一步。

活动二：当我刚入大学时

在前面"微笑握手"活动的愉快气氛中，教师紧接着开着第二个活动。请各个团队同学谈谈刚上大学后的不适应情绪，同时运用"脑力激荡"讨论法，找出尽快适应大学生活的途径和方法。大学新生刚来到大学，肯定有很多不适应的地方，大家都会很积极地发表自己的不适应情绪，比如想家、学习跟不上、没有新朋友、对专业不感兴趣等等各种问题。然后，请各团队根据各种不适应问题，讨论解决问题的方法，并请各团队派一名代表向全体同学报告团队讨论的意见，最后根据各团队讨论结果，看哪个团队办法最多，评选出优胜团队。在整个课堂活动进行过程中，教师可适时地请每位同学思考：其他同学与你有共同的不适应情绪吗？通过讨论你找到了最适合自己的适应方法或途径吗？

这个活动使学生达到情感的共鸣，拉进了彼此之间的距离，增强了团队与班级同学间的凝聚力；同时运用团体的智慧，共同解决问题，课堂气氛活跃，提高了学生学习本课程的积极性和主动性，也为今后的理论教学起到了良好的铺垫作用。

（2）理论主题：在实践中创造人生价值（针对第三章教学内容）

实践活动：社会服务汇报

教师提前布置活动任务，请每个团队运用课余的时间进行一次社会服务的实践活动，主题是为社会服务，形式不限，鼓励学生大胆创新，充分体现当代大学生为人民服务的意识和能力，服务的时间至少是半个工作日，然后请各团队在课堂上汇报成果。

这个活动使学生走出课堂，走进社会，参与实践，找到价值。在课堂汇报的实践活动中，学生充分利用自己特长，制作出各种形式的汇报材料，如 PPT 演示、图片、背景音乐，自拍视频，调查报告、电子杂志等。学生服务社会的形式也多种多样，如义务献血、探访养老院、幼儿园义教、公共场所卫生打扫，下乡助农、环保宣传等。在课堂汇报的分享中，大多数学生都表示在为别人服务的过程中，自己也感受到了无比的快乐，找到了自身存在的价值，也表达了要在为人民服务的实践中实现自身价值的美好愿望。

总之，课堂实践教学能有效地提升理论教学的效果，使理论知识得到深刻地印证和运用，但课堂实践教学对教师的教学水平和驾驭能力也有很高的要求。教师要真正发挥主导的作用，要对学生有感情、积极关注和真诚的态度，有建立良好师生关系的能力，要学会控制课堂，把握时间；并且还要掌握团队活动的技术和方法，善于营造理解、支持、欣赏、鼓励、温暖、信任的课堂气氛，使学生在活动中有深刻的感悟，从而产生预期的效果。

五 "中国近现代史纲要"课实践教学中地方史资源的利用

　　本文所提到的地方史资源特指广州境内的历史文化资源,它包括物质文化、制度文化和思想文化。其在物质文化上一般表现为广州地区的村落建筑、名人故居、博物馆、烈士陵园等历史遗址;其在制度文化和思想文化上主要指的是反映广州本地经济和精神生活的土地制度、宗族制度、教育制度及其相应的思想观念等。地方史资源带有浓郁的地方生活气息,对于学习甚至长期生活于该地区的学生来说很容易产生亲近感。在"中国近现代史纲要"(以下简称"纲要")课实践教学中,充分利用地方史资源,有助于丰富学生的课外知识,提升他们爱国爱乡的情感。有着 2000 多年历史的广州在中国近现代史上留下了浓墨重彩的篇章,鸦片战争、戊戌变法、辛亥革命、第一次国共合作等重大历史事件都源于广州且涌现出众多广州人的身影。在"纲要"课的课堂实践教学中巧妙地融入广州的历史文化资源,将收到良好的教学效果。

(一) 在"纲要"课实践教学中利用地方史资源的必要性

　　首先,利用地方史资源进行"纲要"课实践教学,适应了党和国家加强和改进思想政治理论教育的基本要求。2004 年中共中央、国务院颁布的《关于进一步加强和改进大学生思想政治教育的意见》提到:"充分发挥爱国主义教育基地对大学生的教育作用,各类博物馆、纪念馆、展览馆、烈士陵园等爱国主义教育基地,对大学生集体参观一律实行免票。"高校思想政治理论课"05 方案"中规定"纲要"课的教学目标是:"主要讲授中国近代以来抵御外来侵略、争取民族独立、推翻反动统治、实现人民解放的历史，帮助学生了解国史、国情，深刻领会历史和人民怎样选择了马克思主义，怎样选择了中国共产党，怎样选择了社会主义道路。"围绕这个目标，"纲要"课教材的首席专家沙健孙教授提出了具体的教学建议："与'两个了解'、'三个选择'有关的内容，必须着重地、比较展开地讲，与之关联不是十分紧密的，则可以从简或从略。"[1]根据这些指导思想，同时鉴于学生对地方史资源容易产生认同感的实际，教师在"纲要"课实践教学中适时地引用、穿插一些与国情有关的地方史资源，有助于学生加深理解教材的内容，牢固把握近现代中国历史发展的进程及其内在的规律。

其次，地方史资源运用于"纲要"课实践教学，有助于大学生提升爱国主义精神，坚定理想信念。教育学生"自觉地继承和发扬近代以来中国人民的爱国主义传统和革命传统，进一步增强民族的自尊心、自信心和自豪感"，是"纲要"课教学的具体要求。[2]地方史资源继承和弘扬了中华民族的优良传统，丰富和发展了中华民族精神。地方史资源中蕴涵的爱国主义、集体主义、无私奉献、艰苦奋斗等精神，内涵丰富，为"纲要"课实践教学提供了丰富的内容和源泉。在"纲要"课实践教学中，大学生亲自参与、体验地方历史文化，潜移默化地受到感染，人生目标得到引导，进而培育马克思主义的世界观、人生观和价值观。地方史资源所体现的以爱国主义为核心的民族精神，正是向大学生进行教育的生动教材。因此，利用地方文化资源开展的实践教学，对于培养有理想、有道德、有文化、有纪律和德、智、体等全面发展的社会主义公民，改变思想政治教育脱离当地社会经济发展和改革实际的状况，使思想政治教育更好地为当地"两个文明"建设服务，具有十分重要的意义。[3]

再次，地方史资源的利用能够增强"纲要"课实践教学的实效性。"纲要"课讲的都是过去的人与事，在时间和空间上与学生有着较大的距离，难以引起学生的学习兴趣，给教学带来一定的困难。从教育心理学的角度来讲，人们对于其亲近的事物更易产生学习的兴趣，从而便于发生学习联想，加深学习印象。源自学习、生活地方的历史资源，自然会让学生产生感同身受、喜闻乐见的效果。地方史资源在"纲要"课实践教学中的有效运用，不仅可以在情感上拉近课程内容与学生之间的距离，并且能将教学从学校教室拓展到人物或事件的发生地，从而教师就可以顺势将学生对地方历史文化的积极情感和兴趣转移到对整个教材知识的学习和理解上来。"纲要"课实践教学的目的在于帮助学生完成从书本到现实、从理论到实践的跨越,增添书本中难以体现出来的感染力和冲击力。"纲要"课实践教学就是要引导学生通过对形象生动的历史素材的感知,形成思想上的震动和心灵上的共鸣,从而激发学生振兴中华的历史使命感和责任感。利用地方历史资源开展"纲要"课实践教学,其优势在于它不是空洞的说教,而是通过与革命历史事实对话,与革命先辈正确的人生观、价值观对话,让学生在深刻的思想内涵和信服的事实面前亲身去感知和体验,从而增强"纲要"课实践教学的说服力和吸引力,切实提高教学实效。

(二)在"纲要"课实践教学中利用地方史资源的可行性

近代以来,广州人才辈出,在各个重要的历史阶段都涌现出一大批杰出人物引领时代风骚。中国迈向近现代化的每一个脚印,都凝聚了广州人的艰辛努力。从鸦片战争到新中国成立,广州百姓的主要贡献如下:鸦片战争时期三元里民众抵御外国入侵的抗英斗争;太平天国运动中广州农民反抗腐朽清政府的行动;戊戌变法前后身处广州的维新派提出资产阶级改良方案;辛亥革命时期广州的资产阶级革命派为建立资产阶级民主共和国身体力行;五四运动以后广州籍的革命派人士为实现共产主义理想而艰苦奋斗。

在中国近现代历史进程中,广州占据着举足轻重的地位。太平天国运动发端于广州,其最重要的领袖人物洪秀全在他的出生地广州花都创立了拜上帝教,并借此号召当地的农民参与反抗清政府的专制统治;戊戌变法时期,广州成为全国维新运动的发源地,著名的资产阶级维新派人物康有为在广州开设万木草堂招收弟子讲授其维新思想;辛亥革命武昌起义前16年,孙中山偕陆皓东、郑士良等人到广州建立兴中会分会,积极筹备推翻清政府的革命活动,1911年4月爆发的广州起义虽然失败,但是因此而牺牲的众多革命先烈长眠于广州黄花岗烈士陵园,将被广大民众深刻铭记;五四新文化运动期间,大批宣传新思想的进步刊物和团体在广州创办;抗日战争时期,广州是日军攻占的重要战略目标之一,广州军民英勇顽强地进行抵抗,曾谱写过一首首英雄的赞歌。

此外,广州具有丰富的"纲要"课实践教学资源,主要分为三种类型:一是展现中国革命艰辛历程的实践教学资源:如广东革命历史博物馆、鸦片战争博物馆、辛亥革命纪念馆、中山纪念堂、广州烈士陵园、黄埔陆军军官学校等历史遗址；二是展现社会主义建设巨大成就的实践教学资源：如白天鹅酒店、中信广场、广州电视塔等建筑物；三是展现广州社会巨大历史性变迁和岭南民族文化的实践教学资源：如广东省博物馆、广州荔枝湾、岭南印象园、宝墨园和南粤苑等旅游景点。以上地方史资源，是对教材内容的生动补充，如果能够在"纲要"课实践教学中合理地加以利用，能极大地增强学生对于历史的真实感受，学生学习"纲要"课的兴趣必然大增，教学效果当然毋庸置疑。

以地方史资源为载体增强"纲要"课实践教学的实效性，不仅具有较强的理论研究性质，而且具有较强的实际操作性质。目前，开展这一教学方式的探索已经具备了相关条件，教师可以利用的地方史教学资源十分丰富。相对其他思想政治理论课程，"纲要"课的影像资源更为丰富，能够反映广州地方史的影视资源主要有《鸦片战争》、《太平天国》、《辛亥革命》等；近现代历史上不同时期在广州活动的进步人士以诗词书信等形式记录了探索国家富强之路的历程，像林则徐、康有为、梁启超、孙中山、林觉民等人留下的文字思想性强、寓意隽永；教师可以充分利用网络的便利性构建网络地方史资源库，这一资源库可以包括重要地方历史事件回顾、重要地方历史人物事迹、重要地方历史会议介绍以及师生互动平台等内容板块；此外，在进行"纲要"课实践教学时，教师应根据课程中与地方史资源相关的内容设计不同实践教学活动方案，如阐述改良在近代史上作用的演讲赛、读革命文献活动月、班级红色故事会等。

(三) 在"纲要"课实践教学中利用地方史资源的方法

现行"纲要"课教材讲述的是从鸦片战争到改革开放以来的历史，时间跨度170多年，而该课程却只有36学时，这意味着教师不可能有专门的时间，抛开课程的主体内容而专题讲授地方历史。此外，进行"纲要"课教学的主要目的，是通过对中国近现代史的叙述和分析，帮助大学生做到"两个了解"、懂得"三个选择"的必要性，这决定了教师教学的主导方向应该从宏观历史线索出发，阐明重大的理论问题，而不应过多地纠缠于地方史的细节。如何才能实现达到教学目的和增强趣味性的结合，将地方历史文化巧妙地融入教学进程中呢？在"纲要"课实践教学中可采用如下几种方法。

其一，在课后组织学生开展研究性的地方史专题学习。在充分挖掘丰厚的地方史资源时，根据学生的兴趣爱好成立研究性学习小组，指导学生对地方历史人物、历史事件、历史材料、文物古迹、历史题材影视作品等不同的专题进行研究性学习，然后撰写小论文。学生既可独自承担某一专题，也可以几个同学组成团队合作完成某一专题，如：康有为思想研究、孙中山革命事迹研究、黄埔陆军军官学校的有关研究等。这样既调动了学生学习的主动性、积极性，还增强了他们自主学习的能力和团结协作的精神。

其二，引导学生参观当地历史博物馆、纪念馆等实践教学基地。《中共中央宣传部、教育部关于进一步加强和改进高等学校思想政治理论课的意见》明确指出："高等学校思想政治理论课所有课程都要加强实践环节。要建立和完善实践教学保障机制，探索实践育人的长效机制。围绕教学目标，制定大纲，规定学时，提供必要经费。"[4]有效开展"纲要"课的实践教学离不开多种形式的校内外实践教学基地，这是实践教学的基本要求和保障。广州这座城市为"纲要"课的实践教学提供了得天独厚的历史文化资源。学生可选择周末或节假日进行课外参观，参观前教师应要求学生查阅相关资料，做好参观前的各项准备工作，参观结束后，组织学生交流参观心得，分享参观体会。充分利用地方史资源，可以增加学生的历史现场感，取得相应的学习效果。

其三，安排学生利用寒暑假开展弘扬地方历史文化的调查创作活动。"纲要"课的课外调查要求学生通过调查、采访，接触第一手资料，身临其境地感受历史。教师可以组织学生拍摄有关家乡历史资源的照片，制作介绍家乡历史资源的视频短片，展示家乡历史文化的特点和魅力；还可以组织学生调查家乡历史资源开发、利用和保护的情况并写成调查报告或者研究论文。课外调查前，教师应协助学生设计调查提纲，确定采访范围，并动员各种社会资源，保证课外调查任务的完成。课外调查结束后，教师应指导学生完成调查报告，展示调查成果，并及时对调查活动作出评价。学生在调查和创作的过程中，能够深刻领会家乡历史文化资源所蕴藏的精神，从而增强继承和发扬优良传统的自觉性和坚定性。

教无定法，贵在得法。"教学方法的全部内涵，就是能够应付自如地把教材与学生创造性地结合起来，就是教学内容与教学对象结合的产物。离开内容讲方法，方法是低效的；离开学生讲方法，方法是盲目的。"[5]

每种利用地方史资源进行"纲要"课实践教学的方法都要做到因时因地因人施教，只有不断地进行教学创新，"纲要"课实践教学才能达到预期的效果。

大学生对自己所生活地区社会环境的政治认同和情感，很大程度影响着其对整个国家社会的政治认同和情感。为了更好地实现"纲要"课教学目的，将广州城市丰富优质的地区教学资源充分挖掘和利用起来，一方面使"纲要"课教学课时以其他形式得到一定补充，为教师增加教学素材，实现"纲要"课史、情、理的结合提供了一定的教学时间；另一方面实现了"纲要"课相关内容与广州地区实际的有机结合。依托地方史资源开展"纲要"课实践教学，有利于帮助学生深入认识国情历史，加强革命历史传统教育，在形象、生动的教学实践中进一步了解近现代中国历史发展的过程和规律。

参考文献

[1] 沙健孙：《关于"中国近现代史纲要"教学的若干问题》，《中国高等教育》，2007 年第 6 期，第 21 页。

[2] 本书编写组：《中国近现代史纲要》，高等教育出版社 2010 年版，第 2 页。

[3] 罗超、魏授章：《历史教材与教法》，安徽教育出版社 1989 年版，第 25 页。

[4] 教育部社会科学司：《普通高校思想政治理论课文献选编》，中国人民大学出版社 2007 年版，第 216 页。

[5] 董菊初：《名师成功论》，科学出版社 2003 年版，第 20 页。

第三编 成果荟萃

【教师篇】

一　现代化进程中广东人的素质提升研究

——以珠江三角洲地区为例

广东作为改革开放的前沿阵地，正在率先实现现代化。而如何提升人的素质，使之与现代化的进程相协调、相适应，这是当前一个亟待研究的课题。本研究报告立足于广东现代化建设的实践，围绕现代化与人的素质提升这个主题，以珠江三角洲地区人的素质调查研究为例证，在获取大量有关人的素质现状分析的数据资料的基础上，剖析率先实现现代化与人的素质提升的关系，以科学发展观为指导，结合和谐广东、幸福广东的建设，从理论研究层面明确提升人的素质的社会政策导向，从实践操作层面确定提升人的素质的有效路径，实现理论研究与对策建议的双向互动。

第一部分　时代课题：现代化进程中广东人的素质提升的价值

人的素质是一个内涵丰富的概念，包括人的生理素质、思想道德素质、科学文化素质、心理素质等多方面内容。人的素质提升可以理解为构成人的素质的要素在内容上不断丰富，在结构上相互协调，在功能上共同促进的过程。人的素质提升是全面建设小康社会的重要目标，也是实现现代化的内在要求。

人既是社会发展的目的，又是社会进步的手段之一，全面提升人的素质在广东的改革发展中具有重要的地位和关键的作用。

（一）全面提升人的素质是广东改革发展的奋斗目标之一

全面提升人的素质，实现人的全面发展是科学社会主义发展的最终目标。马克思在描绘共产主义理想蓝图时就指出：人们为之奋斗的共产主义"是这样一个联合体，在那里，每个人的自由发展是一切人的自由发展的条件"。共产主义是"以每个人的全面自由发展作为基本原则的社会形式"。

人的素质提升是全面建设小康社会的重要目标，也是实现现代化的内在要求。改革开放以来，中国经济社会的飞速发展使人的素质提升问题受到关注。邓小平提出了"物质文明和精神文明两手都要抓，两手都要硬"的要求，江泽民提出了促进"人的全面发展"的重要课题。党的十六大在提出全面建设小康社会的战略构想时，曾明确将"全民族的思想道德素质、科学文化素质和健康素质的明显提高"、"促进人的全面发展"作为全面建设小康社会的战略目标。胡锦涛提出了科学发展观、和谐社会等重大战略思想，强调"以人为本"是贯彻落实科学发展观、构建和谐社会的核心，并将人的素质提升、促进人的全面发展纳入全面建设小康社会的目标体系之中，从而使得人的素质提升从理论话题转变为具体的社会发展目标。从现代化的角度来看，现代化不仅包括经济社会的现代化，同时也包括"人的现代化"，而人的现代化的核心就是人的素质全面提升，为此，在广东的改革发展过程中，注重人的素质提升是其应有之义。

人的素质提升是广东现代化进程中的重要目标。2008年12月，国家发展和改革委员会正式颁布了《珠江三角洲地区改革发展规划纲要（2008—2020年）》（以下简称《纲要》），提出了珠江三角洲地区率先建成全面小康社会，到2020年率先基本实现现代化的发展目标。《纲要》提出的关于珠江三角洲改革发展的诸多目标和要求中，关于提升公民文明素质的内容值得关注，其明确要求：珠江三角洲地区要"创新社会主义核心价值教育模式，使社会主义核心价值体系融入国民教育和精神文明建设全过程。弘扬中华优秀传统文化和岭南特色文化，培育创业、创新、诚信精神，打造具有时代特征的新时期广东人精神，促进物质文明和精神文明共同发展。以增强诚信意识为重点，加强社会公德、职业道德、家庭美德和个人品德建设。建设学习型社会，形成热爱学习、崇尚知识的良好氛围"。

（二）全面提升人的素质是广东争做科学发展排头兵的内在要求

科学发展观的核心就是"以人为本"，科学发展所指的人是最广大人民群众，其本质内容是确立最广大人民群众的根本利益的核心地位，坚持发展为了人民，发展依靠人民，发展的成功为全体人民共享。

以人为本的理念符合人类社会的发展趋势和潮流。20世纪60年代以来，以奥雷利奥·佩西、莱斯特·R.布朗和佩鲁为代表的西方学者强调发展的目标是"为了一切人和人的全面发展"，要求研究发展要从人出发、以人为中心，重视发展中的文化价值研究。1995年3月，世界发展首脑会议上提出了社会的发展要"以人为中心"的理念。十六大以来，胡锦涛提出了科学发展观、构建社会主义和谐社会的战略思想，"以人为本"是其核心。"坚持以人为本，就是要以实现人的全面发展为目标"。

广东在新一轮改革发展的过程中，争做科学发展的排头兵，就理应坚持新的发展理念，顺应时代潮流，将人的全面发展放在核心地位。把提升人的素质放在突出地位、要注重促进人的全面发展，坚持以人为本、尊重人、维护人的价值旨趣，其体现在发展目标上就是坚持以人的全面发展为目标，重视人的价值、人的尊严和人的权利，努力提高人的素质和生活质量。为此，全面提升人的素质，是全社会形成人本发展理念的重要前提，也是其具体表现和衡量指标，为此，广东的改革发展不仅仅是为了实现经济的可持续增长，而是发展方式的根本转变；不仅仅要注重解决民生问题，而且还应当坚持把促进人的完善、满足人的权益、实现人的全面发展作为改革发展的核心目标。唯有如此，广东才能真正实现争做科学发展排头兵的目标。

（三）全面提升人的素质为广东改革发展提供了强大的动力

现代社会里，随着知识经济的到来和发展，人的素质提升和人的全面发展越来越成为经济、社会发展的强大动力，成为国家之间的竞争、企业之间的竞争以及个体之间竞争越来越重要的宝贵资源。为此，广东要做贯彻落实科学发展观，争当排头兵，率先实现现代化，全面建成小康社会，必然要十分注重人的素质提升。

人才资源成为第一资源的时代潮流需要注重提升人的素质对社会发展的推动作用。在现代社会，形成了"经济发展依靠科技，科技发展依靠人才，人才发展依靠教育，教育发展依靠改革"的现代社会发展逻辑。经济竞争、科技竞争实际上是人才竞争，而人才竞争则表现为人的素质竞争以及人的全面发展竞争。不断提高人的素质，才能创造更多的物质文化财富，增强社会竞争力和可持续发展的后劲，从而在不断推动社会发展的同时，不断满足人民群众的物质、文化和政治需求。

　　在中国社会主义现代化的建设实践中，人的全面发展与人的素质的提升日益成为发展的核心。邓小平在设计中国现代化之初，把人的素质提升摆在了突出地位，他指出："中国的事情能不能办好，社会主义和改革开放能不能坚持，经济能不能快一点发展起来，国家能不能长治久安，在一定的意义上说，关键在人。"随着改革开放的不断深化，"要努力提高全民族的思想道德素质和科学文化素质"，"充分发挥人民群众的主观能动性和伟大的创造精神"等发展目标深入人心，科教兴国、人才强国的政策也逐渐得到落实，这充分说明了人的素质提升是实现知识创新、科技创新、制度创新的内在要求和动力源泉。

　　注重人的素质提升是广东改革发展取得巨大成就的宝贵经验，也是保持发展优势、率先实现现代化的必然要求。1978年广东生产总值仅为185亿元，2007年就增加到30606亿元，已连续23年居全国第一，综合实力大幅提升，2007年人均GDP就突破4000美元，达到同期世界中等收入国家平均水平。这些成绩的取得，依然是"人的因素"发挥了关键的作用。广东改革发展成功经验中最重要的就是坚持解放思想、实事求是的思想路线，锐意改革，率先开放，开拓进取。思想观念的转变，从根本上来说是人的素质的提升，是人的主体性的发展。正是人的素质提升，同时通过制度改革吸引了大批人才到广东来投资、创业和就业，才实现了广东的历史跨越。

　　当前和今后一段时间，广东改革发展面临的主要任务是如何树立以人为本的科学发展观，实现经济结构的转型和发展方式的根本转变，使经济增长的动力主要依靠科技进步、劳动者素质提高和管理创新，即在发展方式上转变到依靠人才资源开发的路径上来。由于人本身是生理属性、精神属性和社会属性三者的统一，人才资源的开发，是一项复杂的系统工程。如何有效开发人才资源，全面提升广东人的素质，就成为新一轮改革发展的重要课题。

总之,在实现广东可持续发展的过程中,明确人的素质提升在建成全面小康社会、实现现代化中的重要地位,形成人的素质提升的新理念,发挥人的素质提升对广东改革发展的促进作用,通过教育引导、制度设计和环境优化等途径来切实提升人的素质,是需要深入探索的理论课题和实践任务。

第二部分　实证调研:现代化进程中广东人的素质发展现状、问题与对策

当前和今后一段时间,广东省正在着力实现争做科学发展排头兵和改革开放领头羊的发展目标,积极推进产业结构转型升级、着力解决民生问题、全力打造"幸福广东",推动广东从经济大省向经济强省转变、推动广东从文化大省向文化强省跃升。珠江三角洲地区作为广东经济社会发展的领头羊,理应在广东经济社会发展中先行一步,率先实行全面实现现代化的目标。如前所述,人的素质全面发展既是社会发展的目的,又是社会进步的手段之一,全面提升人的素质在珠江三角洲改革发展中具有重要的地位和关键的作用。那么,珠江三角洲地区人的素质状况究竟如何?其存在的突出问题又是什么?

考虑到全面了解广东人的素质的整体状况是一个十分艰巨的工程,非本课题组能力所及,我们确定了调查区域为珠江三角洲地区的六个城市,选取了对珠江三角洲地区人的素质发展具有典型意义和特殊重要性的四大群体,包括大学生、外来务工人员、个体户和私营企业主、教师等群体。基本考虑是大学生作为一个高素质群体反映了珠江三角洲地区人的素质未来发展状况,外来务工人员是珠江三角洲地区产业结构、经济模式转型升级的承载者,个体户、私营企业主反映了珠江三角洲地区民营经济作为经济发展贡献率较大的一个群体,也是珠江三角洲地区企业发展状况的一种特色反映。教师折射了教育作为人的素质培养重要途径的必备前提,从身心素质、社会素质、精神素质和专业素质等层面分析珠江三角洲地区以上四大群体素质方面的具体状况、突出问题,并针对这些问题提出解决对

策，为本课题研究奠定了扎实的实证基础。在具体的调查分析过程中，始终立足于广东改革发展的时空背景，考虑该群体的素质与珠江三角洲地区改革发展之间的相互关系，突出该群体素质对推动珠江三角洲地区改革发展的意义。

整个课题实证调查以问卷调查和个人访谈为主要形式，调查地点涉及广州、佛山、深圳、珠海、中山、东莞等珠江三角洲地区六个城市，共发放问卷2500份，收回有效问卷2238份，基本达到调研目标。在对调查采集数据进行了分析研究之后，针对广东人的素质发展的现状及其问题，我们形成了四份调研报告。

调研报告一：珠江三角洲地区中小学教师素质的调查分析

《教育中长期改革发展规划纲要（2010—2020）》指出："百年大计，教育为本。教育是民族振兴、社会进步的基石，是提高国民素质、促进人的全面发展的根本途径，寄托着亿万家庭对美好生活的期盼。"教师素质的高低，是决定教育教学质量、推进教育教学改革的关键因素。为了解珠江三角洲地区中小学教师的素质状况，我们选择了广州、佛山、深圳、江门、肇庆和中山六个城市为调查地点，采用问卷调查的方式，对不同类型的中小学教师开展了实证调查。本次调查共发放问卷1000份，回收问卷966份，其中有效问卷为960份，有效率为96.0%。调查对象中男性占51.1%，女性占48.9%。

（一）珠江三角洲地区中小学教师素质的基本状况

人的素质是一个内涵丰富的概念，包括人的思想素质、道德素质、修养素质、文化素质等多方面内容。根据马克思主义从生理属性、社会属性和精神属性三个层面把握人的本质这一基本观点，我们从身心素质、社会素质、精神素质和专业素质四个方面（把专业素质从社会素质中单列出来）设计问卷，调查分析珠江三角洲地区教师素质的基本状况，调查统计结果如下：

1. 身心素质方面

中小学教学工作任务繁重，需要良好的身心素质作为基础。从随机抽查的情况来看，珠江三角洲地区中小学教师20岁以下的年龄段占3.2%，

21~40岁年龄段占77.6%，40岁以上年龄段的占19.2%，说明教师的年龄结构较为年轻，中青年教师是当前教师队伍的中坚力量。

在身体素质方面，有51.1%的教师认为身体素质比较好，38.3%的教师认为身体素质一般，4.2%的教师认为身体素质比较差。教师的身体素质状况与其年龄结构没有完全对应，从总体上看教师身体素质处于正常水平，但仍有需要进一步锻炼提高。

心理素质方面比较值得关注。调查显示，心理压力成为影响教师健康最主要的因素。在回答"您觉得影响健康的主要因素"时，高达41.5%的教师选择了心理压力太大这一选项，说明身体素质与心理素质相互影响，且教师的心理压力已经影响到了其身体素质。进一步调查发现，有41.7%的教师认为其心理压力的主要来源是"社会竞争压力"，其次是"经济压力"（31.2%）、"工作压力"（19.8%）和"人际交往压力"（6.2%），这说明教师心理压力的来源是多样的，而以竞争压力为主。

激烈的竞争是现代社会的典型特征，面对竞争的态度如何，成为衡量教师心理素质的重要指标。为此，我们专门设计了"您对竞争的看法是怎样的?"这一问题。调查结果显示，选择"竞争带来活力"的占55.3%，选择"竞争带来矛盾"的占19.1%，而选择"竞争是迫不得已的事"、"说不清"的占7.5%，这一调查数据说明，虽然压力较大，但大多数教师对竞争的态度是积极的，心理素质总体来看比较乐观。

2. 社会素质方面

首先，大多数教师具有较高的政治素质。在回答"如果让您有机会参与政治活动，您的目标是什么?"这一问题时，选择"反映所在群体的利益诉求"的占54.3%，选择"为政府科学决策出谋划策"的占25.5%，选择"实现个人利益"的占15.9%，"没什么目标的"占4.3%。在回答"对以下政府提出的奋斗目标，您最希望能够实现的事什么?"选择"构建社会主义和谐社会"的占42.2%，选择"全面建设小康社会"的占21.1%，选择"解决三农问题，城乡协调发展"的占21.1%，选择"其他"的占15.6%，说明大多数的教师都关注国计民生，具有较强的政治参与意识与社会责任感，

其次，大多数教师具有较高的法律素质。在回答"如果您的正当权益受到侵犯，您通常的选择是什么"时，选择"法律诉讼"的调查对象达45.3%，"找政府部门上告"的占10.5%，"自认倒霉"的占17.9%，

"私下解决"的占 13.7，"借助集体"的占 4.2%，"求助家人解决"的占 7.4%。选择"法律诉讼"的比例远远高出于其他各个选项，说明作为知识分子群体的教师具有较强的法律维权意识。

再次，大多数教师具有较高的人际交往素质。在回答"您对与人合作的感受是怎样的"时，选择"良好"的占 67.1%，"特别好"的占 15.9%，"一般"的占 14.9%，"很差"的占 2.1%。这说明大部分的教师在与人合作方面比较好，比较擅长处理好人际关系方面的问题。在回答"在实际中您处理人际关系的原则是什么"时，选择"先人后己，助人为乐"的占 52.1%，"利人但不损人"占 30.9%，"先己后人，尽量兼顾"的占 7.4%，"只要利己，不顾他人"的占 8.5%，"其他"的占 1.1%，说明教师良好的人际交往品质是其人际交往素质的重要保证。

最后，大多数教师具有较高的环境保护意识。在回答"您是否尽量减少使用塑料袋"时，选择"经常"的占 54.3%，"偶尔"的占 41.1%，"很少"的占 4.3%。在回答"您觉得造成城市卫生状况不理想的主要原因是什么"时，选择"民众素质低"的占 45.2%，"政府环卫投入不足"占 17.2%，"政府管理方法欠缺"的占 32.3%，"企事业单位不自律"的占 5.4%。说明教师主要从公民素质和政府管理两个方面关注环境卫生。

3. 精神素质方面

"学高为师，德高为范。"良好的道德素质，是对每一位教师的职业要求。教师必须具有高尚的道德情操，树立良好的为人师表形象，才能确立自己在教学中的崇高地位，成为学生的表率。在精神素质方面，我们着重调查了教师的奉献精神、诚信品德、务实精神和宽容精神四个方面的内容。

在奉献精神方面，高达 75% 的调查对象选择了从事教师这一职业是出于其"满足精神需求"这一选项，说明对教师奉献精神的高度认同，成为教师选择这一职业的最主要动因。在回答"如果有机会，您是否愿意参加义工或者志愿活动"时，选择"愿意"的达到 64.9%，而选择"无所谓"和"不愿意"的分别为 26.6% 和 8.5%，说明教师对志愿精神的高度认同。

在诚信素质方面，大多数教师显示了较好的诚信意识。在回答"有人说，做人太诚实了不行，也有人认为，做人贵在诚信，您认为如何"时，选择"诚实些好，讲究信誉这是做人的根本"的高达 73.4%，选择

"视情况而定，自己不能吃亏"占13.8%，选择"精明些好，老实人吃亏"的占11.7%，选择"其他"的占1.1%。

一般认为，珠江三角洲地区较为推崇"求真务实、开放包容"的精神品质。为此，我们设计了相关问题来了解教师对这两种精神品质的认同程度。从调查结果来看，在回答"您认为广东人最突出的特点是什么"时，选择"求实务真"的占27.7%，"包容开放"的占8.5%，"开拓创新"的占18.1%，"敢为人先"的占21.3%，"讲求效率"的占22.3%，其他的占2.1%。这说明珠江三角洲地区教师对求真务实、"敢为人先"、"讲求效率"等精神较为认同，但对"包容开放"的认同度较低。在回答"您对现在有些年轻人染上黄色、红色头发的态度是如何"时，选择"厌恶"的占18.7%，选择不太喜欢、无所谓的各占29.6%，选择"理解"的占23.1%，说明教师在文化包容方面存在较大的个体差异。

4. 专业素质方面

在学历水平方面，初中及以下学历的占1.1%，高中（中专）学历的占3.2%，大专生占10.7%，而本科生占79.6%，研究生占5.4%。这说明，具有本科学历的教师已经成为珠江三角洲地区的主体，但研究生及其以上学历的人数不多。

在终身学习、知识化浪潮的冲击下，教师参加在职进修对其专业素质提升具有十分重要的意义。从调查结果来看，调查对象参与进修的愿望强烈与进修学习机会较少之间的矛盾比较突出。调查数据显示，高达97.8%的教师认为，如果不提高自己的知识技术水平的话就很难在珠江三角洲地区生存与发展，这充分说明教师的进修愿望强烈。然而，每年能够参加"2-3次"以上进修的教师不到12%。为深入调查影响教师在职进修的阻碍因素，我们设计了"您觉得影响读书或者参加进修的主要障碍是什么"的问题，结果显示，有39.8%的教师选择了"没时间进修"，有30.1%的教师选择了"进修所要花费的金钱太大"，还有17.2%的教师选择"不知道该去哪里进修"。

参加学习、进修不仅需要教师个体的争取，而所在学校的态度和措施如何是更为重要的影响因素。调查结果显示，学校和教育主管部门在支持教师进修的态度和渠道方面尚需改善：在资金资助方面，只有47.3%的教师选择了进修费用是由所在单位或政府部门承担的；在学习机会方面，24.5%的教师选择所在单位很少提供培训、进修或者继续学习的机会，甚至有 2.1% 的教师选择所在单位从来没有提供过学习、进修机会。

在创新素质方面，绝大多数教师对创新是十分推崇的，高达 92% 的教师赞成珠江三角洲地区改革发展依赖创新能力提升。但这种创新的理念与创新的能力形成了强烈反差：在回答"您所在的单位是否有人因有所发明创造或者提出好的建议而获得奖励"时，选择很少的占 32.2%，一般的占 24.7%，比较少的占 21.5%，很多、比较多的占 10.8%。此外，创新的制度环境尚不理想：在回答"您所在的单位是否有措施鼓励创新"时，选择"有措施，且贯彻实施"的占 29.8%，"有措施，但不实施"的占 54.3%，"没有措施"的占 15.9%。创新意识较强与创新能力不强同时存在。

（二）珠江三角洲地区中小学教师素质发展存在的问题

1. 压力问题：心理压力大影响教师整体素质提升

当前，珠江三角洲地区中小学教师的压力主要有三大来源：

一是社会竞争压力。随着竞争上岗、年终考评、绩效工资、末位淘汰等制度的实施，学校不再是吃大锅饭和平均主义的地方，而是充满着各种激烈的竞争。各种评比、各种竞聘、晋升职称、提高薪酬、升学指标等让广大中小学教师生活在巨大的社会竞争压力之中。应该看到，在教育领域引进竞争机制，对于激发学校发展活力、增强广大教师的积极性、促进教育领域的公平正义具有重要的促进意义，但如果不能有效面对这种激烈的竞争压力，也会带来精神高度紧张、心理压力过大等负面影响，并最终影响教师的生活质量与全面发展。

二是经济压力。调查数据显示，当前珠江三角洲地区中小学教师的收入偏低，其中 1000 元以下的占 2.1%，1000～2000 元的占 41.5%，2000～4000 元的占 45.8%，4000～6000 元的占 10.6%。考虑到调查对象有相当一部分是农村中小学教师，其平均水平尤其是城市教师的工资水平应当会高于这一水平。但无论是与公务员的横向比较，还是与 GDP 增长速度的纵向比较，教师整体工资水平不高是一个基本事实。这在高昂的房价和快速攀升的生活成本面前，会给教师带来巨大的经济压力。

三是工作压力。中小学教师教育教学工作琐碎而繁重，社会对学校，学校对教师，家长对教师形成一张微妙的压力之网，学生的学习、生活和成长都得教师操心，这使得教师职业工作压力巨大。

2. 发展问题：进修渠道不畅影响教师专业素质提升

现代社会知识更新、技术进步的步伐大大加快，足够的学习、进修机会，是提升教师专业素质的主要途径。然而，珠江三角洲地区各级中小学在进修、学习机制构建上尚存在比较明显的欠缺。

一是在观念上对人才培养的重视程度不够。不少中小学领导对在职教师的继续教育和培训不太轻视，广大中小学教师参加进修的强烈愿望和需求得不到满足。

二是在制度设计上没有为广大教师留出时间来参加进修和学习。当前大多数教师都把所有时间和精力都投入到工作当中，进修和学习的时间被繁重的教学工作所挤占。这势必影响教育教学的长期效果和教师的专业素质提升。

三是缺乏相应的保障条件和进修渠道。进修、学习需要相应的财政支持，但在教育经费总投入不充裕的大环境下，教育主管部门和学校领导者对教师进修、学习投入的积极性是很低的。此外，教师进修的渠道也不通畅，相当一部分教师不知道去哪里进修。

3. 创新问题：创新机制匮乏影响教师创新素质提升

当前，我国教育培养出来的人才缺乏创新能力一直为社会各界所诟病。本次调查也反映出中小学教师的创新能力尚有较大提升空间，究其根源，既有教师这一教育主体存在创新意识不强、创新能力欠缺的问题，也有学校乃至整个教育体制没有形成有效的创新机制的问题。而后者是更为根本的因素。

一是缺乏创新的氛围。调查显示，超过半数的学校领导对教师的期望是老实安分做好本职工作。做好本职工作，服从领导，墨守成规，维持秩序成为教育管理中潜在的价值理念，这种价值理念严重打击了教师的创新热情。

二是缺乏创新的激励机制。绝大多数学校没有相应的措施鼓励创新，即使有措施，真正落实的比例也很低。此外，论资排辈、墨守成规的潜规则进一步制约了教师创新素质的提升。

三是缺乏创新的保障条件。绝大多数学校在资金、制度和评价机制方面，都没有为教师创新提供必要的条件和保障。

(三) 提升珠江三角洲地区中小学教师素质的建议

1. 改革完善相关制度，为提升教师素质提供条件保障

建立科学合理的制度是提升教师素质最关键的因素。为此，应当改革完善资金投入制度、教师准入制度、进修培训制度、考核激励制度、晋升评聘制度等相关制度，为提升教师素质提供坚实的条件保障。对珠江三角洲地区中小学而言，主要有如下的具体思路：

一是改革资金投入体制，突破资金短缺瓶颈。当前，我国对教育的资金投入总量尚未达到占 GDP 总量4%的标准（2011 年数据），"基础教育由地方负责、分级管理、以县为主"的投资体制导致了教育投入资金分配严重不均。为此，需要建立中央、省级财政对教育投入稳步增长的制度，改革教育投入机制，建立教育投入"以省为主"，上级政府在政策上和经费投入上对基础教育、对贫困地区给予重点倾斜和扶持的机制，由省政府测定义务教育阶段生均培养成本，依据学生数核算一个县的义务教育经费需求，形成合理的转移支付额度确定机制。唯有破解教育投入资金不足、分配不均的难题，教师素质提升才具有坚实的物质基础。

二是树立人本管理理念，改革学校管理制度。教师素质的提升，是学校最为宝贵的资源，也是学校管理的核心任务所在。为此，迫切需要破除那种只重基础设施、不重人才素质提升的教育管理理念，把满足教师的需求、提升教师的素质、实现教师的发展作为教育管理的核心课题，在资金使用、环境塑造、制度设计等方面朝着教师生活的改善、教师素质的提升、教师需要的满足等方面倾斜。

三是完善考评激励机制，建立公正合理的分配制度。按照《国家中长期教育改革和发展规划纲要（2010—2020 年)》的要求，"落实教师绩效工资。对长期在农村基层和艰苦边远地区工作的教师，在工资、职务和职称等方面实行倾斜政策，完善津贴补助标准，改善工作和生活条件。制定教师住房优惠政策。建设农村边远艰苦地区学校教师周转宿舍。落实和完善教师医疗养老等社会保障政策。国家对在农村地区长期从教、贡献突出的教师给予奖励"。

四是完善教师引入和进修培训制度，建立教师素质提升的长效机制。既需要严格按照"德才兼备"的标准引入优秀人才，建立"公平公正公开"的教师选拔制度，也需要不断完善教师资格制度、教师编制管理和

职务评聘制度，更需要建立常规的学历学习、教育培训和教育交流制度，鼓励教师外出学习和进修。可以考虑定期开展教学比赛、教学交流和科研交流等活动，让优秀教师、尤其是优秀青年教师能够脱颖而出。

2. 构建学校精神家园，为教师素质提升提供文化熏陶

苏霍姆林斯基曾深刻地指出："教育在广义上说，就是精神上的不断丰富、不断更新的过程。无论对受教育者来说，还是对教育者来说，都是这样。"作为培养人才的学校，浓厚的精神文化氛围不仅是学生成长成才的必要条件，也是教师素质不断提升的重要基础。为此，营造浓厚的文化氛围，把学校打造成为师生的共同精神家园，不断提高教师对学校的归属感与认同感，是提升教师素质的又一重要路径。具体而言，需要做到如下几个方面：

一是形成和谐的人际关系，不断提升教师的精神满足感。具体而言，要坚持民主管理、民主决策，增强广大教师在学校管理中的权利和自由，以建立和谐的上下级关系；建立公正合理的评价、考核、晋升和奖惩制度，以形成和谐的同事关系；促进师生之间的相互尊重、相互理解和教学上的良性互动，以形成和谐的师生关系；要建立教师与家长之间的沟通机制，促进其相互信任以及形成一致的教育理念，以建立良好的家长与教师关系。

二是关心教师的精神生活，营造崇尚知识、尊师重教的校园环境。其中最关键的是给予教师充裕的闲暇时间和充分的教学自由，创造条件让广大教师多读书、读好书，正如苏霍姆林斯基所言："教师若不读书，若没有在书海中的精神生活，那么提高他的教育技能的一切措施就都失去了意义。"

三是开展丰富的精神文化活动，满足教师的精神文化需求。开展读书会、教学比武、文娱竞赛等格调高雅、积极向上的精神文化活动，丰富广大教师的精神文化生活。

3. 营造创新创造氛围，为教师素质提升提供强大动力

现代社会，创新能力、创造能力已经成为人才素质的重要内核。怎样提升珠江三角洲地区中小学教师的创新素质，是教师素质提升的中心任务和难点问题。为破解这一难题，需要在改革教育教学制度、实现文化观念转变等宏观层面进行探索，也需要在营造创新创造氛围、健全人才评价制度、完善人才激励制度等方面进行微观层面的探索。

本文侧重于从微观层面来探索相应对策，具体思路有：

一是创造条件，帮助广大教师实现教学与科研的密切结合、良性互动。学校应当鼓励广大教师形成各自的教学风格，并积极开展教学教研改革，有意识地培养一批学科带头人，选树一批教研教改的典型，让他们谈经验，讲做法，让教师从身边的典型学起，使教师学有榜样，赶有先进，带动全校形成人人想教研，人人从事教研的氛围，进而带动全校教师创新和创造能力的提升。

二是完善人才评价机制和激励机制，让富有创新素质和创新能力的教师能够脱颖而出。设立创造创新的奖励制度，形成人才评价的灵活机制，重点培养那些富有创新素质和能力的教师，让其居要位，挑重担，使得创新型教师能够有施展才能的广阔舞台。

三是提供条件，鼓励广大教师参加在职培训和进修。建立长效性的教师参加在职业培训和进修的机制，让教师能够经常有机会提升专业水平、开拓知识视野、开展教研活动，从而为提升其创新能力奠定基础。

调研报告二：珠江三角洲地区个体户、私营企业主的素质状况调查分析

《珠江三角洲地区改革发展规划纲要》强调："将在珠江三角洲地区全面落实自主创新优惠政策，支持企业建立技术研发机构和人才培育机构，培育创新型企业；加强自主创新投入、知识产权保护、人才等支撑体系建设，形成要素完备、支撑有力、开放包容的自主创新环境。"创业创新，企业先行。作为广东经济发展重要推动力量的私营企业主自身素质究竟如何？为了解这个问题，我们选择了私营企业发展较快的佛山市作为调查对象，从珠江三角洲地区改革发展的背景下调查个体户和私营企业主的身心素质、社会素质和精神素质，重点关注其创新素质。

本次调查共发放问卷200份，调查对象中男性155人，女性45人。从年龄段来看，20岁以下的占7.59%，21－40岁年龄段的占了51.9%，40岁以上的年龄段占40.51%。从文化程度来看，本、专科学历的共占了50.63%，而高中（中专）以下的有49.37%。从月收入来看，中高收入的人群较多，2000元~5000元的占有32.91%，5000元~8000元的占27.85%，而8000元以上的占20.25%，3000元以下的仅占18.98%。同

时，为深入了解个体户、私营企业主的素质现状，还针对 20 名调查对象进行了个人访谈，现将调查情况分析如下。

（一）个体户、私营企业主的素质现状

1. 身心素质方面

人的生理素质是人口素质的自然条件，是人的素质结构中的一个最基础的成份；是人的心理素质，文化素质赖以发展的载体。从心理学的角度来看，素质是指人的先天生理特点。它影响着人的生物体行为活动方式、活动能力和活动效率的形态与机能特点。生理素质是基础，它的好坏必然会对人口素质的发展产生影响。从数据中可以看出，大部分调查对象的身体素质处在一般的状态，感觉差的高达 15%，表明个体、私营企业主的身体感觉整体较差。究其原因，他们当中有 31.76% 的人认为影响健康的主要因素是心理压力太大了，而这些压力大部分又是由工作带来的。我们在调查中发现，年轻的个体户、私营企业主同时也会感受到比较大的学习压力；从个人访谈中了解到，他们普遍认为，一个人能成为企业主并不是一件容易的事情，需要承担企业经营的各种风险，而且在这样一个竞争激烈的社会，停滞不前的企业将面临被淘汰的命运。此外，还有高达的 38.82% 的人认为是生活习惯不好影响到他们的健康。通过访谈了解到，这主要是由其职业习惯所导致的。调查结果显示，能够事业与身体两者兼顾得非常好的人仅为 8.86%，通常个体户、私营企业主缺乏有效的关注渠道和舒缓渠道，有 40% 的人表示当他们遇到比较大的困难时，都是选择自己解决问题。可以说，私营企业主的职业特点就在一定程度上决定了其要承受更大的压力，而适当去化解这种压力，是政府、社会和家庭的职责。

2. 社会素质方面

（1）政治素质

如果对政治法律方面有一定的了解，那么在平时涉及切身利益的时候就可以利用合法途径维护自己的权益。调查显示，"当您的正当利益受到侵犯"时，有 66% 的人选择用"法律的途径"来维权，同时，选择"私下解决"的比例也要高于其他群体。这表明了个体户、私营企业主在具有一定的法律意识之外，运用"利益协商"也是他们常用的解决问题的方式。在回答"如果让您有机会参与政治活动，您的目标是什么"的问

题时，56%的调查对象都选择了"反映所在群体的利益诉求"，这一比例反映了私营企业主对自身及其群体的利益关注度高于其他各个群体。此外，也有30.8%的对象选择了"为政府科学决策出谋划策"，这个现象表明了私营企业主有较强的参政议政意识。因此，如何积极发挥个体户、私营企业主这种参政议政的热情，并适当发展其利益博弈的能力，是珠江三角洲地区改革发展中需要关注的问题。

（2）人际交往素质

人际交往是社会发展的必然产物，也是社会发展的基本前提。没有人际交往过程中所形成的各种各样的关系以及人们所担当的各种各样的社会角色，社会就不成其为社会，发展也无从谈起。调查中，虽然只有11%的调查对象持有"与人合作的感觉特别好"的观点，但是50%的调查对象都表示，在处理人际关系的过程中，他们都是以"平等、友好互助"的态度对待合作对象。对"人始终是有私心的"的观点，这一阶层中的成员大多持赞同的观点，只有33.3%的调查对象在实际处理人际关系时认为应选择"先人后己，助人为乐"的。因此，可以看到珠江三角洲地区的个体户、私营企业主在与人交往的时候，比较关心的是自己的利益问题，但是通常大多数人不会做出损人的事情，而是尽量兼顾，希望从中能够取得平衡。由此看来，珠江三角洲地区的个体户、私营企业主的人际交往素质还有待提高。

（3）创新素质

创新是现代社会比较重要的一项素质，科技与经济的飞速发展更需要创新型人才。调查数据表明，67.44%的个体户或私营企业内都设有与创新相关的措施来提高员工们的创新能力，即使有这样的想法，但是真正实施的企业只占到32.56%，这个数据说明，真正重视员工创新能力的企业主只占少数。且由其他题目得知，"因创新而得到奖励"的人是相当的少，这表明很少有私营企业主会大力支持、投入创新，通常他们只要求员工老实安分，多创造些产品和成果，少给他们带来不必要的麻烦。

（4）生态素质

根据数据，我们感到珠江三角洲地区的个体、私营企业主比较关注生态环保方面的问题。在回答问题"您是否注意尽量减少使用塑料袋"时，只有22.2%的调查对象表示他们很少去关注使用环保袋的问题，其他调查对象都表明其具有环保意识，在生活中尽量减少使用塑料袋。这个现象值得肯定。

3. 精神素质

我们主要从以诚信为重点的道德素质，以及珠江三角洲地区的个体户、私营企业主对"广东精神"的认同程度这两个层面来分析这个群体的精神素质。

以诚信为重点的道德素质。道德素质是人们的道德认识和道德行为素养的综合反映。构建和谐社会，全面建设小康社会，道德的规范和引导是不可缺少的。道德的强大精神力量对建设社会主义物质文明、政治文明、精神文明和社会文明具有极强的促进作用。由调查数据可知，50%的调查对象持有"诚实些好，讲究信誉是经商之道"的观点，但是也有16%的调查对象持有"精明些好，老实人吃亏，赚不了钱"的观点。可以看到大部分个体、私营企业主对诚信经营是比较肯定的。但也有16%的调查对象认为"老实人赚不了钱"，再考虑到这个问题具有相当大的敏感度，回答问卷的真实度需要辨别，因而实际选择"老实人赚不了钱"的比例可能更高，这暗示了相当一部分个体、私营企业主对商业诚信与赚钱之间的存在负相关的认识。从个人访谈的情况来看，有不少个体户、私营企业主都表示有过因商业不诚信行为而导致自己吃过亏的经历，很强调"精明"的重要性。由此看来，这一群体商业环境和诚信素质尚有待进一步提升。

对"广东精神"的认同度。政府和学界层面概括出来的"新时期广东精神"是"厚于德、诚于信、敏于行"，其包涵着"敢为人先、务实进取、开放兼容、敬业奉献"等具体内容，那么，个体户、私营企业主对其的认同度到底如何呢？从调查中得知，选择"广东人最突出的特点"是"开放兼容"的调查对象占了58.3%，选择"务实进取"的占了19.4%，而"敬业奉献"和"敢为人先"均占了11.1%，由此可以看出，个体户、私营企业主认为"开放兼容"最能代表广东人精神的内涵，对其认同度较高。

（二）个体户、私营企业主素质提升方面存在的问题

考虑到珠江三角洲地区民营经济所占比重较大的现实状况，提升个体户、私营企业主的素质对于珠江三角洲地区推动产业转型升级、实现科学发展颇为关键。在调查中我们发现了一些令人担忧的问题，比如个体、私

营企业主主要基于自身利益考量来应对珠江三角洲的机遇与挑战，其对于转型升级的态度较为矛盾复杂，能力方面也存在较大差异，其提升素质方面的主要问题如下。

第一，私营企业主对现有发展模式的惯性依赖反映其缺乏战略眼光。

从调查情况来看，珠江三角洲地区私营企业主对珠江三角洲转型升级具有一定的焦虑感和紧迫感，84.4%的调查对象认为珠江三角洲改革发展对个体户、私营业主的素质提出了越来越高的要求，参与调查的个体户、私营企业主中88.31%的调查对象同意珠江三角洲地区未来的发展水平取决于人才素质的高低，更有高达97.41%完全同意如果不提高自己的知识技术水平，以后难以在珠江三角洲地区生存发展；对以前流行的"发财来广东"的认同感下降，认识到了不提升自身素质、不实现发展模式转变就难以应对未来日趋激烈的竞争。在访谈过程中，不少调查对象对当前珠江三角洲地区的个体、私营企业所感受到的日益上涨的人工成本、土地成本、原料成本和较为乏力的发展后劲所带来的经营压力，加上人民币升值、订单减少等因素的影响，作为凭借靠着廉价劳动力成本、薄利多销、代工加工、以出口为导向的企业而言，面临着如何将销售市场转向内需、如何创立自主品牌、如何加强企业的经营管理、如何创立特色化企业，相当一部分企业主还是感到比较迷茫。

在调查访谈中，相当一部分个体、私营企业主表现出对当前经营状况得过且过、暂时维持的想法，虽然知道未来经营面临压力，但只要还有利润空间，则依然维持过去的经营模式，这从一个侧面反映出珠江三角洲地区私营企业主"务实"的特点。在问及"您如何看待广东人最大的优点是务实，最大的缺点也是务实"时，相当一部分受访者报以意味深长的微笑。而从调查数据中，也发现个体私营企业主的学历结构对其影响是比较大的。一是个体户、私营企业主的年龄都比较大，特别是企业规模比较大的企业主，他们年龄一般都是40岁以上，而且他们的企业规模也随年龄成正比。二是企业规模与学历结构成正比，在调查中我们发现，具有本、专科学历的私营企业主占了50.63%，而高中（中专）以下的有49.37%，没有一个研究生或以上学历的创业者。较为有趣的是，企业力量越雄厚的企业主，其老板的学历越高，说明学历对企业主的经营状况产生了直接的影响。由此，我们可以说，珠江三角洲地区个体、私营企业主对珠江三角洲地区改革发展的焦虑感与对现有发展模式的惯性依赖形成了鲜明对比，结合其学历结构和珠江三角洲地区产业结构分析，说明私营企业主整体上尚缺乏战略眼光，让企业主成为创业创造的主体力量，充分发挥其推动珠江三角洲地区的改革发展能动力量尚需要激发其群体的改革动力。当然，值得一提的是，我们在调查中所接触的主要是中等以下规模的私营企业主，这也会在一定程度上影响调查结果。

第二，私营企业主应对发展方式转型上的能力尚有不足。

从调查数据来看，私营企业主对珠江三角洲地区创业整体环境还是比较满意的，但也随着珠江三角洲转型升级而感受到了比较大的竞争压力，其应对能力如何，既在一定程度上反映出了其素质状况，也在一定程度上决定了珠江三角洲地区能否顺利实现转型升级。在对珠江三角洲地区创业环境的态度上，53.75%的企业主表示对珠江三角洲地区最满意的地方是机会很多，容易创业或者就业，但最不满意的是珠江三角洲地区竞争压力大，有近94.8%的调查对象感受到在经营过程中压力和挑战越来越大。对于这种压力的来源，35%的个体、私营企业主觉得现在珠江三角洲地区招工越来越困难，分析其原因是与内地和其他地区的工资收入的差距缩小，竞争太激烈。看来内地经济的发展、经营成本相对较低、对劳动力人口的吸引力增强正在对珠江三角洲地区私营企业主形成直接压力。

值得关注的问题是面对珠江三角洲地区私营企业经营的压力，其主动应对能力尚有待进一步加强。在对其能力的定位上，55.13%的企业主觉得做生意想要成功，最重要的是要有眼光、有头脑，他们把经营管理头脑放在十分突出的地位上。在对其能力的判断上，觉得企业的发展在适应社会发展的步伐上还可以的企业主占65.82%，超过30%的企业主对适应能力表示了担忧；在其对政府的期待方面，22.89%的个体、私营企业主认为珠江三角洲地区创业最需要解决的问题是"政策不够优惠"。此外，选择"技术创新不够"和"融资、贷款困难"均占20%。在调查访谈中，有9名调查对象表示了"转型升级"主要是政府的事情，作为企业主最主要的任务是先经营好自己的企业，如果实在不行了，就换一个行业或者转到内地去做，而对于如何改变现有模式，他们不置可否，认为自己经营了这么长的时间，最熟悉的就是这个行业，是这样一种经营模式，要改变等做不下去了再说吧，"车到山前必有路"，反映了相当一部分私营企业主的真实心态，至于前面的路在何方？他们尚没有认真考虑。

第三，私营企业主的创新创造能力尚有待进一步提高。

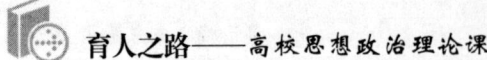

　　企业应当是创新创造的重要主体和平台，是推进珠江三角洲地区创新创造的重要动力。一个创新的企业，首先是要高度重视对人力资源的投入，而人力资源价值的充分展现，又转变成为推动企业发展的重要动力。在调查中可以发现，珠江三角洲地区一方面对人力资源表现出了渴求，但另一方面在人力资源的投入方面却相对不足，这在一定程度上呈现出了需求和行为的矛盾，这种矛盾在私营企业主身上表现得较为明显。在谈到"开发独立品牌和技术的主要障碍是什么"时，选择"缺乏人才"和"技术不行"的共占了46.83%，选择"缺乏资金"的人相对较少，大部分调查对象都表示企业发展需要有各方面能力的人才。对人才类别的选择上，首选"开拓市场能力人才"的占22.50%，首选"需要有技术开发能力"的占了21.25%，选择"企业管理能力"的占了18.75%。而对于"最缺乏的员工类型"，选择"市场开发人才"的调查对象占43.75%，选择熟练技术工的占了37.50%，可见，市场开发人才、熟练技术人才成为珠江三角洲地区较为渴求的人才。

　　形成鲜明对比的是，珠江三角洲地区对员工的人才资本投入却是十分吝啬的。85.72%的调查对象同意珠江三角洲地区员工的社会保障体系不太完善，生活保障程度不够，但他们将其主要归因于政府和社会，而较少检讨企业政策。尤其私营企业对员工很少提供进修和学习培训的机会，这在某种程度上制约了企业人才资源的开发。结合其他各组对"外来务工人员"素质调查的分析，结合对私营企业主的个人访谈，我们可以勾画出如下影响和制约企业员工进修的主要因素，如下表：

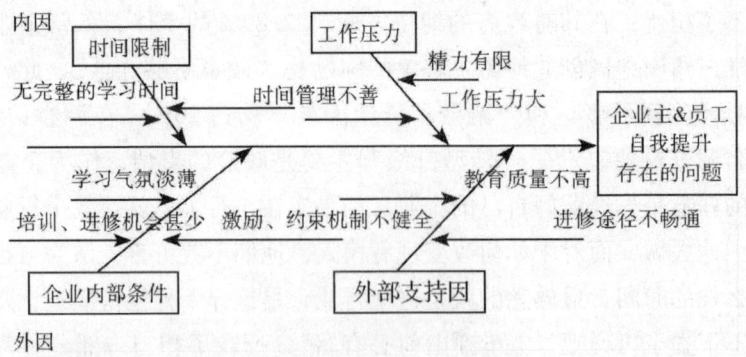

　　由此可见，一方面是对熟练劳动人才、市场开拓人才的需求，另一方面又不愿意对员工进修给予支持，这在一定意义上反映出现有企业发展模

式的种种弊端，也反映出珠江三角洲地区私营企业主未来发展的面临的矛盾和困境。

（三）提升个体户、私营企业主素质的几点思考

可以这样说，相当一部分中小企业主依然处于个体经验型探索发展的模式，其对珠江三角洲改革发展的应对主要是个体式的、作坊式的，因而难以形成共同应对的合力，而其素质也难以得到有效的提高。因而，除了市场环境对个体户、私营企业主形成自发压力之外，也应当创造积极环境，促使其积极主动应对。具体思路如下：

第一，营造良好的创业环境，为企业创新创造松绑

当前不少珠江三角洲地区个体户、私营企业主之所以不愿意对人力资源进行更多投入、不愿意改变现有发展模式，这在某种程度上是长期形成的对低技术、低成本、低利润发展模式的"路径依赖"，是一系列观念因素制约的结果。为此，要推动中小企业推动创新创造，政府层面需要提供相应的保障条件。具体有：一是进一步降低中小企业的税收负担，使得中小企业能够更灵活应对市场的变革。二是营造公平公正的融资环境和技术支持环境，为企业解决资金、技术的困境创造条件，解决中小企业的后顾之忧。三是消除一些制度性壁垒，为中小企业开拓新的市场领域，涉足高技术行业创造条件。四是提供政策性支持，为中小企业创立品牌、申报知识产权提供相关便利。五是积极引导产业转型升级，提供中小企业发展外在的压力和引导方向。减少劳动密集型的产业产出，增加技术和知识密集型产业产出，配合珠江三角洲地区的经济发展特点，不断创造新的产业链和新的经济增长点，并且将部分产业有次序地向东西两翼梯度转移。

第二，加强对私营企业主的培训，培养其战略眼光和创新能力

在当今的"学习型"社会中，中小企业主也需要通过不断学习，提升自身素质，培养其战略眼光和创新能力。从现实情况来看，较大型的企业主一般有较多的学习、培训和交流的机会，而中小企业主往往只能参加为数较少的企业联合会，而相当一部分企业主游离在组织之外，处于自发状况，这对其战略眼光的培养和创新能力的提升是十分不利的。为此，政府和有关部门不仅要加强对中小企业发展环境的关注，也要注重对个体户、私营企业主体能力的提升。可以通过建设企业联合会、组织企业家沙龙活动、开展专家专题讲座、运用网络专题研讨等方式，将中小企业主纳

入到"学习型社会"的建设当中来，为其提供有针对性的教育培训。

第三，私营企业主应当树立自我投资意识和善用职业经理人的经营模式

当前，珠江三角洲地区不少中小企业仍然处于自发摸索、家族经营的模式，这会在一定程度上影响其素质的提升。为此，需要引导私营企业主树立自我投资的意识，加强自身的管理水平、决策水平和经营水平。要引导私营企业主不断完善企业内部人才的选拔培训和外部人才的引进机制。不断完善薪酬制度等企业家的激励和约束机制，以及影响企业家行为的动力机制。若其本身的素质尚不能与珠江三角洲地区的发展要求相匹配，则可以积极引用职业经理人的经营模式；政府有关部门应当积极考虑营造企业经营者的选拔市场化、流动市场化、评价市场化、准入市场化，使企业家人力资本得到公正的评判和检验，将职业经理人作为私营企业主经营素质提升的替代手段。

调研报告三：珠江三角洲地区大学生素质状况的调查分析

众所周知，大学生是一个社会中素质较高的人群。在以往关于人的素质调查中，大学生占适龄人口的比例通常作为衡量一个地区乃至一个国家人的素质的一项重要指标。我们认为，这种统计方法存在着路径过宽的问题，难以反映人的素质发展的真实状况，尤其是在近年来我国推进高等教育快速发展时期，高等教育实现了从精英教育到大众教育的重要转变，高校大学生的素质状况究竟如何，是一个值得深入研究的问题。为了解珠江三角洲地区大学生的素质状况，我们选择了广州、佛山和中山三个城市为调查地点，采用问卷调查的方式，对不同类型的大学生开展了实证调查。本次调查共发放问卷 500 份，回收问卷 486 份，其中有效问卷为 480 份，调查对象中男性占 51%，女性占 49%。

（一）珠江三角洲地区大学生素质的基本状况

为全面准确地了解和把握珠江三角洲地区大学生素质的基本状况，我们也是根据人的素质的内涵及马克思主义人的本质理论，从身心素质、社会素质、精神素质和专业素质四个方面（把专业素质从社会素质中单列出来）设计问卷，调查分析珠江三角洲地区大学生素质的基本状况，调

查统计结果如下。

1. 身心素质方面

在回答"您认为自己的身体状况是否良好"时，35%的大学生认为自己的身体状况非常好，34.2%的人认为比较好，26.7%的人认为一般，2.5%的人认为比较差，1.6%的人感觉是差。从这些数据可以看出珠江三角洲地区大学生对自己身体健康的认识还是比较乐观的，但仍有部分人感觉身体健康状况是差的或比较差。究其原因，影响珠江三角洲地区大学生身体健康的主要因素是压力过大，超过50%的大学生认为压力过大是影响其健康的主要因素，还有34.7%的人认为是生活习惯不好，此外，6.7%的大学生认为影响健康的主要因素是缺乏健康知识。

值得关注的现象是，当前珠江三角洲地区大学生普遍感受到压力较大，调查结果显示，超过60%的大学生认为现在压力较大，仅有3.3%的人感觉压力并不大。而关于压力的来源，30.8%的学生觉得主要压力来源是就业压力，27.5%的人认为是社会竞争，仅有7.5%的人认为是经济压力。可见，我国严峻的就业形势对大学生的心理产生了较大影响。而对于缓解压力的途径，13.3%的学生希望能够通过学校和老师的关怀以得到帮助，44.2%的学生希望得到同学、老乡的关心，31.7%的人更愿意通过自己的努力解决问题，无可奈何，只得忍受的大学生占2.5%，通过其他途径解决问题的学生占8.3%。从这些数据可以看出，珠江三角洲地区大学生持有独立自主观念，自己解决就业问题的比例还是比较高的，但如何完善学校的就业培训教育，以及如何动员学生身边的教师、老乡和同学来给予帮助、关注、进行缓解，应当是珠江三角洲地区高校需要高度重视的问题。

2. 社会素质方面

考虑到大学生尚未参加工作，我们在社会素质调查方面的重点是了解大学生的法律政治素质、人际交往素质和创新素质等内容。

在法律政治素质方面，珠江三角洲地区大学生普遍具有较好的服务意识和参政意识。在回答"如果有机会，您是否愿意参加义工或者志愿活动"的问题时，79.2%的人选择了"愿意"和"十分愿意"。在问及参政的主要目标时，62.5%的大学生表示参加政治活动的目标是反映所在群体的利益诉求，而对于珠江三角洲地区政府的服务目标，比例最高的是"希望政府能够实现构建社会主义和谐社会"的目标，占到33.3%。可见，大学生在政治发展中最认同的政治目标是"构建社会主义和谐社会"。此外，大学生具有较高的法律素养，54.1%的大学生表示，当正当权益受到侵犯时会首先选择法律诉讼维护正当权益。

在人际交往素质中，珠江三角洲地区大学生表现出了较好的"宽容"和"平等、互助"精神。为了解大学生的宽容度，我们设计了"您对现在有些年轻人染上黄色、红色头发的态度"一题。从态度上看，37.5%的大学生不太喜欢，25%的表示无所谓，有16.7%的大学生分别表示厌恶或理解。说明大学生对别人行为的看法，并不是极力的排斥，也不是一味的推崇，表现出一种比较理智评价的现象。在人际交往原则上，52.2%的大学生选择了"人际关系"最重要的因素是的"平等"和"友好互助"。而54.2%的大学生表示其所在学校能经常创造条件，为大学生提供进行人际交往的社团活动、交流活动等，我们了解到珠江三角洲地区大多数高校对提升大学生人际交往素质是比较重视的。

考虑到珠江三角洲地区正在着力实现"转型升级"，我们将"创新素质"作为大学生社会素质的重点内容来调查。从营造"创新创业"环境氛围来看，珠江三角洲地区高校都是极为重视的。54.2%的大学生表示所在学校有措施鼓励创新且能落实，37.5%的大学生表示所在学校有学生因有所发明创造或者提出好的建议而获得奖励，50%的人表示其所在学校的老师对其的期望是成为有所发明或创造的人才。受此氛围影响，珠江三角洲地区大学生的创业热情是比较高的，45.8%的大学生选择了"正在考虑创业"或者"等待时机"。而对于阻碍其创新创业的障碍，37.5%的大学生选择创业最需要解决的问题是融资、贷款困难，23%的大学生认为自己的创业经验不足，专业优势显现不出来。可见，尽管相关部门出台了一些鼓励大学生创业创新的一些举措，但学校的培训和政策扶持力度仍需要加大。而在创新创业能力培养方面，超过80%的学生认为现存的应试教育模式扼杀了大学生各方面的创新能力。

3. 精神素质方面

在对大学生精神素质的调查方面，我们重点关注了珠江三角洲地区大学生对"广东精神"的认同和其群体道德素质的基本状况。

大学生对"广东精神"的认同方面，选择"务实进取"、"敢为人先"的均为25%，选择"敏于行"的占23.5%，选择"开放兼容"的占11.8%，还有2.9%的学生表示对以上内容均不认同。调查结果显示，大学生对所提倡的"广东精神"各项具体内容的认同虽然差异较大,但总体认同度还是比较高。62.5%的珠江三角洲地区的大学生对现在的生活状况定义为正在奋斗,充满活力。在回答"您是否会特别注意自己的言行举止"时,63.3%的大学生表示会特别注意自己的言行举止,说明珠江三角洲地区大学生对社会文明的认同感较高。

在道德素质方面,珠江三角洲地区大学生整体上处于较高水平。在回答"如果有机会,您是否愿意参加义工或者志愿活动"时,61.8%的大学生选择"愿意",说明珠江三角洲地区大学生的志愿服务意识较强。在选择"您最看重的人的素质有哪些"的选项时,有32%的大学生选择了"道德行为能力",仅仅次于"专业技能"。可见,大学生对道德素质的重要性认识是比较自觉的,很多人将其视为未来职业能力的重要构成内容。对珠江三角洲地区人的诚信水平,大学生总体上是持乐观态度,在回答"广东人是讲信用的"选项时,选择"完全同意"和"同意"共占79.4%。而对于个人而言,在回答您认为经商是否要诚信时,76.5%的大学生选择了"诚实些好,讲究信誉是经商的根本",说明其对诚信与商业成功的相互关系是比较认同的。在责任感方面,大学生也表现出较高水平,在回答"您是否注意尽量减少使用塑料袋"时,选择"经常"的占54.4%,选择偶尔的占42.7%,选择很少的仅为2.9%。

4. 专业素质素质方面

在专业素质方面,珠江三角洲地区未来社会经济发展对大学生的专业素质要求越来越高。在这个问题上大学生们的认识是明确清晰的,可以说不断提升专业素质成为珠江三角洲地区大学生提升自我的重要任务。调查中,对"如果不提高自己的知识技术水平,以后难以在社会上生存和发展"这一选项的态度时,高达97.1%的大学生选择了"同意"或"完全同意";选择"不同意"的仅占2.9%,说明珠江三角洲地区大学生对提升自己的专业素质非常重视,具有很强的专业技能发展紧迫感。还有83.6%的大学生认为"珠江三角洲未来的发展水平取决于人才素质的高低",这就进一步印证了上述结论。

在对个人专业素质发展的期望上(多项选择),呈现出较大的个体选择性。其中,"实用技能"以39.7%的比例高居选项之首,选择"人文知识"的紧随其后,占26.5%,选择"计算机知识"的占25.0%,选择"科技知识"的占22.1%,选择"金融、股票知识"的占20.6%。从这些数据来看，珠江三角洲地区大学生对专业素质的定位呈现出较大的个体差异性，但总体上而言，对实用技能的偏重成为珠江三角洲地区大学生的典型特点。其中，42.6%的大学生认为大学里学到的主要是"理论知识"，25.0%的人选择"专业技能"，13.2%的人选择"思维训练"，11.8%的人选择"人际交往能力"，1.5%的人选择"创造能力"，另有5.9%的人认为在大学里"什么都没有学到"。需要指出的是，一些大学生认为：目前在"大学里学到的知识技能主要是问题的答案"，这就与大学生对专业素质定位的期待之间出现了较大不一致情况，大学教育的偏重理论与大学生期望的偏重实用技能之间形成了强烈的对比，这是中国高等教育特别值得注意的问题，也给珠江三角洲地区高等教育改革发展提出了重要的课题。

（二）珠江三角洲地区大学生素质提升中存在的问题

大学生作为具有高学历、高知识的人群，其综合素质在整体上高于社会平均水平。但调查结果反映，珠江三角洲地区大学生提升素质方面尚存在比较突出的问题，其中主要表现为如下三个方面。

第一，如何提升大学生应对竞争压力的素质是当前突出的问题

从调查中可以发现，压力问题成为影响大学生健康和素质提升的最为突出的问题。有42.6%的调查对象选择"心理压力太大"是影响其健康的主要因素。在回答"您觉得学习工作生活的压力通常是"的选项时，选择"很大"的占26.5%，选择"比较大"的占44.1%，两项共计70.6%；选择"一般"的为25.0%，选择"压力不大"和"没有压力"的共计只占4.4%，说明珠江三角洲地区大学生普遍感受到社会竞争压力带来的挑战。这一调查结果也印证了2005年全国大学生自杀率逼近0.0047%的调查结果，也就是说10000个大学生中平均有4.7个大学生自杀。可见，如何面对日益加剧的社会竞争压力成为提升大学生素质的重要课题。

那么，珠江三角洲地区大学生的压力来自何处？在回答"您觉得压力的主要来源是"的问题时，选择"社会竞争压力"的高居榜首，占调查对象的42.1%；而选择"经济压力"、"工作（就业）压力"和"人际交往压力"的分别占26.5%、25.0%和5.9%。可见，大学生的压力主要有三个方面的来源：一是社会竞争压力。当今激烈的社会竞争冲击了身在

大学校园的大学生，严峻的就业形势、寻求个人发展的机会和经济社会变革带来的就业压力、学习压力、发展压力、住房压力等使得大学校园不再是平静的象牙塔，而是竞争激烈的竞赛场。二是"经济压力"不容忽视。高等教育大众化既给人们带来了更多上大学的机会，也带来了高校收费不断攀升的经济压力，贫困大学生如何去解决学费、生活费和必要费用的问题，成为相当一部分大学生需要解决的问题。三是情感纠纷、人际交往等成长过程中的问题也是大学生压力的重要来源。总的来说，日益增大的压力使得学会怎样抗压已经成为当今大学生提升素质的重要内容之一，而教育管理部门和高校如何完善就业指导、心理辅导、勤助贷款、压力缓解等相关的机制，已成为提升大学生素质的重要课题。

第二，如何提升大学生实用技能、创新能力是高校改革迫切需要关注的问题

上述调查结果显示，大学教育的偏重理论与大学生渴望提升实用技能之间形成了强烈的反差，尤其是本科学生对这个问题的反映尤为强烈。学生的这种主观诉求背后，反映了学生期望值和高等教育定位的偏差，更深层次则反映了高等教育与珠江三角洲地区之间的产业结构如何协调的问题、高等教育改革与社会发展需求如何契合的问题。其所涉及的具体问题有：一是珠江三角洲地区高等教育尤其是本科教育如何适应并积极推动珠江三角洲地区产业结构转型升级的问题。珠江三角洲地区正处在从劳动密集到技术密集、从低端加工制造到装备制造、汽车、新能源等高端制造积极转变的过程之中，高等教育既要符合当前珠江三角洲对技术人才的需要，也需要有一定的前瞻性，为推动珠江三角洲改革发展服务，培育适应于符合未来高科技社会发展需求的人才。二是珠江三角洲地区高等教育如何推进改革，确立以"能力培育、素质提升"为核心的新理念，以代替那种以"知识传递"为核心的传统教育模式，培育能力型、综合性、技能型、特色型、创新型的人才，不断提高广东高等教育的质量，这是高等教育改革发展中的核心课题。三是如何引导大学生处理好理论基础和实践技能的关系问题，既不能好高骛远，又不能过分实际，这也是高等教育发展的重要问题。

第三，如何落实提升创新素质的具体举措是高等教育改革发展的难点问题

当前，我国教育培养出来的人才缺乏创新能力一直为社会各界所诟

病。本次调查也反映出珠江三角洲地区大学生的创新能力尚有较大提升空间，究其根源，既有大学生这一教育主体存在创新意识不强、创新能力欠缺的问题，也有学校乃至整个教育体制没有形成有效的创新机制的问题。而后者是更为根本的因素。一是应试教育带来的消极影响。调查显示，珠江三角洲地区大学生创新的愿望是比较强烈的，但相当一部分学生因为受到高中以来应试教育的影响，不知道创新从何着手。因而，创新能力不足的情况不仅仅是高等教育的问题，也是整个教育制度存在的问题。二是高等教育大众化之后缺乏有效的创新指导。高等教育大众化带来了师生比的严重失调，大班制教学、一对多的指导模式使得大学生创新创业缺乏有针对性的指导，相当一部分学生处于上课、作业、考试等简单、同一的培养模式之中。三是缺乏创新的保障条件。高校没有从资金、制度和评价机制等方面为大学生创新提供充分的条件和保障。四是大学生缺乏创业创造的紧迫感。从调查问卷中，大多数大学生都认识到了创业素质的重要性，但看到周围的同学都在按部就班地学习、上课，创业创造的热情就慢慢冷却了，好像只要在大学里能顺利毕业就可以了。

（三）提升珠三角地区大学生素质的几点思考

思考之一：改革教育制度，构建合理的素质教育体系，促进大学生全面发展。积极探索教育体制改革、完善教育体系建设，建立起合理的教育框架，更新教育观念，深化教育教学改革，促进大学生的全面发展，从管理到教学、从教师到学生，都要充分以素质教育为核心理念推动和促进珠江三角洲地区高等教育的改革发展。

思考之二：需要进一步理顺大学人才培养目标与市场需求之间的关系。尤其是要注意高等教育改革与珠江三角洲地区社会发展的需要相适应，同时也保持高等教育的前瞻性、预见性和针对性，为珠江三角洲地区率先实现现代化而培养优质人才。

思考之三：高等教育培养创新、创业型人才依然是短板，需要通过加快教育改革步伐、营造创新创造氛围、创造激励机制条件，积极促进高等教育实现从应试教育转向素质教育，从教育规模扩展转向教育质量提升，从统一规格批量培养转向特色化、专业化培养发展，从而为全面提升珠江三角洲地区大学生素质、着重培养大学生创新创造素质提供有力条件，为珠江三角洲改革发展提供更好的智力支持和人才支撑。

调研报告四：珠江三角洲地区外来工素质状况及其调查分析

外来务工人员是珠江三角洲地区一个十分特殊的群体，他们既对珠江三角洲地区的改革发展做出了巨大的贡献，也给珠江三角洲地区整体素质的提升带来了一些难题。在某种意义上，外来务工人员的涌入和转出，外来务工人员的素质提升已经和珠江三角洲地区产业结构调整、经济发展转变以及人的素质的提升紧密相关。据有关部门统计，珠江三角洲地区是全国吸纳外来务工人员最多的地区之一，现在外来工在第二、三产业中的比例高达 60% 以上。为深入了解珠江三角洲地区外来务工人员素质的现状，我们设计了相关问卷，并进行了有针对性的调查访谈分析。

本次以外来务工人员为对象的调查问卷共发放 300 份，实收回 286 份。其中男性占 42.5%，女性占 57.5%。调查对象的年龄大部分在 20 到 40 岁之间，40 岁以上的有 19.4%；高中和高中以下学历的占了 80%，少部分受过大专或以上的高等教育。外来务工人员的收入在 1500 元以下的 22.3%，1500 元到 3000 元之间的 44.7%，大部分外来务工人员的收入过低，仅有 8.5% 的收入在 4000—6000 元之间。此次调查以广州、中山和东莞等地为重点调查城市，覆盖了深圳、佛山、珠海和江门等珠江三角洲地区各大城市，调查数据分析结果如下。

（一）珠江三角洲地区外来工素质的现状分析

针对外来的群体特征，我们从生理素质、社会素质、精神素质和技能素质四个方面设计问卷，对珠江三角洲地区外来务工人员素质的基本状况进行调查分析。

1. 外来务工人员身心素质分析

（1）外来工平均年龄低，主要以青年为主。

根据调查数据显示、外来务工人员的年龄基本上介于 20 到 40 岁之间，其中 20 岁以下占 36.8%、21—40 岁的占了 43.8%。他们大多来自湖南、江西、四川、湖北等地的农村，由于农业收成的不确定性，以及地区经济发展的差异，许多农民在家收入少，外出务工就成为他们增加收入的一个重要途径；也有一些家庭因为贫困，被迫让孩子早早外出打工、挣钱养家，现在年满 16 周岁就可以外出务工，所以有很多初中刚毕业的青少年就加入到了外出打工者的行列；目前 45 岁以上的或已经是爷爷奶奶辈的外来务工人员所占比例较少，主要有三个原因：一是留在家乡从事农业生产，让年轻力壮的外出打工；二是留下来照顾留守儿童，减轻外出打工者的负担；三是珠江三角洲地区对青壮年劳动力的需求较为旺盛。

（2）身心健康素质

从抽样结果来看，在对身体的自我感觉评价中，觉得非常好的占 19.0%、比较好的占 33.8%、一般的占 42.3%、比较差的占 3.5% 和差的占 0.7%。数据说明了珠江三角洲地区大多数外来工对身体状况的自我感觉良好，这可能与用人单位把外来工的身体素质作为聘用的重要条件有关，也表明外来工把他们的青春年华奉献给了珠江三角洲地区的改革发展，广东的发展有外来工的辛勤劳动和巨大奉献。

外来工的心理素质不可忽视。在回答"影响健康的主要因素"的问题时，认为是"压力太大"的占 40.1%，认为是"生活习惯不好"的占 23.9%，选择"工作太累"的占 12.7%，选择"缺乏健康知识"的占 13.4%。由此可见外来工承受的压力较大、频繁加班导致的生活无规律是影响外来工身心健康的重要因素。随后我们又对外来工压力的来源进行调查，结果显示压力来源的前三位分别为"社会竞争压力"占 34%、经济压力占 33%、"工作压力"占 24%。调查显示外来工群体所承受的压力既有来自收入方面的，也有社会竞争和紧张工作带来的。从横向比较来看，外来务工人员选择经济压力的比例高于教师、私营企业主群体，说明该群体的整体收入水平偏低，养家糊口的压力较大，增加收入可以缓解外来工群体的生存和精神压力。在承受巨大压力的同时，外来工对"社会竞争"也有深有感触，相当多的外来务工人员认同"只有不断增强自身能力，提升素质才能有立足之地"，他们中的许多人都把改变现状和命运的期望寄托在培养子女上。

2. 社会素质现状与分析

本调查主要从人际交往素质、政治法律素质、环保素质和社会文明素质等方面了解珠江三角洲地区外来务工人员的社会素质状况。

（1）人际交往素质

调查数据表明，在回答"您与他人合作的感受怎样"这个选项时，选择"特别好"的有 26.8%，良好的有 38.7%，一般的有 31.7%，很差的有 2.8%。这一数据的总体情况还是比较理想的，但与教师、大学生等群体做一个横向比较，发现外来工群体的人际交往感觉的自我评价偏低。为了进一步了解外来工人际关系状况，我们设计了"您对人际交往的看法是什么"选题，调查结果见图表 1。可以看出，他们认同"平等友好、互利互助"的重要性，同时也承认人际关系的现实，认为存在矛盾冲突和竞争。在考察外来工在处理人际关系的适用原则时，由图表 2 可以看出，认同"先人后己，助人为乐"的占 37%、认同"利己但不损人"的占 38%，认同"先人后己，尽量兼顾"的占 23%，而一味利己只仅占 2%。

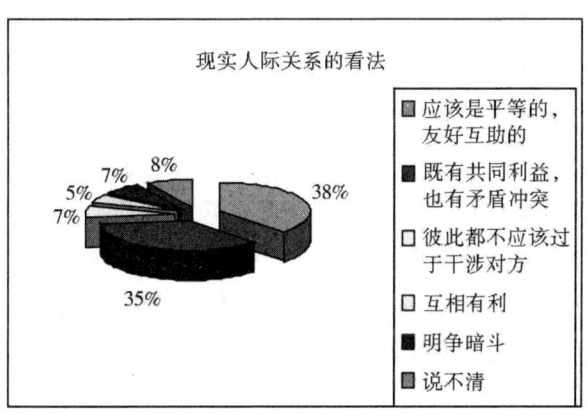

图表 1

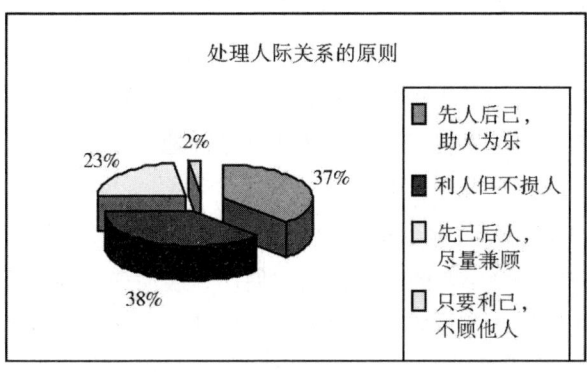

图表 2

（2）政治法律素质

在政治素质方面，珠江三角洲地区外来务工人员对于政府提出的奋斗目标认同度依次是"全面建设小康社会"（33%）、"解决三农问题"

（25％）、"构建社会主义和谐社会"（20％）、兑现珠江三角洲地区改革发展纲要（8％）。从调查了解到外来务工人员由于其自身与农业、农村、农民的天然联系，对"三农问题"的关切度远远高于教师、大学生、私营企业主等群体。

珠江三角洲地区外来务工人员群体对社会政治问题的选择，排在前三位的分别是"全面建设小康社会"、"三农问题"和"城乡协调发展和构建社会主义和谐社会"；在政治权利方面，回答"如有机会参政的话，您会首先考虑的问题"时，选择"反映所在群体的利益诉求"的占54％，选择"为政府科学决策出谋划策"的占26％，选择"实现个人利益"目标的占16％；这些数据都表明外来务工人员较为关心国家的发展，具有一定的政治权利意识和参政议政意愿，并且对自身权利有很高的关注。在评价"珠江三角洲地区的政府服务意识高于其他地区"这个问题时，有55.7％的外来务工人员选择"同意"，有44.3％的选择"不同意"；有71.7％的外来工认为《珠江三角洲地区改革发展规划纲要》的实施会使他们的生活质量有显著提高，这说明外来务工人员对其工作所在的珠江三角洲地区有一定的归属感、认同感，各级政府应该制定出相应的政策和措施，善待外来工，更好地发挥外来工的积极作用。

（3）社会文明素质

社会文明素质方面。在回答"您认为下列行为最不文明的是"的选题时，其结果显示如图表3。从图表可知，外来工选择"不遵守公共场所的秩序"、"不遵守交通规则"、"不讲诚信"、"缺乏修养"和"语言粗俗，行为粗鲁"占到了大多数的比例。其中"不遵守公共场所秩序"的选项人数比较多，这表明了大多数珠江三角洲地区外来工是比较重视公共场所的秩序环境和自身修养的。

在回答"您是否注意尽量减少使用塑料袋"这一问题上，54.3％的人选择经常使用，41.4％的人选择偶尔使用，表明该群体在环保意识上还有待加强；在回答"您觉得造成城市卫生状况不理想的主要原因是"，近一半的人认为是"民众的素质低"造成的，表明珠江三角洲地区外来工也意识到环保素质的养成有待于全社会的共同努力。

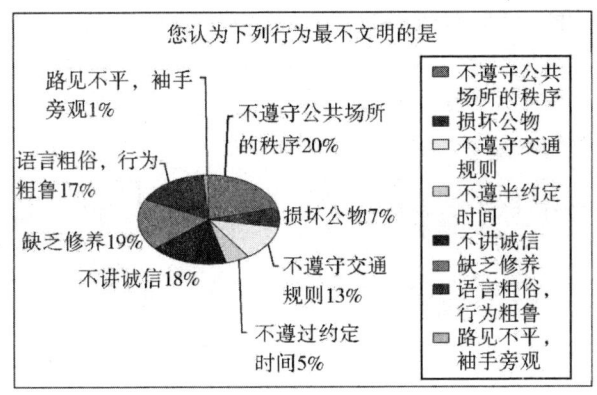

图表3

3. 精神素质现状与分析

精神素质的高低直接影响着人们的生活感受和对幸福的认同。为此，我们重点对珠江三角洲地区外来工群体的包容、诚信、奉献和对社会的认同感四方面的内容进行了调研。

关于包容。外来工群体的个体差异很大，呈现出观念的多元化。在问及"您对现在有些年轻人染上黄色、红色头发的态度"这一问题时，有23%的人表示理解，29%的人表示无所谓，29%的人表示不喜欢，19%的人表示厌恶，没有人表示欣赏。从以上数据可以看出该群体有一定的包容新异文化现象的心态，调查数据也表明该群体在观念上还是比较传统的。

关于诚信。外来工群体表现出较强的诚信意识。在"经商贵在哪一方面"的问题选择时，有49.3%的受访者认为"诚实些好，讲究信誉这是经商的根本"，而选择"视情况而定，自己不能吃亏"占27.5%，选择"精明些好，老实人吃亏，赚不了大钱"占14.8%，其他为9.2%。这表明了大多数外来工很看重人的诚信素质。

关于奉献。外来工群体表现出有较高的奉献热情。调查中，有64.9%的受访者表示愿意参加义工或志愿者活动，同时也有大约四分之一的受访者表示无所谓。

关于对社会的认同感。在回答"您认为广东人最突出的特点是"的选题时，其群体选择情况由图表4所示，他们认为广东人最突出的特点是开拓创新和求真务实，而选择包容开放，讲求效率、敢为人先的也占有一定的比例。这表明在外来工的心目中广东人是思想开放、注重实干、具有开拓创新精神的，表明外来工群体对广东人的精神是充分肯定的，对其所生活的珠江三角洲地区有较强的社会认同感和责任感。

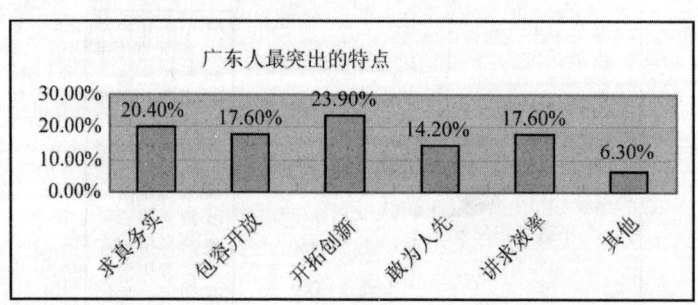

图表4

4. 技能素质的现状与分析

技能素质的首要体现是文化程度。从接受调查的外来工来看，大专或以上学历、高中中专和初中或以下学历所占比例分别为17.6%、47.9和34.5%，从中可以看出外来工群体学历普遍偏低，其群体的学历基本处于高中中专和初中学历这一层次。随着社会日益激烈的竞争，不断进行自我提升与终身学习已经成为社会发展的必然要求，对于外来工群体也是如此。在调查"您觉得影响读书或者参加进修的主要障碍"时，有39.8%选择是没有时间，选择花费太大的有30.1%，选择"不知道去哪里进修"和"所在单位不允许"的共有25.8%。这表明对于提升技能素质，除了客观原因之外，还有就是信息沟通不畅和所在单位不重视。在回答"您目前最想学习的知识"这一问题时，有18%的人选择"技能应用"，有16%的人选择人文知识，选择金融、股票知识的人有14%，选择网络计算机知识的人有13%，选择这四个选项的人占了大多数；而相对选择政治理论、文学电影等的人只占很小的比例，这表明外来工群体倾向学习实用型知识，特别是与他们的工作职业密切相关的知识。有97.8%的受访者同意或者非常同意"如果不提高自己的知识技术水平，以后难以在珠江三角洲地区生存和发展"这个选题，这表明大多数外来工有危机意识，并且认识到知识技能的重要性。在回答"企事业单位最看着员工的素质"选题时，"专业技术能力"的选项以占43%位居第一，就是很好的例证。

目前创业创新能力已成为珠江三角洲地区转型升级的关键。对此，我们着重考察了外来工群体的创新意识和创新能力。在"对于创业，您现在的选择是怎样的"，选择"想过，等时机"的有45.1%，"想过，但不合适"的有 21.8%，"考虑成熟即将实施"的有 16.2%，"正在创业"的有 12.0%，"从没想过"的有 3.5%。这种情况表明珠江三角洲地区外来工群体有较强的创业意识，应该给予鼓励扶持。但实际上外来工所在单位对其鼓励支持的、有措施的只占 21%，没有措施或者不支持的所占比例高达 79%，很多单位领导对员工的期待是"安分做好本职工作"的居多、占到 34.5%，而最终体现在对待创新的鼓励上则比较少。

（二）珠江三角洲地区外来工素质存在的问题

通过从生理素质、社会素质、精神素质和技能素质等方面对珠江三角洲地区的外来工素质进行分析，虽然可以看到珠江三角洲地区的外来工在身体状况、人际关系，以及愿意为珠江三角洲地区发展做贡献等方面拥有较好的素质，但不可否认，在人的素质提升方面，珠江三角洲地区外来工的素质还有较大的提升空间，还有许多政策措施需要制定出台。

1. 外来工的文化程度偏低，专业技能需要提升

外来工作为城市建设中的一支劳动大军，为珠江三角洲地区的发展作出了重要贡献。据全国总工会统计，现在外来工在第二、三产业中所占比例高达 60%以上。如此庞大的就业群体，其文化程度却普遍偏低，大专文化以上的仅占 17.6%，高中及中专的占 47.9%，初中及以下占 34.5%。更值得关注的是，外来务工人员所在单位对其素质提升漠不关心，大部分企业不愿意在培训员工、提升其素质方面投入资金和创造条件，这就导致员工素质与企业发展之间的关联度并不是很高，外来工的流动性、发展性问题就值得担忧。

2. 外来工生活压力大，生活保障程度低，直接影响到其素质提升

外来工背井离乡、外出打工，身上背负着全家的生计，是一个家庭生活资金的主要来源，其心理精神压力较大。虽然现阶段珠江三角洲地区外来工对于自己的身体状况感觉良好，只有少部分觉得差，但调查显示，大部分外来工感到压力太大，感到不大的仅占 5.6%，没有的仅占 4.2%，而这些压力都是影响外来工健康的重要因素。根据调查结果显示，压力的主要来源是社会竞争压力、经济压力和工作压力，分别占了 31.7%、30.3% 和 21.8%。文化程度偏低、技能欠缺、收入水平偏低又是造成社会竞争压力和工作压力的主要原因，城市社会保障水平又跟不上去，学习培训提高又缺少机会，这些现实的压力直接影响到珠江三角洲地区外来工

素质的提升。

3. 外来工提升素质的强烈愿望与素质提升途径缺乏的矛盾十分突出

市场经济的快速发展，全球化浪潮的冲击，使珠江三角洲地区外来务工人员对于自身的生存环境感到了巨大的压力，在"如果不提高自己的知识技术水平，以后难以在珠三角生存和发展"的回答中，"完全同意"和"同意"的分别占了35.2%、47.9%，外来工自身也迫切希望能提升自身的素质和知识技术水平。但其工作生活的现实条件却使得这种学习、提升的愿望因途径缺乏而难以实现。由于珠江三角洲地区外来工所在企业对其提升素质的关注明显缺乏，所在单位大多数既没有提供较多的培训、进修或者继续学习的机会，也没有提供相应的进修费用支持，因此在回答"所在单位对您的期待是什么"时，35%的外来务工人员选择"老实本分地做好本职工作"，所占比例最高；选择"多赚钱"、"服从领导"的分别占21%和15%。这从一个层面反映出企业对外来工的个人素质提升的关注力度很低，原因之一可能是企业担心在外来工的素质提升同时，最终将提升外来工在就业市场中的竞争能力，加大其流动性。此外，政府所组织的外来工培训、进修项目的覆盖面、实用性、便捷性方面还有待提升，而外来工自身缺乏进修时间、资金也是重要的阻滞因素。

4. 外来工的精神归属与社会认同需要更加关注

由于在身份户口、社会保障、生活习惯、价值观念等方面，外来工尚没有完全融入城市，因此，尽管外来工对其所生活工作的城市的责任感在提升，但其社会融入水平尚有待进一步提升。首先，外来工的权益保护和社会保障水平需要进一步加强。尽管珠江三角洲地区近年来在工资保障、户籍管理、入户政策方面有很大的改善提高，但并没有完全消除"外来务工人员"作为"外来人口"的身份差异及由此带来的社会地位差异。其次，在精神生活、人文关怀层面需要进一步加强对外来工的关注度。一是企业在员工管理、企业文化塑造、尊重外来工的主人翁地位等方面有待加强。二是珠江三角洲地区本地居民要以更宽容的态度对待外来工的不同习惯和价值差异；三是珠江三角洲地区政府有关部门要加强对外来工的关注、关心。

（三）提升珠江三角洲地区外来工素质的对策

1. 加大教育改革力度，为外来工提供教育培训机会

一方面，外来工为珠江三角洲地区的发展和繁荣做出了很大贡献。他们促进了一些劳动力密集型产业的发展；而且承担了大量"险、脏、苦、累"的工作，有效地维护了城市日常生活的正常运转。另一方面，外来工的大量涌入也给珠江三角洲地区的资源分配带来了一些矛盾。由此需要坚持关注关怀外来工的理念，尊重外来工作为珠江三角洲地区贡献者的地位，在城市教育改革过程中要将外来工和子女纳入考虑的对象和范围，为外来工及其子女提供更多的学习教育培训机会。

从对珠江三角洲地区外来工学习培训情况的调查可以看出，由于外来工的工作环境和特殊地位，不是外来工不想学习，而是原因他们为了生计抽不出时间去学；他们也想学会一门实用的技术来改善自己的生活环境，更希望社会多给外来工提供学习的机会。可以说，重视对外来工的教育培训，对促进广东的社会经济发展有着不可或缺的作用。珠江三角洲地区一些乡镇政府的做法就值得借鉴，政府每年拨款作为外来工教育专项经费下达，通过调查摸底，针对外来工的学习需求，开展多形式、多层次的培训教育。在重视对外来工培训教育的同时，坚持以人为本的理念，关心外来工。外来工教育问题是一项社会系统工程，需要政府投入更多的资源才能够实现，才能使外来工更好的融入珠江三角洲地区大家庭。

2. 企业要重视员工素质提升，实现企业发展与员工素质提升的共赢

如何建立企业发展与员工素质提升的共赢机制，是当前提升外来工素质迫切需要解决的问题。首先，企业需要培育促进外来工素质提升的战略发展眼光。一方面外来工给珠江三角洲地区社会经济发展注入活力，推动了企业用工制度的改革；另一方面由于地区经济、地域文化以及外来工综合素质发展不平衡、流动性大等问题，也给管理带来了一定难度，这是导致部分企业不愿对外来工有所投入的思想原因。建立忠诚的企业—员工关系，对企业和外来工都是双赢。为此，企业应该完善自身的企业制度，保障外来工的合法的权益，使他们尽快融入企业，完成由"劳务工"向"企业员工"的角色转换，充分调动他们的工作积极性，与企业同担风雨、同谋发展、同享阳光。目前很多企业都忽略了外来工素质的提升发展，导致很多外来工的才能被埋没，给企业带来很大损失。外来工自身的素质提高了，技术水平也会跟着提高。建立全方位的外来工培训教育制度、技能技术激励制度、进修休假制度以及岗位保留制度，对于企业长远发展是至关重要的。

3. 健全社会保障，为外来工素质提升奠定物质前提

当前阻碍珠江三角洲地区外来工素质提升的重要障碍就是其收入水平低、社会保障不健全，这就导致了外来工的主要诉求就是提升收入水平，这尚停留在最基本的生活消费层面上，因而外来工在发展性消费方面严重匮乏。为解决这一问题，政府健全社会保障，提供必备物质条件，对于提升外来工素质是颇为关键的。在调查中，我们发现珠江三角洲地区外来工的现实压力是比较大的，其群体的经济压力远高于其他职业的人群。近年来，虽然珠江三角洲地区在改善外来工的工伤保险、养老保险、子女上学方面提供了一些制度性前提，在消除制度性歧视方面，取消了一些不合时宜的政策，这对提升外来工素质提供了条件，但如何进一步提高外来工的收入水平、实现农村城镇医疗保障的自由流通等政策，仍需要各级政府进一步关注。

4. 营造良好社会氛围，促进外来工的社会融入

如何促进外来工的社会融入，是提升外来工素质的又一重要途径。在回答"您对珠江三角洲地区最不满意的是"时，选择"周围看不起"和"竞争压力大"分别占了25.4%和28.9%，而且外来工都有一个比较相似的想法就是"东西南北中，打工到广东"占了46.5%。这说明了外来工对珠江三角洲地区的居民身份认同、精神认同等方面的认可程度是比较低的。

当前，珠江三角洲地区外来工仍然以工资收入作为其考虑的重点，对其城市居民的户口、社保、休假等权益尚未提出诉求，其工作的城市仍然只是其临时安居之所。为此，政府应该针对外来工的实际情况积极改善相关工作，创建和谐的劳动环境和创业氛围，完善其福利体系，并关注外来工的精神生活。譬如，近年来顺德在营造尊重和关爱外来工的社会风尚、增强广大外来工的归属感、自豪感和责任感上不遗余力，越来越多的外来工得到了本地人的接纳和包容，外来工的称呼也从最开始的"民工"、"外来务工人员"发展到现在的"新广东人"、"新顺德人"。顺德的理念和做法值得其他城市学习和效仿，其具体举措可以考虑：一是改善外来工的居住条件。建议政府将农民工纳入廉租房保障对象，可以建设民工楼，由政府向外来务工者出租，实施较低租价，增强对外来工的吸引力。二是加强对外来工及其子女教育的投入和支持。有条件的企业应开展知识培训及技能教育，提升外来工的知识文化水平，提高操作技能，适应企业新设

备、新技术的推广应用。对外来工子女的教育问题，要有开放的胸怀，与本地居民子女同等对待，纳入义务教育体系，减轻他们的经济负担。三是完善相关配套政策和社会环境。珠江三角洲地区的各级政府管理要针对外来工的实际需求，创造平等、公正、包容的社会氛围。

第三部分　对策思路：提升广东人的素质的对策建议

改革开放三十多年来，以珠江三角洲地区作为经济发展龙头和主阵地的广东地区发扬"敢为天下先"的精神和"杀出一条血路"的勇气，经济社会发展取得了举世瞩目的巨大成就：1978 年广东生产总值仅为 185 亿元，只占全国的 5.1%，生产总值平均每年以 13.7% 的速度增长，经济总量已连续 20 多年居全国第一，综合实力大幅提升，早在 2007 年人均 GDP 就突破 4000 美元，达到同期世界中等收入国家平均水平。广东取得经济社会发展的巨大成就，既有独特的地理位置、政策的优惠、创业的热情，也与广东的吸引、凝聚和提升人的素质息息相关。三十多年经济社会的快速发展为人的素质提升提供了物质基础、制度前提、有利环境和保障条件，使得在广东地区生活、工作的人们在身心素质、社会素质、精神素质和专业素质方面得到了很大的提升，尤其是在开放兼容、务实创新、敢于拼搏方面的素养，已经成为推动改革开放的强大动力，成为广东发展的宝贵经验，是广东人的巨大财富。

然而，也要清醒地看到，广东改革发展带来了新任务新机遇新挑战，珠江三角洲地区人的整体素质仍滞后于经济社会发展，创业创新素质与转型升级的要求不相适应，精神文化素养与物质财富的增长差距颇大，关注人的全面发展的观念尚需加强、注重教育塑造培养全面发展的人才尚需完善、企业对于员工的培训进修尚需补课、精神文化氛围尚需改善。事实上，人的素质的培养是一个涉及面广、影响因素多的系统工程，需要在社会经济发展中作出统一部署和统筹安排，构建立体培养体系，整合相关组织资源，全面综合推进。

课题实证调查以问卷调查和深度个人访谈为主要形式，调查地点涉及广州、佛山、深圳、珠海、中山、东莞、惠州等珠江三角洲地区的城市，共发放问卷 2500 份，收回有效问卷 2238 份，比较圆满地完成调查任务，基本达成调研目标。在对调查采集数据进行了分析研究之后，针对广东人的素质发展的现状及其问题，我们提出如下对策建议：

第一，树立以人为本的理念，把人的素质提升量化为经济社会发展的重要目标和考核指标。

《珠江三角洲改革发展规划纲要（2008—2020）》明确提出了争做科学发展排头兵的发展目标，"以人为本"理念作为科学发展观的核心，它作为广东进一步改革发展的核心理念已经包含和体现在发展蓝图的规划中。为了将理念和蓝图变成现实，需要有相应的制度保障，推进人本理念成为政府管理和决策、企业经营管理、广大民众活动自觉的价值内核，成为经济社会发展的价值共识、衡量标准和激励手段。为此，我们建议政府制定一整套科学的考核评价标尺、奖惩激励机制和问责机制，从而使整个社会自觉树立和贯彻科学发展的理念和以人为本的精神。其要点有：一是制定科学合理、具体周密的人的素质提升、人的全面发展指标，将其作为各个城市年度经济社会发展目标、评价依据和衡量指标，每年根据评价指标发布人的素质发展提升年度白皮书。二是将人的素质提升作为政府官员奖惩、考核、晋升的指标之一，促进政府官员对人的素质发展的关注度、积极性。三是将企业员工素质发展作为政府实施优惠税收政策、提供贷款优惠等相关政策的参考依据，提升企业对员工素质提升的积极性和关注度。四是加强宣传教育，营造整个社会关注人的素质、促进人的全面发展的良好社会氛围。五是抓住建设"幸福广东"的契机，将人的素质提升、人的全面发展指标与"幸福广东"指标实现整合，从而在建设"幸福广东"的过程中推动人的素质提升、促进人的全面发展，实现"广东梦"。

第二，加快教育改革，推进素质教育是提升广东人的素质的根本路径。

当今时代，教育已经成为提升人的素质的主要途径，注重教育发展、提升教育质量成为世界各国的共识，"终身学习"和"学习型社会"的理念深入人心。早在 1994 年，广东省委、省政府就提出了建设"教育强省"的战略任务。十多年来，广东的教育事业取得了毋庸置疑的巨大成就。但是，与发达国家乃至长三角、京津冀等地区相比，广东的教育发展状况仍有一定的差距。从调查数据尤其是以教师、大学生为对象的数据来看，广东的教育发展水平尚有较大提升空间，教师素质、大学生素质提升面临着要求不高、途径不畅、氛围不佳等诸多不利因素，教育规模、质量、教育结构远远不能满足广东的转型升级需要。以 2009 年统计数据来说，在教育发展上广东主要有四个方面的劣势：一是人力资本在教育上的竞争力较弱，其每万人拥有的大专及以上受教育程度人口仅为 546 人；二是政府对教育的投入小，科教文卫事业投入占财政支出比重为 20.9%，人均教育经费仅为 770.84 元；三是无论是城镇还是农村，居民对教育方面的资本投入低，城镇居民家庭平均人均全年教育支出占消费性支出比重的 6.40%、农村居民家庭平均人均文教、娱乐用品及服务支出占生活消费支出比重为 9.73%；四是人力资本在教育方面的培养条件弱，每万人拥有高等学校（机构）专任教师为 6 人，仅为京津冀地区的一半。人力资本在教育方面的培养条件弱，表现在普通高校师生比比京津冀地区低 0.28 个百分点。当前正值贯彻落实《广东省教育改革发展规划纲要（2010—2020 年）》的重要时机，教育改革发展具有了前所未有的良好的制度保证、政策环境和舆论氛围，为此，我们强烈建议加大教育投入，加快教育改革，推进素质教育，这将是提升广东人的素质的根本路径。具体建议如下：

一是加大对教育的财政支持、优化资金利用效率。各级政府应当狠下决心，提高对教育的财政支持力度，力争在近三年内逐步实行教育投入在 GDP 中占 4% 以上；同时要优化教育经费支出结构，改变过去那种重视改善办学硬件，而不注重改善教学软件的投入方式，提高教师的待遇；加大对科研、教学等内涵式发展的扶持力度。同时，积极引进社会资本、民间资本进入教育领域，推进办学形式的多样化，建议在国家法律法规允许的范围内，采取独资、合资、合作、股份制等形式，广泛吸纳社会资本参与办学，改变政府单一办学的局面，推进教育投入多元化和办学形式多样化，满足不同层次的教育需求。

二是根据广东社会经济发展的需要，优化教育结构，增强经济发展与教育发展之间的契合，实行经济发展与教育发展之间的良性互动。在教育内在结构上，要重点发展具有特色的高职高专、中等职业技术学校，进一步落实中央关于加强职业技术院校发展的要求，培养出一大批掌握熟练技术、契合广东产业转型升级需要的技能型人才；重点培育几所具有较强竞争力，能站在世界高等教育前列的高水平研究型大学，为整个广东的创新创造形成导向；在基础教育投入上要加强省政府的投入和统筹协调，保证地区之间的公平公正。

三是拓展教师进修培训渠道，完善教育管理，提高教育质量，夯实教育内涵发展。教育质量关键系于教师素质，提升教师素质应当成为教育改革发展的核心。针对教师素质方面存在的问题，通过制度性规定，提升教师素质，同时还要改善教师生活待遇，缓解其生活压力，为教师提高素质奠定基础；建立常规的学历学习、教育培训和教育交流制度，鼓励教师进修学习；落实绩效工资制度、破除论资排辈等陋习，让优秀教师人才能够脱颖而出。

第三，注重人力资源开发，推动企业转型升级和人的素质提升的良性互动，将经济增长转移到依靠科技进步和人的素质提升上来。

广东推动产业结构转型升级与提升人的素质是一个相互促进的过程。产业结构转型升级，既需要高素质的人才作为其推动力和重要支撑，又需要高素质人才的聚集，其本质就是将人力资源开发作为企业发展、提升竞争力的核心要素。因而，全面提升人的素质与企业转型升级、增强竞争力是一个相互促进、正向统一的过程。为此，注重人力资源开发应当成为广东企业发展的核心竞争力之一。只有企业将增长动力从依靠低廉的劳动力转变为人才资源的开发利用，广东的社会发展的各项目标才能实现。根据对珠江三角洲地区私营企业主、"三资企业员工"、外来务工人员的素质现状及其存在问题的调查分析，结合人的素质提升，我们提出如下建议。

一是高度重视人力资本的开发，将其作为企业发展的核心竞争力。人力资本是在人类自身的生产和再生产过程中通过相应的投资而形成的，主要形成途径有五种：教育、医疗保障、劳动者迁移、移民和信息获得，其中教育是核心。在一个企业的发展过程中，一方面要通过优厚的报酬、优良的环境、良好的机制吸引大量优秀的人才，要通过建立科学合理的激励机制、人才评价机制和竞争机制使得优秀人才安心工作、发挥才能，作出贡献。另一方面要加大对企业员工的培训教育，将提升员工素质作为企业管理的重要举措，作为企业提升核心竞争力的重要目标。同时，将待遇留人、情感留人、氛围留人、事业留人结合起来，为员工个人事业发展和情感归属提供契合点。

二是注重员工成就动机的激发，营造优良的企业文化。西方学者提出了员工成就动机开发的基本原则，包括（1）始终保持宽松、和谐的心理氛围，对受训者在言语和行动方面都加以充分的支持和尊重，增强其自信心。（2）在训练过程中特别强调自我提高、自我改进的重要性，增强其自觉性。（3）突出团队精神，强调员工的新动机与新行为方式是通过大家共同讨论之后获得的，是团体成员的共同行为体现。实际上，员工成就动机的激发，就是企业文化积极营造的过程。广东的企业既要面临着市场带来的外在压力，同时还要注意激发企业主和员工的成就动机，提升素质，积极面对转型升级给企业带来的压力。

三是全面提升企业主与员工的创新素质和创新能力。从政府的角度而言，进一步降低中小企业的负担，使得中小企业能够更灵活应对市场的变革。营造公平公正的融资环境和技术支持环境，为企业解决资金、技术的困境创造条件，要消除一些制度性壁垒，为中小企业开拓新的市场领域，涉足高技术行业创造条件。提供政策性支持，为中小企业创立品牌，提供便利条件。从企业的角度而言，要确立自我发展的意识，强化管理，提高决策水平和经营水平。要引导企业管理者不断完善企业内部人才的选拔培训和外部人才的引进机制。不断完善薪酬制度等激励和约束机制，以及影响企业行为的动力机制，要积极运用职业经理人的经营模式。从提升员工的创新力而言，创建学习型企业的培训机制，完善选拔、考核、奖惩的管理机制，营造鼓励员工奋发有为的良好氛围，全面落实以创新素质为核心，注重提升员工自我素质，丰富精神生活的人的发展模式。

第四，突出精神文化建设，把全面提升人的素质与建设"文化强省"统合起来。

推进社会主义文化大发展大繁荣是一项重要任务。广东省委省政府制定了《广东省建设文化强省规划纲要（2011—2020年）》，对广东人的素质提升的内容、机制、保障措施，以及方式途径等进行了整体规划和部署，为未来十年广东文化发展、广东人素质提升做了设计规划。人的素质提升与精神文化建设密切相关，提升人的素质、促进人的全面发展本身就是文化建设的最终目标，文化创意产业需要高素质的、具有创新素质的人才，文化建设同时也为提升人的素质提供了良好的精神氛围。因此，统合人的素质提升与建设"文化强省"的各项目标密切相关，赋予了全面提升人的素质的时代契机。其具体建议如下。

一是要重视哲学社会科学的发展。要大力推进哲学社会科学的研究和普及，努力促进人的全面发展。要促进人文与自然、人文与社会的教育协调发展，重视哲学社会科学的发展，要把培养现代化建设的新人作为目标，要为提升广东人的素质提供良好的氛围、资源和平台，充分发挥哲学社会科学的导向性、批判性功能。要提升哲学社会科学在社会生活中的地位，为广东人的素质提升提供了思想智库、价值引导和知识平台。

二是要推进文化领域的改革，增强文化活力和创新力。通过加快文化管理体制改革、加快文化单位体制和机制创新、加强文化建设发展，打造文化精品，为广东人的素质提升，创设充满生机和活力的文化机制和文化氛围。

三是要形成提升广东人的素质的合力。从建设主体的角度，要充分发挥知识分子在弘扬人文精神、时代精神，塑造人的精神世界等方面的积极作用。从建设途径的角度，要充分发挥学校教育、舆论宣传、学术研究、大众媒介、文艺形式和文化活动等介体对广东人的素质提升的功能，形成教育宣传、舆论引导、理论研究、英模示范、作品感染、活动熏陶和环境净化等立体的广东人的素质提升战略模式。从建设战略的角度，要突出重点，以点带面，整体推进，在内容上要以塑造现代广东人精神作为重点，同时兼顾广东人的文化素质、思想素质、法制素质、心理素质和审美情趣的全面提升。在途径上要以学校教育和舆论宣传为主，同时还要发挥英模激励、理论研究、作品感染、活动熏陶和环境净化等媒介的功能。在项目安排上要以文化强省建设十项工程为重点，兼顾文化建设其他项目的贯彻落实。在资源统筹中要以加强文化人才队伍建设为重点，同时兼顾资金投入、文化机制和文化环境的改善。

本研究报告立足于广东毗邻港澳、对外开放、国际化程度较高、经济发达、文化呈开放多元的实际，以珠江三角洲地区为例，在进行实地调研的基础上，对如何提升广东人的素质进行了系统研究，分析了在现代化、全球化、信息化和文化多元化背景下，不同阶层、不同职业的广东人的素质演变特点及其影响因素，依据人的全面发展以及广东社会经济文化发展状况的要求，对与率先实现现代化相适应的广东人素质提升的做法模式进行了探讨，提出提升广东人的素质的对策建议，为在现代化进程中如何进一步提升广东人的素质提供了理论依据和实践指导。

二　适应建设创新型广东的需要，大力推进大学生科学素质教育

（一）加强大学生科学素质教育是建设创新型广东的基础性工程

创新，是一个民族进步的灵魂，是国家兴旺发达的不竭动力。一个没有创新能力的民族难于屹立于世界民族之林。面对愈来愈激烈的国际竞争，唯有增强自主创新能力，建设创新型国家，才能永远屹立于世界东方。国务院于2005年颁布的《国家中长期科学和技术发展规划纲要（2006—2020年）》中明确提出，到2020年我国进入创新型国家行列，努力走出一条有中国特色的自主创新之路。建设创新型国家的关键是人才特别是创新型人才的培养。提高全民科学素质是培养创新型人才的社会基础。2006年2月，国务院颁布并实施《全民科学素质行动计划纲要（2006—2010—2020年）》。本《纲要》明确指出："公民科学素质建设是坚持走中国特色自主创新道路，建设创新型国家的一项基础性社会工程，是政府引导实施、全民广泛参与的社会行动"，要求"通过发展科学技术教育、传播与普及，尽快使全民科学素质在整体上有大幅度的提高，实现到本世纪中叶我国成年公民具备基本科学素质的长远目标"。

引领中国改革开放之先的广东，经济建设和社会发展取得了巨大的成就。从上世纪90年代开始，广东的经济总量一直位列全国首位，实现了从低收入向上中等收入的转化、从工业化初期向工业化中后期的转化、从贫困向宽裕型小康的转化。广东在提高科技进步贡献率、发明专利申请量等方面也取得了较大进步。然而，过去广东的经济增长主要是通过以土地

资源、普通劳动和资本投入等来驱动的，产业结构主要呈现出外向型、轻型和劳动密集型特征，缺乏名牌，缺乏自主知识产权，缺乏创新的技术，缺乏创新的人才。总之，广东的自主创新能力还不够强，与经济总量第一的位置还很不适应。从可持续发展来看，广东要继续快速发展，当好推动科学发展的排头兵，必须依赖于创新，即通过知识创新、技术创新和管理创新来推动经济的发展，建设创新型广东。近年来，广东省委、省政府不遗余力致力于创新型广东建设，不断提高广东的自主创新能力。2008年，广东出台了《建设创新型广东行动纲要》，提出了建设创新型广东的指导思想、发展目标、行动计划和保障措施。在2009年颁布实施的《珠江三角洲地区改革发展规划纲要（2008—2020年）》中把大力推进自主创新作为推进珠三角地区以至整个广东可持续发展的重大战略任务。

在推进自主创新、建设创新型广东的进程中，创新型人才的培养无疑处于关键位置。人才的培养靠教育，创新型人才的脱颖而出，其基础性工作在于大力加强公民特别是大学生的科学素质教育。有关研究表明，公民具备科学素质的比例与其文化程度呈正相关，即公民受教育的程度越高，其具备科学素质的比例也越高。大学生作为公民的重要组成部分，是一个特殊的公民群体，是社会主义建设的生力军，又是素质能力较强的社会群体。同时，作为社会群体中接受高等教育、具备良好素质的大学生对提高全民科学素质和综合素质有着不可替代的领军作用，他们不仅是国家建设和发展的中流砥柱，而且是向其他公民传播科学知识、科学方法和科学精神的中坚力量。因此，加强大学生的科学素质教育与培养，对我国社会主义现代化建设和建设创新型广东具有重要的现实意义。2010年颁布实施的《广东省中长期教育改革和发展规划纲要》中，明确提出要"把育人为本作为教育工作的根本要求"，要"努力培养造就数以千万计的高素质劳动者、数以百万计的专门人才和一大批拔尖创新人才"。作为培养高级人才的广东高校应责无旁贷地承担起这个历史重任。

（二）建设创新型广东面临的问题及创新型人才培养的要求

1. 创新型国家的基本特征以及广东面临的问题

创新型国家是指以技术创新为经济社会发展核心驱动力，通过大幅度提高科技创新能力，形成日益强大的以科技为依托的竞争优势的国家。目前，国际上公认的创新型国家大约有30个，包括美国、日本、德国、法国、英国、芬兰、韩国等。作为创新型国家，一般具有四个基本特征或基本指标：科研与开发（R&D）的经费投入大，创新型国家 R&D 投入占其 GDP 的比例大于 2%；创新能力指数高，创新型国家超过 25；科技进步对经济的贡献率高，创新型国家高于 70%；对外技术依存度低，创新型国家低于 30%。此外，创新型国家所获得的三方专利（美国、欧洲和日本授权的专利）数占世界数量的绝大多数。

应该说，伴随改革开以来广东经济社会强劲发展，广东在提高科技进步贡献率、发明专利申请量等方面也取得了较大进步。2011 年，广东科技综合实力居于全国第一梯队，区域创新能力综合排名连续四年居于全国第二，创新绩效等指标排名全国首位。但这些成就并不能说明广东已经成为创新型社会。如果从创新型国家的特征和指标来看，广东离创新型社会的目标还有一定的差距。2011 年，全省共投入 R&D 经费 1045 亿元，占全省 GDP 的比例为 1.96%；对外技术依存度为 33.2%；科技进步对经济增长的贡献率只有 53.8%。事实上，过去广东的经济增长主要是通过以土地资源、普通劳动和资本投入等来驱动的，产业结构主要呈现出外向型、轻型和劳动密集型特征，缺乏名牌，缺乏自主知识产权，缺乏创新的技术，缺乏创新的人才。总之，广东的自主创新能力还不够强，与经济总量第一的位置还很不适应。从可持续发展来看，广东要继续快速发展，当好推动科学发展的排头兵，必须进一步依赖于"创新"，即通过知识创新、技术创新和管理创新来推动，不论何种创新，关键在于培养和造就大批创新型人才。这是广东当前面临的一个亟待解决的问题。

2. 建设创新型广东对人才培养的要求

（1）培养大批创新型人才是建设创新型广东的关键

创新型人才是指具有创新精神、创新能力和实践能力的人，是具有发现新问题、解决新问题、发明新事物和开创新领域能力或潜质的人才。作为创新型人才，一般具有六大特征，即具有可贵的创新品质、坚韧的创新意志、敏锐的创新观察、超前的创新思维、丰富的创新知识、科学的创新实践。没有大批高素质的创新型人才，实现建设创新型广东的目标就会成为一句空话。纵观当今世界，人才特别是创新型人才的培养和争夺已成为了全球争夺的焦点。发达国家为了保持其领先地位，普遍加大了在全世界范围内搜寻、吸引、培养创新型人才的力度。胡锦涛同志曾深刻指出，培养大批具有创新精神的优秀人才，造就有利于人才辈出的良好环境，充分

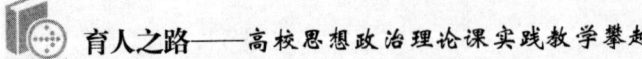

发挥科技人才的积极性、主动性和创造性，是建设创新型国家的战略举措。

近年来，广东越来越重视自主创新能力建设，创新型人才培养也取得了长足进步。2011年，全省R&D人员达41.08万人年，比2007年翻了一番，规模跃居全国首位。但整体水平并不令人乐观，作为人口大省和经济大省的广东，创新型人才不仅在数量上还是在质量上仍不能满足经济社会发展的需要，不能满足创新型广东建设的需要。可以说，创新型人才的缺乏已经成为制约广东提高区域竞争力和国际竞争力、推动可持续发展的重要瓶颈。因此，增强自主创新能力、建设创新型广东的关键在于培养和造就一大批创新型人。

（2）大学生的科学素质教育是培养创新型人才的基础

在推进自主创新、建设创新型广东的进程中，创新型人才的培养是关键，而创新型人才的脱颖而出，其基础性工作在于大力加强公民特别是大学生的科学素质教育。有关研究表明，公民具备科学素质的比例与其文化程度呈正相关，即公民受教育的程度越高，其具备科学素质的比例也越高。大学生作为公民的重要组成部分，是一个特殊的公民群体，是社会主义建设的生力军，又是素质能力较强的社会群体。同时，作为社会群体中接受高等教育、具备良好素质的大学生对提高全民科学素质和综合素质有着不可替代的领军作用，他们不仅是国家建设和发展的中流砥柱，而且是向其他公民传播科学知识、科学方法和科学精神的中坚力量。因此，加强大学生的科学素质教育，培养高素质创新型人才，对我国社会主义现代化建设和建设创新型广东具有重要的现实意义。

（三）广东大学生科学素质现状的调查与分析

科学素质是人们在认识自然和应用科学知识的过程中表现出来的内禀特质，是人类在社会化进程中所体现出来的一种潜质和能力，主要包括科学知识、科学方法、科学思想、科学精神。公民科学素质建设是坚持走中国特色的自主创新道路，建设创新型国家的一项基础性社会工程。大学生作为公民的特殊群体，研究他们的科学素质现状，摸清制约因素，寻找解决办法，不仅有利于推进教育制度的改革，为中小学和大学的教育教学改革提供有价值的信息，而且对培养高素质创新型人才，建设创新型国家具有十分重要的意义。

为了确切了解当代大学生的科学素质现状，探索培养大学生科学素质的有效途径，本项目组以研究青年大学生科学素质为内容，以广东高校大学生为重点，通过座谈、访谈、问卷等方式对青年大学生的科学素质现状进行了调查与分析。

　　1. 调查对象的基本情况

　　为了保证调查的广度和深度，我们在选取调查的高校、专业和学生中，既包括部属和"211"高校，也包括省属的普通高校；既有人文社科类专业，也有理工农医类专业；既有低年级学生，也有高年级学生，其中男性占51%，女性占49%。调查以问卷和访谈为主要方式，共发放问卷1000份，实际收回996份，回收率99.6%。问卷设计了35个选择题（有些项目为多项选择）和2个简答题，内容既涉及科学素质的主要方面，也涉及各高校开展科学素质教育的状况。所有调查数据通过SPSS软件进行统计学处理。

　　2. 调查数据的统计及分析

　　（1）当代大学生科技兴趣度和职业选择倾向的调查。兴趣是人们对事物喜好或关切的情绪，它表现为人们对某事物、某活动的选择性态度和积极的情绪反应。兴趣在人的实践活动中具有重要的意义，可以使人集中注意，产生愉快紧张的心理状态。对科技的兴趣，是大学生获取科学知识，提高自身科学素质的前提和基础。调查显示，大部分大学生对有关科技的信息比较感兴趣。如在回答"你对哪些新闻报道或话题感兴趣"的问题时，选择科技新闻的有63%，选择娱乐体育新闻的有57%，选择经济新闻的有44%，选择政治新闻的有23%；而对"科学新发现"很感兴趣的更高达91%。然而，在回答"哪些职业对社会贡献最大"的问题时，44%的人选择企业家，35%的人选择影视明星、歌星和体育明星，26%的人选择政府官员，而只有31%的人选择科学家。在回答"最倾向的职业"时，选择科学研究的也只有13%，远远低于选择企业家（40%）、影视明星、歌星和体育明星（24%）、政府官员（23%）的比例。这表明，大部分学生虽然对科技信息比较感兴趣，对科技在社会发展中的作用也基本持肯定的态度，但在社会日益物质化和价值追求多元化的今天，当涉及对职业的评价和职业选择倾向时却表现出与其兴趣相矛盾的一面，带有明显的功利性和实用性。

　　（2）当代大学生基本科学知识了解和掌握程度的调查。科学知识是

125

人类对于客观事物的本质及其规律的正确认识和系统总结，包括科学事实、科学概念、科学原理、科学理论等。科学知识是科学素质的基础。没有掌握一定的科学知识，科学素质便无从谈起。从调查的情况来看，部分大学生对基本科学常识和科学观点有比较好的理解和掌握，但有相当部分大学生科学知识比较缺乏，特别是对与高科技相关知识了解不多。如对"宇宙的年龄有多大"、"距离地球最近的行星是什么"、"火箭升空的原因"等问题的回答中，正确率分别是39%、16%和58%。而对于"纳米技术"、"超导"、"转基因"、"量子电脑"等与现代科技相关的知识答对率和理解率则更低。由此可见，当代大学生对基本科学知识特别是对现代科技知识的掌握不够，整体状况令人担忧。

（3）当代大学生科学精神的调查。科学精神是指由科学性质所决定并贯穿于科学活动之中的基本的精神状态和思维方式，是人们在长期的科学实践活动中形成的共同信念、价值标准和行为规范的总称，主要包括探索创新精神、求真务实精神、理性实践精神、民主合作精神等。科学精神可以引导人们客观地观察、认识事物，能不断给予人们一种理解、处理各种事物的理性依据和可靠方法。调查显示，当代大学生对科学精神有一定的了解，超过90%以上的大学生认同科学精神和科学思想是科学素质中最重要的方面，是科学素质的灵魂和核心。在对科学和迷信的关系方面，64%的大学生认为求签、相面、星座预测、周公解梦等是封建迷信行为，有违科学精神，并明确表示反对。这说明大部分大学生对科学和迷信具有较好的分辨能力。然而，在调查中我们发现封建迷信思想在一部分大学生中还有相当的市场，有4%、12%、14%、10%的大学生分别相信求签、相面、星座预测、周公解梦并有过上述行为。在被问及"如何看待布鲁诺为坚持自己的科学立场而遭受火刑的行为"时，有46%的人表示"敬佩不效仿"，24%的人明确表示"不欣赏"，只有30%的人表示"敬佩并效仿"。在被问及"由于坚持实事求是而使个人利益受损"时，有高达36%的人表示"放弃原有立场，重新做出有利于自身利益的选择"，22%的人表示"不确定"，只有40%的人表示会"继续坚持己见"。在如何看待自己的错误和别人的批评问题上，只有45%的人表示"积极愉快地承认并接受"，41%的人表示"当面不承认但随后改进"，而明确表示"明知错误也继续坚持"的人竟高达17%。

（4）当代大学生科学方法的调查。科学方法是指人们在认识和改造世界中遵循或运用的、符合科学一般原则的各种途径和手段，包括在理论研究、应用研究、开发推广等科学活动过程中采用的思路、程序、规则、技巧和模式。科学方法也是人们的正确的思维方式和行为方式，能有效地帮助人们分析问题、解决问题，更好地理解信息和了解社会，推进创新，实现既定目标。对科学方法的理解和掌握是衡量大学生科学素质水平的重要标准。本内容调查采用国际通用的测试基本科学方法的三个项目。第1个项目主要考察当代大学生对比较对照方法的认识和理解程度：假设一种治疗高血压的药物被怀疑治疗效果不佳，科学家在解决这个问题的时候可能采取的三种方法是什么（正确答案是C）。在调查中有20%的人选择"A. 征求患者的看法"，30%的人选择"B. 用医学知识来断言此药无效"，50%的人选择"C. 将病人分成两组，一组服药，一组不服药，然后观察各组的结果"。第2个项目主要考察当代大学生有关遗传概率的理解：医生告诉一对夫妇，由于他们具有相同的病态基因，如果他们生育一个孩子，这个孩子患病的机会为1/4。这意味着：A. 如果他们生育三个孩子，那么，这三个孩子都不会有遗传病。B. 如果他们生得第一个孩子得了遗传病，那么，后面的三个孩子将不会得病。C. 如果前面的第三个孩子都很健康，那么，第四个孩子肯定有遗传病。D. 他们的孩子都有可能得遗传病（正确答案是D）。调查显示，有17%的人选择A，6%的人选择B，13%的人选择C，66%的人选择D。第3个项目主要考察当代大学生对等效代替方法的理解和运用：探究事物发展的规律和解决实际问题常常要用很多重要的科学思想和方法，下列过程中运用了等效代替方法的是：A. 测量一张白纸的厚度。B. 牛顿总结出惯性定律。C. 曹冲称象。D. 研究电流，电阻与电压的关系（正确答案是C）。在调查中，选择A的有20%，选择B的有41%，选择C的有75%，选择D的有25%。以上结果表明，大部分大学生掌握了基本的科学方法，对他们进行科学研究、科学实验以及课外科技活动有一定的帮助，但也有相当一部分学生比较欠缺。

（5）当代大学生科学素质水平的自我认知和评价的调查。科学素质是大学生综合素质的重要组成部分。大学生科学素质水平的高低，不仅关系到我国公民科学素质整体水平的提升，而且关系到我国自主创新能力的提高和创新型国家的建设。当代青年大学生对科学素质的自我评价如何？高校在培养大学生科学素质又有哪些作为呢？当被问到"当前大学生科学素质总体状况"时，认为"很好"、"较好"的分别为6%和16%，而认为"一般"、"较差"、"很差"的高达47%、19%和11%。在回答"你参加过学校开展的学生科技活动（如学生科技节、学生科技创新实验等）吗"问题时，选择"经常"、"很少"、"从不"的分别占14%、50%、36%。在回答"你对你所在学校的科学素质教育现状满意吗"问题时，只有16%的人表示"满意"，表示"不满意"的有35%，而有37%和11%的人表示"无所谓"和"不清楚"。由此可见，当代大学生在对自我科学素质水平的认知上普遍评价不高，绝大部分学生对学校开展的科技活动参与率低，对学校的科学素质教育现状表示不满意。

（四）加强广东大学生科学素质建设，培养创新型人才的思路与对策

1. 适应创新型广东建设的需要，大力推进创新型高校建设

（1）高校在创新型广东建设中的责任与使命

长期以来，广东高校在社会经济发展发挥着重要作用，特别是"十一五"以来，广东高校自主创新能力上升势头良好，创新科技成果不断显现，产学研用合作不断深入发展，培养的人才数量大幅增加，为广东社会经济快速发展做出了重大贡献。然而，在建设创新型广东的进程中，广东高校的作用发挥受到很大的制约，科技创新中的引领作用远未发挥出来，高层次人才少，科技人员投入不足；核心技术少，标志性成果不多；培养的人才与广东发展的需要不太适应；学科基础比较薄弱，科研资源缺乏综合集成；在广东支柱产业领域优势学科较少，对区域经济的服务能力有待加强。随着建设创新型广东战略的实施和推进，广东高校迎来了前所未有的发展契机。培养大批创新型人才，加强原始性知识创新，提升技术创新和成果转化能力，既是广东高校自身发展的需要，更是建设创新型国家和创新型广东中要承担的使命。

1）广东高校应成为建设创新型广东培养创新型人才的摇篮

创新型人才是指具有创新精神、创新能力和实践能力的人，是具有发现新问题、解决新问题、发明新事物和开创新领域能力或潜质的人才。作为创新型人才，一般具有六大特征，即具有可贵的创新品质、坚韧的创新意志、敏锐的创新观察、超前的创新思维、丰富的创新知识、科学的创新实践。纵观当今世界，人才特别是创新型人才的培养和争夺已成为了全球

争夺的焦点。发达国家为了保持其领先地位，普遍加大了在全世界范围内搜寻、吸引、培养创新型人才的力度。作为人口大省和经济大省的广东，创新型人才特别是高层次的创新型人才不仅是在数量上还是在质量上仍不能满足经济社会发展的需要，不能满足创新型广东建设的需要。可以说，创新型人才的缺乏已经成为制约广东提高区域竞争力和国际竞争力、推动可持续发展的重要瓶颈。广东高校要从广东经济社会发展的全局和科技发展的需求出发，深化教育教学改革，突出人才培养特色，优化人才培养体系，推进素质教育特别是创新教育，着力培养学生的创新精神和实践能力，培养和造就一大批适应广东经济社会发展的创新型人才，为创新型广东建设提供有力的人才支撑，这既是广东高校的本质职能所在，更是广东高校肩负的义不容辞的责任。

2）广东高校应成为建设创新型广东知识创新的核心力量

建设创新型广东，高校不仅要成为创新型人才培养的摇篮，还要成为知识创新的核心力量。知识创新是指通过科学研究，包括基础研究和应用研究，获得新的基础科学和技术科学知识的过程。知识创新的目的是追求新发现、探索新规律、创立新学说、创造新方法、积累新知识。20世纪中叶以来，知识和信息日益成为现代经济社会发展的基石，成为提高生产率和实现经济增长的动力。以知识和信息的市场、扩散和应用为基础的知识经济，逐渐成为世界经济发展的主导形态。增强自主创新能力，建设创新型广东，知识创新居于基础地位。没有知识创新，就没有技术的创新。当前，广东的经济发展和社会建设已经为广东高校的知识创新奠定了雄厚的物质基础和良好的社会环境。同时，广东高校学科比较齐全，各学科之间容易交叉渗透，从而产生新的研究方向，孕育新的学科生长点和创新成果。另一方面，广东高校拥有一批与国家和省部级重点学科相适应的重点实验室以及其他创新实验平台，可以为大量高素质的人才提供优良的研究和实验环境。此外，广东高校的教师和科技工作者承担了大量国家级和省部级的科技项目，发表了大批高水平的科研论文，产生大批具有自主知识产权的原始创新成果。近年来，广东高校在国家和省部级的科技奖励中成绩突出。据统计，2011年度国家科技奖励中广东高校获10项奖励，其中自然科学奖二等奖3项，科技进步奖二等奖6项、技术发明奖1项；2011年度高校科研优秀成果奖（科学技术）受奖项目中，广东高校获11项奖励，其中自然科学奖3项、科技进步奖7项、科技进步奖推广类1项。

2010 年广东科学技术突出贡献奖全部由高校获得；高校获广东省科学精神奖 103 项，占总数的 39.6%，其中获一等奖 18 项，占 62.1%。这些都充分说明，广东高校已经具备了原始性知识创新的条件和能力。

3）广东高校应成为建设创新型广东技术创新和成果转化的重要力量

从某种意义上说，高校的科研价值除了创造新知识外，还在于具有自主知识产权的创新成果和专利，在于把成果转化为现实生产力。知识创新是技术创新的基础和源头，技术创新是知识创新的目标和动力，同时也是知识创新的自然延伸和必然的结果，两者必须密切结合。知识创新的最终目的不是发表了多少篇论文，而是为经济发展，尤其是为高科技产业发展提供技术基础和来源，技术创新就是把知识创新的成果转化成企业、经济发展的动力和能力。在技术创新中，企业关注的主要是技术创新的终端即创新产品，而高校是技术创新的上游即知识创新的主体。两者的有机衔接，必须建立以企业为主体、以高校为支撑的产学研用战略合作联盟。校企产学研用战略合作联盟主要发挥两方面的作用：一方面是利用产学研用战略合作方式共同培养适应企业发展和社会需要的高素质创新型人才；另一方面是实现高校科技研究项目和科技成果的转化。加强校企产学研战略合作，既是企业提高提高创新能力和核心竞争力的需要，也是高校提升办学实力和服务社会能力的需要，更是增强自主创新能力、建设创新型社会的需要。

企业和高校建立产学研用战略合作在广东其实早已开展，而且取得了初步成效。2006 年 4 月，广东省人民政府与教育部、科技部联合成立了产学研结合协调领导小组，共同选择了广东作为产学研结合的先行示范区，探索产学研结合建设创新型国家和创新型广东的新型自主创新模式，广东产学研合作开始进入规范化发展的轨道。但是，当前广东校企产学研用战略合作在规模和范围方面仍还存在很大的局限。据广东省科技厅统计结果显示，2010 年广东限额以上 R&D 项目（课题）企业独立完成的占 74.7%，与高等院校合作完成的仅占 11.3%，高校合作项目占企业独立研发项目之比为 1：6.6。广东高校为地方经济社会发展解决实际问题的能力不足，校企产学研用战略合作需进一步往纵深拓展，合作水平需进一步跃升。在建设创新型广东的进程中，广东高校应该充分发挥自身优势，主动与企业联合，提升校企产学研战略合作的规模和水平，为企业技术创新和成果转化提供智力支持，成为国家和广东科技创新的重要基地和主要力量，实现高校和地方、企业互动双赢协调发展。

（2）适应创新型广东建设的需要，大力推进创新型高校建设

中共中央政治局委员、广东原省委书记汪洋曾语重心长地说："虽然现在珠三角地区在经济实力上还可以与长三角、环渤海地区比高低，但教育发展综合实力上的明显差距，却已经开始影响到我省的竞争力。"要完成创新型广东建设中承担的使命，广东高校必须大力加强创新能力，建设创新型高校。所谓创新型高校，是指以知识的获取、整合、创新、传播和应用为途径，以创新高水平的创新成果和培养高素质的创新人才为目标，以为社会提供创新的知识支撑和创新的人才保障为己任，以营造创新的文化为动力的新型大学。从广东高校目前的情况来看，必须要突破以下几个方面。

1）建立现代大学制度，破除制约高校创新能力提升的体制性障碍

现代大学制度是在社会发展逐步依赖知识生产的历史进程中，籍以促进大学高度社会化并维护大学组织健康发展的结构功能规则体系。现代大学制度能使大学主动应答社会经济发展中提出的问题，满足社会经济发展的需要，促进社会经济的发展。办学自主权是现代大学制度的重要特征。建国以来，我国高等教育一直实行高度集中的行政管理体制，其主要表现是由政府主管部门按照行政机关的模式直接管理高校，统得过死，包得太多，干涉太多，学校缺乏办学自主权。虽经多次"去行政化"的改革，但并没有实质性的改变，高校骨子里仍以权力为本位，重视行政等级，强调整齐划一。没有办学自主权，何来创新？这种体制严重阻碍了高校创新能力的提升，窒息高校的创新活力。创新型大学必须要建立现代大学制度，要有创新型的管理体制，必须要有切切实实的办学自主权。政府要切实转变职能，实行政校管治分离，从传统的内部管制者变为公共服务的提供者，从制度的角度对高校管理、评价与激励及科研运作等方面进行系统的创新型变革。政府的作用主要提供信息与服务、制定创新政策、提供创新资源，并开展以高校自主创新为导向的质量监控。在招生考试、学科专业设置、人事分配、人才培养模式等方面，高校应拥有实实在在的自主权。作为改革开放先锋的广东，在高校管理体制的改革上应该有所作为，先行一步，为全国范围内的进一步改革积累经验。

2）打造南方教育高地，形成多层次的创新型人才培养体系

改革开放以来，特别是进入新世纪以来，广东省委、省政府高度重视

教育事业，始终把教育摆在优先发展的战略地位来抓，先后提出和实施科教兴粤、人才强省战略，广东教育事业发展实现历史性跨越，高等教育也取得了显著成绩。2011 年，高等普通高校的数量达到了 134 所，大学毛入学率达到 28.5%。全日制研究生在校生 7.76 万人，普通本专科在校生 152.73 万人。然而，广东高等教育也面临着严峻的挑战，总的情况是大而不强，特别是高水平的研究性大学数量偏少，与广东经济发展水平不相适应，与在创新型广东建设中的责任和使命还有很大的差距。《广东省中长期教育改革和发展规划纲要（2010—2020）》明确了未来 10 年教育改革发展的总体战略和目标任务，提出到 2020 年在全国率先基本实现教育现代化，把广东建设成为教育强省和人力资源强省，打造成为我国南方的教育高地。

高校是培养创新型人才的主要基地，在打造"南方教育高地"的过程中扮演着极为重要的角色。经过多年的调整和发展，广东已经形成了由"985"工程和"211 工程"高校、一般本科高校、高职高专高校组成的多类型、多层次的高等教育体系。不论何种类型、何种层次的高校，都必须要把培养创新型人才作为自己的目标。一方面，政府主管部门要加强引导各类高校形成自己的育才特色和优势；另一方面，所有高校都要注重学校的人本化、国际化、特色化，从实际出发，对培养创新型人才进行角色定位。总的来说，"985"工程和"211 工程"高校应努力打造成研究型大学，着力培养具有相当创新意识和创新能力的包括硕士研究生和博士研究生在内的高层次精英人才；一般本科院校应当以教学为主，大力培养应用型专门人才，在部分优势学科中开展高层次人才的培养和应用研究；为提升职业教育的层次，高职高专院校应当强化技能培训，构建从初级到高端的应用型技能型人才培养的完整链条，实现从培养技能人才到高技能人才的跨越。由此形成多层次的创新型人才培养体系，以适应广东产业发展和经济社会发展的需要。

3）加强校园创新文化建设，营造良好的创新氛围

创新是一个民族的灵魂，而创新不仅指科技的创新，还包括文化的创新，文化的繁荣与兴衰深刻影响着科技的发展与变革。胡锦涛同志在 2006 年全国科技大会上曾指出："一个国家的文化，同科技创新有着相互促进，相互激奋的密切关系，创新文化孕育创新事业，创新事业激励关系文化。"从世界各国的创新实践来看，创新文化是建设创新型国家的重要

基础条件，也是创新型国家建设的主要内容之一。以变革意识、超越精神、宽容失败、人文关怀为核心价值的创新文化，对于激励和培育创新思维、造就创新人才、做出创新成果和实现可持续发展，具有积极的促进作用，是顺利推进知识创新、技术创新，提高整体创新能力的精神保证。

在建设创新型广东中承担着重大责任和使命的广东高校，得益于中华文化和岭南特色文化的熏陶，历来就有着敢为天下先、务实进取的创新精神，为广东经济社会发展源源不断地提供了强大的精神支持。但是，从提高自主创新能力、建设创新型广东的需要来看，广东高校仍需进一步加强创新文化建设。大力倡导拼搏进取、自觉奉献的爱国精神，求真务实、勇于创新的科学精神，团结协作、淡泊名利的团队精神，正直诚信、敬业严谨的职业精神，自由民主、尊重个性的学术精神，努力营造激发创新思维、提倡理性批判、勇于宽容失败、敢于探索冒尖的创新氛围。

4）创新产学研用战略合作模式，大力推进协同创新

提升创新能力、转变经济增长方式是当前国家发展战略的重要组成部分。在各类创新力量中，高校无疑拥有独特的优势。但是要解决以上问题仅依靠高校的力量是远远不够的，如何满足国家和行业重大需求，探索"政产学研用"的协同创新模式，实现可持续发展，是目前高校必须面对的一个重要命题。"协同创新"的理念是胡锦涛总书记于 2011 年在庆祝清华大学建校 100 周年大会上的讲话中首次提出来的。当前我国科技创新中存在的一个重大问题，正如国务委员刘延东在视察北京交通大学时指出的：一是分散，大家都在搞；二是封闭，互相之间没有形成合力；三是低效，国家投入很多，但投入和产出不匹配。从解决我国科技创新中存在的问题来看，迫切需要各部门之间的协同创新。"协同创新"是指创新资源和要素有效汇聚，通过突破创新主体间的壁垒，充分释放彼此间"人才、资本、信息、技术"等创新要素活力而实现深度合作。通过体制机制创新和政策项目引导，鼓励高校同科研机构、企业开展深度合作，建立协同创新的战略联盟，促进资源共享，联合开展重大科研项目攻关，在关键领域取得实质性成果。2011 年，教育部、财政部制定了"高等学校创新能力提升计划"（简称"2011 计划"），大力推进高校与高校、科研院所、行业企业、地方政府以及国外科研机构的深度合作，探索适应于不同需求的协同创新模式，营造有利于协同创新的环境和氛围。

广东高校知识密集、人才荟萃、科技资源丰富，历来是科技进步、自

主创新的源泉。"十一五"以来,在广东打造区域核心竞争力、产业转型升级、转变经济发展方式的进程中,广东高校正起着"发动机"的作用。但是,广东高校学科建设与自主创新方面还存在很多不足的地方,比如,无法提供满足广东发展需要的高质量人才,仍缺少在国际上具有领先地位的学科领域,重大科技成果的转化能力及社会服务能力不强等。在提高自主创新能力、建设创新型广东中,广东高校应从后台走向前台,一方面需要在关系国民经济命脉和国家安全的关键领域中掌握真正的核心技术;另一方面,除了支撑国家科技社会的发展,还要发挥自身的特色优势,将服务社会的目标定位于引领社会发展,瞄准行业未来发展需求,支持和服务骨干企业提高自主创新能力,只有这样,才能在行业技术创新体系和区域创新体系建设中发挥不可替代的作用。

广东高校要在深入思考自身办学方向和目标、办学类型和层次、办学水平和特色等因素的基础上,创新产学研用战略合作模式,与外校、政府、社会和企业之间进一步打破界限,资源共享、优势互补,创建协同创新机制与体制,积极参与构建与广东经济社会发展相适应、与产业发展相衔接,从而真正成为自主创新、造福社会的中坚力量,在服务广东乃至国家经济社会发展中不断提升自身的能力与水平,为创新型国家和创新型广东建设作出自己的贡献。当然,相关部门也要做好宏观布局和统筹协调,为高校与国内外创新力量的合作、产学研用一体化平台的建设、创新人才的培养等提供政策支持。

建设创新型广东,高校重任在肩。面对机遇和挑战并存的新形势,广东高校要主动适应创新型广东建设的要求,利用人才汇聚、学科齐全、设备优良等优势,不断深化教育教学改革,优化育人环境,全面加强自主创新能力建设,切实履行好在创新型广东建设中的重大使命。

2. 以培养创新型人才为目标,充分发挥政府、高校和社会的力量,大力推进广东大学生科学素质建设

通过调查和数据分析,我们不难得出结论,当代青年大学生的科学素质总体水平不高。不管是从大学生应该具有的科学知识、科学思想、科学精神、科学方法等科学素质的基本内容来看,也不管是从高校开展科学素质教育的情况来看,这种现状与创新型人才的培养目标不相适应,与建设创新型广东的要求存在较大差距。青年大学生作为社会中接受高等教育的特殊公民群体,他们不仅是国家建设和发展的中流砥柱,而且是向其他公

民传播科学知识、科学方法和科学精神的中坚力量，对提高全民科学素质有着不可替代的领军作用。没有较高科学素质的大学生群体，难于适应我国社会主义现代化建设的需要，我国到2020年进入创新型国家行列的目标也难于实现。加强大学生的科学素质建设，有效提高大学生的科学素质，是摆在各级政府、高校和全社会面前的紧迫任务。

大学生科学素质建设是一项复杂的系统工程，必须统筹兼顾，精心安排。笔者认为，我们应该坚持"以政府为主导，以高校为主体，全社会共同参与"的思路，充分发挥政府、学校和社会的力量，各个层面、各方力量加强协作，形成强大的合力，共同推动具有较高科学素质的创新型人才培养。

（1）由于大学生科学素质建设所具有的公共产品的性质，在推动大学生科学素质的建设中，政府理所当然地应该承担起首要的责任，始终坚持政府在大学生科学素质建设中的主导作用，主动为大学生科学素质的提高和创新型人才的培养提供有利条件。

1）增强素质教育意识，改革现行教育体制，扫除妨碍青年学生科学素质提高的体制障碍

改革教育体制，实施素质教育，在我国已经推行了好多年，但效果却不尽人意。总的来说，我国的教育仍然深受应试教育的影响。由于教育资源不足和配置不均衡，导致了中小学生"择校"的激烈竞争以及更激烈的高考竞争，使得学生为考试而学，教师为考试而教。学生们为了能够通过高考这座独木桥，几乎牺牲了一切与考试无关的活动，全力以赴为考试做准备，学校单方面追求升学率而忽视了对学生科学素养的培养。上了大学之后，专业知识又成为学生们的主攻方向。大中小学教育体制上的这种"一脉相承"，最终带来两大弊端：一是中小学不重视科学素养教育的风气在大学中延续；二是学生长期保持着应对考试的"惯性"，即便到了学习环境相对轻松的大学却仍然沿袭过去在中小学形成的学习方式和学习态度，为考试而学，对于科学素养的重要性认识不足。以应试教育为主要特征的现行教育体制已经成为了青年大学生科学素质较低的主要原因。"为什么我们的学校总是培养不出杰出人才？"著名的"钱学森之问"是关于中国教育事业发展的一道艰深命题，也是钱老的临终遗言，虽觉沉重却容不得我们回避。各级政府应坚决贯彻落实《中共中央国务院关于深化教育改革全面推进素质教育的决定》（中发［1999］9号）以及《国家中长

期教育改革和发展规划纲要（2010—2020年）》，大刀阔斧改革现行教育体制，以强有力手段推行素质教育，为青年学生综合素质的提高扫除体制障碍。这是提高大学生科学素质，培养创新型人才的基础，也是破解"钱学森之问"的前提，更是政府责无旁贷的责任。

2）从建设创新型广东的战略高度，制定和实施有关大学生科学素质建设的发展规划

《全民科学素质行动计划纲要》自2006年发布以来，各级政府部门积极行动起来，制定可行计划并采取有效措施，大力开展公民科学素质提升活动，取得了良好的社会效果。但是，大部分省市把活动的对象主要集中在未成年人、农民、城镇劳动人口、领导干部和公务员等"四大重点人群"，而作为学科学、用科学、传播科学、发展科学主阵地的高等学校以及大学生群体，却没有被列入到全民科学素质提升的活动中。相对于其他群体而言，虽然大学生的整体科学素质会高一些，但由于体制上的障碍以及大学生自身对科学素质认识上的偏差，当前大学生的科学素质水平与自身在社会发展中应发挥的作用还有相当的差距，与现代科技发展的要求和期望还不相适应。这需要政府部门从宏观上进行科学合理的引导。省政府可参照《全民科学素质行动计划纲要》的方针和要求，以建设创新型广东，培养创新型人才的战略高度，单独制定实施有关大学生科学素质建设的发展规划，或者把提高大学生科学素质的内容纳入实施《全民科学素质行动计划纲要》的有关规划或计划中。在规划或计划中，应明确政府、高校和社会在提高大学生科学素质中的权利和义务，从宏观上提出与现代科技发展和人才成长规律相适应的目标要求、方法途径、考核评价以及条件保障，从而把大学生科学素质建设的工作纳入科学化、制度化、常规化的轨道。

3）加大对大学生科技活动和创新型人才培养的财政经费投入

财政经费投入是政府进行宏观调控和促进经济社会发展的一项主要政策，加大财政经费投入支持高校科技教育事业发展和大学生科学素质建设的力度，对于提高大学生科学素质水平和实现建设创新型广东的目标具有重要的保障意义。从目前我国教育经费投入体制来看，政府对教育的经费投入是以整体教育经费投入的，难于把科技教育经费从整个教育经费中划分出来。然而，政府可以且应该明确科技教育投入在整个教育经费投入中的比重。从2000年以来，广东地方教育经费总投入、财政性教育经费、

预算内教育经费一直排在全国首位，占全国 8% 以上，年均增长超过 15%，与 GDP 增幅基本同步。2011 年广东省财政一般预算支出中，教育支出达 1136.9 亿元。但教育经费是重点支持完善义务教育，实施中小学校舍安全工程，加快普及高中阶段教育，落实家庭经济困难学生助学金政策等，而真正用于学生科学素质教育方面的投入少之又少。经费投入的不足，加大了大学生科学素质教育和创新型人才培养的难度。因此，一方面，各级政府应该加大教育投入的规模，建立科技教育投入随着整个教育投入增加而稳定增长的机制，省政府以及经济发达地区甚至可以在增加整个教育经费的同时单独投入高校科技教育和大学生科技创新经费。同时，加强对教育经费特别是科技教育经费使用的监审，确保专款专用。另一方面，创新财政支持方式，引导和带动社会资源和资金投入。在确保政府财政投入为主的同时可以通过税收优惠等财税政策，运用市场机制鼓励和调动社会资源和资金参与大学生科技教育和创新型人才培养，以弥补政府财政投入的不足。

（2）基于大学生科学素质建设中的教育属性，政府在发挥主导作用的同时，高校应义不容辞地承担起加强大学生科学素质教育、培养创新型人才的主要任务，始终坚持学校和学生的双主体地位，把提高大学生的科学素质，培养创新型人才作为教育教学的重要目标。

1）优化人才培养方案，构建合理的科学素质教育课程体系

《中共中央国务院关于深化教育改革全面推进素质教育的决定》指出："高等教育要重视培养大学生的创新能力，实践能力和创新精神，普遍提高大学生的人文素质和科学素质。"《国家中长期教育改革和发展规划纲要（2010—2020 年）》也明确提出，高等院校要"牢固确立人才培养在高校工作中的中心地位，着力培养信念执著、品德优良、知识丰富、本领过硬的高素质专门人才和拔尖创新人才"，"深化教育体制改革，关键是更新教育观念，核心是改革人才培养体制，目的是提高人才培养水平"。由此可见，培养一大批高素质创新型人才，始终是我国高等教育的人才培养目标。所谓高素质，理所当然地包括科学素质在内。改革人才培养体制，优化人才培养方案，大力加强大学生的科学素质教育，是作为高素质创新型人才培养的组织单位高等学校义不容辞的责任。然而，创新型人才培养目标必须要通过科学合理的课程体系来实现。由于受传统应试教育的影响及社会用人单位对人才标准的取向偏差，我国在高中阶段过早地

实行文理分科，而大学课程设置又过于强调学科专业化。这直接影响到大学生科学素质的提高和创新型人才的培养。调查结果显示，大学生中认为现在所学课程对提高个人科学素质、培养创新型人才"帮助很大"的只有13%，而表示"帮助不大"和"没有帮助"的高达51%和30%。可见，构建合理的科学素质教育课程体系，是当前广东高校加强大学生科学素质教育，培养创新型人才刻不容缓的工作。

2）改革传统的教学方法，发挥学生的学习主体性，让学生积极主动参与教学全过程

课堂教学是学校教育的主体，也是科学素质教育的主要途径。教师课堂教学方法是否得当合理，直接关系到科学素质教育的成效。调查结果表明，在造成大学生科学素质不容乐观的关键原因中，有61%的学生认为"教学安排不合理"，49%的学生认为"教学方式落后"，35%的学生认为"教学途径单一"。传统的教学方法主要体现在教师忽视了学生的学习主体性，重专业、轻基础，重知识传授、轻能力培养，重理论、轻实践，不管学生能否接受，"填鸭式"地满堂灌，其教学效果可想而知。因此，改革传统的教学模式，采取灵活多样的教学方法，已是当务之急。根据科学素质教育的要求，教师在教学中应充分发挥学生的学习主体性，把课堂教学过程作为在教师指导下学生主动探究科学的过程，把培养学生掌握科学方法，提高创造能力的任务落实到教学过程中，在各门课程的教学中，贯彻以科学知识、科学精神、科学思维、科学方法等为内容的科学素质教育。

3）调动广大学生参加科技实践活动的积极性，营造宽松的科学素质教育环境

科技实践活动是一种特殊的教育形式，是学习知识与应用知识的桥梁，是培养大学生科学素质的重要途径。通过参与科技实践活动，可以锻炼学生的科技实践能力，培养学生的科学精神，训练学生的科学方法。目前，广东大部分高校比较重视这方面的工作，如成立学生科技社团，设立学生科技活动节，构建学生科技创新平台，营造良好的科学环境，组织学生参加全国性或地方性的各类科技竞赛，鼓励学生参加教师的科研项目研究，甚至开设创新实验班等。这对于提高学生的科学素质确实起到了积极的推动作用。但是，在这过程中也存在一些不容忽视的问题，如学生参与活动的广泛性问题。在调查中，有36%的学生表示从来没有参加过学校

举行的科技实践活动，有50%的学生表示很少参加，有85%的学生表示没有参与过科研项目。虽然学校每年都有大学生数学建模大赛、挑战杯等科技活动，由于没有把学生的参与和学生的过程体验放在首位，把国家级、省级的比赛名次看得过重，有些学校只是组织所谓的学生"精英"参加，组织科技活动预期效果和学生参与的积极性没有达到预期目标。这种做法虽然可以充分发挥"精英"学生的优势，也可以给学校带来获奖的荣耀，但却与普遍提高大学生的科学素质、培养一大批创新型人才的目标和的要求不相适应。因此，学校应该解决好学生参与科技实践活动的广泛性问题，处理好少数"精英"重点培养和大众化参与的关系，扩大学生参与面，让绝大部学生都能得到锻炼和提高。同时，科学素质的形成需要一个浓厚宽松的科学氛围，创立良好的科技教育环境能潜移默化地影响学生的行为和情绪，激发他们对科学技术产生浓厚的兴趣，充分发挥环境育人的作用。学校可以根据自身的特色，创造性地建设多元立体的科技教育校园环境。一是充分利用学校已有的宣传资源广泛介绍科技发展史、科技新发现、世界科技新动向等。二是挖掘、整合科技教育资源，千方百计利用校舍有限空间建设学生科技作品展览室及本地科技成果展览室等，使学生耳濡目染，达到自然地渗透科技教育的目的。三是创新科技活动内容，如举办科技文化节、大学生科技讲坛、科技知识竞赛、科技文化展览、放映科教电影等活动，让学生亲身感受科学文化氛围的熏陶。四是鼓励大学生积极参加各种社会科普宣传活动，如让大学生担任科普宣传员、科普报告团成员、科技馆讲解员等，促使他们主动学习相关的知识来弥补自身的不足，从而提高他们的科学素质水平。

此外，改革传统的考试制度、考试内容和评价方法，建立与素质教育相适应的考核体系，对大学生科学素质的培养能起到一种合理的引导、激励作用。在考试内容上，有意识地将能体现对学生的科学态度、科学精神、科学技能考查的内容渗透到学科知识的考查中去；在考试方式上，根据不同专业的特点采取任务设计、模拟问题情境、对话等多样化的形式，从不同侧面开展对大学生素养的考查与评价。

（3）作为一项系统工程，在大学生科学素质建设、培养创新型人才的过程中，除了充分发挥政府的主导作用和学校的主体作用外，全社会的支持和参与是不可或缺的。特别是企业应该始终担负起支持和参与高校培养创新型人才的社会责任。

随着知识经济的来临和创新型国家建设的加快，企业竞争的焦点已由物质资本与市场的竞争转向了企业创新能力的竞争，创新能力的竞争归根到底是创新型人才的竞争。拥有一大批既具有扎实深厚的科学知识，又具有探索追求真理的科学精神，具有创新思维和能力的较高科学素质水平的创新型人才，是企业提高创新能力和核心竞争力的关键。因此，积极支持和参与大学生科学素质建设以及创新型人才培养，既是企业应该承担的社会责任，也是企业自身发展的需要。高校是新型人才的主要培养场所，企业要想增强市场竞争力，争夺高科技人才，应该主动与高校合作，形成与高校共同培养创新型人才的态势。一方面，企业应该转变用人观念，在招聘大学生时，摒弃过去的"唯专业论"，主要考察应聘者包括科学素质在内的综合素质以及创新思维和创新能力。另一方面，企业应主动加强和高校的合作，抢占人才这个新经济时代最核心的生产要素，并不断创新合作形式、拓宽合作渠道。通过有效的合作，既可以使高校的改革获得更广泛的空间，培养出适应市场需求的高素质人才，又可以使企业的发展获得更强大的动力，不断提高自身的创新能力和核心竞争力，从而达到校企"双赢"的目的，而校企"双赢"的最终结果，必然会大大推动广东大学生科学素质水平的提高，为创新型广东建设添砖加瓦。

（五）结语

提高广东自主创新能力、建设创新型广东，是广东省委、广东省人民政府为适应新时期日益激烈的国内外竞争，推动广东经济社会进一步又好又快发展作出的重大战略决策，是进一步增创广东新优势，继续当好科学发展排头兵的必然选择。自主创新能力的提高，需要培养和造就大批高质量的创新型人才。大学生科学素质教育，是培养和造就创新型人才的基础性工程和必然途径。面对当前广东高校大学生科学素质状况，政府、高校和社会都应该承担起各自的责任，为大学生科学素质的提高和创新型人才的培养，为推动创新型广东和创新型国家目标的实现形成强大的合力。

参考文献

[1] 赵斌：《建设有中国特色的创新型国家》，《求实》2009年第2期。

［2］何薇、张超、高宏斌：《中国公民的科学素质及对科学技术的态度》，《科普研究》2008 年第 3 期。

［3］邓楠：《提高全民科学素质，建设创新型国家》，《求实》2006 年第 2 期。

［4］任初明、赵立莹：《研究型大学在建设创新型国家中的地位与作用》，《教育与职业》2007 年第 17 期。

［5］汪盛科：《培养科学素质是造就创新型人才的基础》，《宁波市高校思想教育论文集》，宁波出版社 2001 年版。

［6］广东省人民政府：《广东省建设创新型广东行动纲要》。

［7］张振刚：《构建创新型大学集群，促进创新型广东建设》，《广东科技》2005 年第 10 期。

［8］张俊宗：《现代大学制度：内涵、主题及主要内容》，《江苏高教》2004 年第 4 期。

［9］李丹仪、汤贞敏：《提升广东高校创新能力的主攻方向与路径选择》，《广东科技》2008 年第 7 期。

［10］王淑滨、田也壮：《高校在建设创新型国家中的历史使命》，《黑龙江高教研究》2008 年第 9 期。

［11］张启翔：《关于高校科技创新能力建设的若干思考》，《中国林业教育》2008 年增刊第 1 期。

［12］李大胜、江青艳、库天梅：《产学研合作办学与创新人才培养》，《高教探索》2007 年第 5 期。

［13］杨蔚琪、徐彦：《高校在建设创新型国家中的使命和对策》，《科技研究报告》2008 年第 11 期。

三 立德树人，开创研究生德育工作新局面

——华南理工大学机械与汽车工程学院研究生德育工作调查

　　做好研究生的教育与管理工作，是增强我国自主创新能力、建设创新型国家的重要举措。党的十八大报告明确提出："提高自主创新能力，建设创新型国家。这是国家发展的战略核心，是提高综合国力的关键。要坚持走中国特色自主创新道路，把增强自主创新能力贯彻到现代化建设各个方面。"对研究生实施好教育与管理工作的出发点和根本目的就是为了进一步提高研究生教育质量，造就大批高素质创新人才，为繁荣我国的科学研究事业和增强我国自主创新能力奠定丰富的人才基础。

　　华南理工大学机械与汽车工程学院研究生德育工作始终坚持以马克思主义、毛泽东思想、邓小平理论、"三个代表"重要思想和科学发展观为指导，科学发展，创先争优，把立德树人作为学院研究生教育的根本任务，切实有效地开展各项研究生教育管理工作。多年来，该院在研究生教育管理工作上不断探索新思想、新途径、新方法，并取得了较大成效。下面从德育机制与制度建设、德育实施、德育工作效果三大板块分而述之。

（一）德育机制与制度建设

1. 领导重视机构完善

　　该院一贯重视研究生教育和管理工作，已经形成党委领导、党政结合、强化行政、齐抓共管的管理体制和运行机制，为了使各项政策能够更好执行，该院成立了以学院党委书记为组长的研究生德育工作领导小组。

同时为了进一步将研究生教育和管理工作落实到位，该院每年都会挑选一批政治强、业务精、作风正的中青年教师担任研究生级主任，并由研究生级主任担任学生党支部书记。学院定期召开研究生级主任工作会议，及时通报研究生在学习、科研、思想、心理等方面出现的新情况，并探讨交流工作心得。该院德育工作机构健全，除了充分发挥研究生德育工作领导小组的优势之外，尤为重视导师的参与以及研究生的自我管理、自我教育、自我服务，形成了覆盖面较广的德育工作网络。从以学院党委书记为组长的德育工作领导小组到每一个班级的研究生个人，该院都有相应的通讯录及其联络方式，力求做到信息的畅通化和交流的无障碍化。

2. 制度建设

该院积极响应学校的号召，坚持以研究生的全面发展作为研究生德育工作指导理念，为了使这一指导理念得以贯彻落实，该院制定了研究生德育工作规章制度和详细的工作计划，把德育工作渗透到学院的各项工作中，做到政策导向准确无误，从而更好地促进德育工作的高效开展。研究生德育工作小组在往年工作经验总结的基础上，再加以深入调研、广泛听取同学们的意见和建议的基础上，根据学校的要求，结合学院发展建设的实际情况，制定并完善了一系列较为科学、操作性较强的规章制度，主要包括《教工党支部建设工作目标和实施细则》、《学生党支部建设工作目标和实施细则》、《党员责任区建设目标》、《党员示范岗工作职责》、《基层党支部建设评估办法》等九项制度。这些制度的建立完善在很大程度上给该院的德育工作落实带来了便利。同时为了对学院德育工作成效做出更加客观的评价，该院建立了相关的考评制度，每年对学院德育队伍和学生进行考评。德育队伍根据该年度自身工作实际成效进行自评，德育团队对本院研究生进行德育考评，并将德育考评得分与其评优成绩挂钩，通过建立合理的考评制度，帮助研究生们规划出更加合理的发展方向，这也更好地促进了学院以后的德育工作。

（二）德育实施

1. 党团组织建设

研究生德育教育和党团建设是研究生工作的重要组成部分，是保障实现研究生培养目标的基础工作，其中党团组织是德育工作的重要载体，该院高度重视党团组织建设在德育工作中的作用，切实加强研究生党组织的建设工作，充分发挥研究生党员的先锋模范作用，不断增强党的吸引力，加大在研究生中发展党员工作的力度，充分发挥党支部在研究生德育教育工作中的战斗堡垒作用。该院研究生党员们也充分利用党支部这个平台来丰富研究生的党组织生活。

（1）建立有效的研究生党建工作机制

该院研究生三个年级共设有 18 个党支部，并定期开展组织生活；每次组织生活均有会议记录，定期上交上级检查。支部书记都是由级主任（年轻的教师骨干）担任，支部副书记和支委由研究生党员（特别是选用有丰富工作经验和热情肯干的研究生）担任，同时选聘一批离退休党员担任学生党支部的兼职组织员，定期开展组织生活，提高学生党员党性，切实加强对学生党支部工作的指导。各个支部都制定了严谨的组织生活制度和学习交流计划，能结合当前的形势及时地对一些热点话题组织专题学习和讨论，定期召开民主生活会，在互动中求得进步和发展。各个支部的组织生活基本上保证每月一次，并做好详细纪录。如 2011 年是建党 90 周年和辛亥革命 100 周年纪念，为了充分调动研究生党团员的积极性、务实性和创新性，增强基层党团组织的活力，引导党团员们理性爱国、甘于奉献、善于创新，同时铭记辛亥革命伟大意义，该院联合广东外语外贸大学外语学院团支部组织了以"寻百年辛亥足迹"为主题的团日活动。通过以"寻百年辛亥足迹"为主题的团日活动，重温 100 年前那场唤起国民爱国热情的辛亥革命。

（2）设立党员责任区和党员示范岗

为了加强学生党员的培养与管理，树立党员模范形象。基层教工党支部和研究生党支部在教师工作室、实验室、学生创新实践基地等设立了9 个"党员责任区"和 57 个"党员示范岗"。该院党委制定出《学院党员责任区建设目标及实施细则》和《学院党员示范岗工作职责》，全面指导各党支部示范点工作的开展，使基层党组织进一步发挥战斗堡垒作用。

（3）以党建带团建，以团建促党建

共青团是党领导下的先进青年的群众组织，是党的助手和后备军，在研究生思想政治教育中具有重要作用。该院坚持对优秀团员的培养，认真做好推荐优秀共青团员入党工作，以党建带团建，加强和改善党对共青团和青年工作的领导，不断巩固党的组织基础、执政基础和群众基础；以团建促党建,以共青团和青年的热情和干劲,为党注入新鲜血液,让党永葆青春。学院也通过一系列的选拔,让一些品学兼优的研究生担任党支部副书记,他们活动参与热情高涨,开展了一系列的党团组织建设工作,极大地调动了研究生党员参加民主生活的积极性,团队意识和集体主义精神都得到了加强。

(4) 培养党的生力军,壮大党员队伍

该院非常重视党员队伍的建设,不断培养积极分子作为生力军,坚定响应党的号召,壮大党员队伍。发展党员基本做到每学期 1~2 批,力求做到有计划、有跟进、有落实。重视做好入党前的教育培养。该院现有研究生 1344 人,其中党员 843 人,非党员 501 人,入党积极分子 408 人。

(5) 学院各级集体多次受表彰

该院 2009 级硕士第一党支部被评优华南理工大学 2011—2012 学年度先进党支部,研究生会被评为 2011—2012 学年度"先进研分会",团总支被评为 2011—2012 学年度"优秀团总支",2009 级硕士第 2 团支部被评为 2011—2012 学年度先进团支部。

(6) 强化党员教育、考评制度建设

十七届五中全会确定了"十二五"时期要以科学发展为主题、加快转变经济发展方式为主线,推动经济社会又好又快发展。该院党委在学校党委的领导下,牢牢把握这个主题和主线,引导各基层党支部和全院党员师生围绕"十二五"时期科学发展、和谐发展开展创先争优,使创先争优成为一种精神状态、一种价值导向、一种示范带动、一种育人氛围。为了在学院更好地总结推广基层党支部创造的好经验,大力宣传科学发展创先争优的先进典型,在全院范围内营造比、学、赶、超的良好氛围,该院党委举办"创发展之先,争育人之优"系列活动,使广大党员在活动中受教育。该院还制定了《基层党支部建设评估办法》、《优秀共产党员评选细则》,对先进党组织及个人进行评选、表彰。

(7) 发挥党员导师的模范作用

该院的导师大多数是共产党员,他们通过召开优秀党员导师访谈会增强导师对研究生在学术、思想、生活等方面的指引作用,通过优秀党员导师的学术指导、社会实践带队等途径,在导师与研究生的互动中,发挥党员导师的模范带头作用。同时该院根据不同专业的自身的特点(研究生的人数、专业方向、导师及学科特点等），合理安排研究生党团组织建设、思想教育内容及进程，使研究生的德育教育真正与其专业教育结合起来，成为研究生在校素质教育的一部分。通过导师的作用，使研究生不仅在专业知识上有所提高，也让研究生在心灵上有归属感。

2. 研究生学术建设

为进一步活跃该院研究生的学术氛围，提高研究生学术水平，该院研究生团总支、研分会在学院党委的直接领导下开展了各类学术科研活动，极大地提高了该院广大研究生的学术素养、实践能力和创新能力。

（1）组织研究生学术活动

为更好地活跃该院研究生的学术气氛，提高同学们的学习与研究的积极性，该院积极组织召开各类学术报告会。本学年，该院共组织召开了20 余次各类学术研讨会，比如 David 教授学术报告会、德国 Sergej Fatikow 教授报告会、美国明尼苏达大学崔天宏教授学术报告会、密西根大学 Albert Shih 教授学术报告会、密歇根大学 Gregory M. Hulbert 教授和 Zhengdong Ma 教授报告会、日本郭书祥教授学术报告会等。此外还举行了博士沙龙系列活动、研究生"英语之星"、菁英论坛之研究生之路等学术活动。

（2）鼓励研究生参加学术会议或学科竞赛

为提高学院研究生的科研学术水平，开阔学院广大研究生的眼界，该院领导一直致力与外界的学术交流，鼓励广大研究生积极参与高水平的校际学术会议和学科竞赛，并取得了不错的成绩。在 2012 年，多名同学参加高水平的国际学术会议，发表了十余篇优质的学术会议论文。该院在组织和培养研究生参加校际学术会议和学科竞赛方面取得了很好的成效。

参加学术会议或学科竞赛的有：

表1　2012 年机械工程学院参加学术会议或学科竞赛情况列表

会议或学科竞赛名称	参加人数
中国大学生方程式汽车大赛	8
"和氏璧化工"全国高校环保科技创意设计大赛	4
第十一届"挑战杯"广东大学生课外学习技术作品竞赛	15
The International Conference on Electrical Engineering and Automatic Control （ICEEAC2010）	2

会议或学科竞赛名称	参加人数
International Conference on Advanced Intelligent Mechatronics（IEEE/ASME），Montreal，Canada	3
International Conference on Mechatronics and Automation（IEEE），Xian，China	3
International Conference on Measurement and Control Engineering 2010	3
Experimental Thermal and Fluid Science，2010	5
2012 年百步梯攀登计划	5
香港高校学术交流	15
第六届机械类课程报告论坛	30
学海助航——高效写作与快乐投稿	250
SciFinder 数据库介绍与培训	120
有效利用 SCI 数据库检索平台 – ISI Web of Knowledge	200
自动控制先进理论和应用技术研讨会	50
总　　计	713

3. 社会实践活动

该院坚持以实践育人。2010 年正逢广州亚运年，该院积极组织研究生参加亚运会以及亚残会的志愿者活动，在不同的场馆，都出现了学院亚运志愿者的身影，部分同学表现突出，获得"先进个人"以及"杰出志愿者"的称号，其中赵新亮同学荣获广东省志愿者服务金奖。与此同时，该院拥有一支自己的志愿者队伍，和慧灵家庭以及北京路家政服务中心建立了长期帮扶合作的关系。在以上工作的基础上，该院积极开展研究生三助活动，参与人数达到 420 人。

4. 思想政治教育

该院研究生思想政治教育坚持以理想信念教育为核心，以爱国主义教育为重点，以思想道德建设为基础，以研究生全面发展为目标，努力提高思想政治教育的针对性、实效性和吸引力、感染力。

（1）开展日常思想政治教育工作

鉴于思想政治工作在学生工作中的重要性，该院领导一直把对学生的思想政治教育作为一项长期工程建设并给予极大的关注，通过统筹计划、分工安排、工作调度、认真落实、定期总结，有效地促进了该院研究生在思想政治教育方面的提高，使广大研究生充分认识其重要性，并且自觉提高自身的思想政治觉悟。

（2）开展导师教书育人工作

在研究生教育方面，该院导师在政治思想、道德品质、学术学风等方面以身作则、率先垂范，为人师表。坚持教研结合，在搞好课题研究工作的同时，做好教书育人工作，积极引导研究生在思想、道德、生活、事业各方面健康发展，让广大研究生在课题的研究过程中不仅提高自身知识面和科研能力，还能加强研究生的学术道德和科学精神，真正做到德才双馨。该院导师认真指导研究生做好课题研究工作，鼓励并支持研究生参加课外科研竞赛，如挑战杯、百步梯攀登计划以及各类学科竞赛。同时还关注研究生的思想状况和心理健康，做到每学期至少和学生深入谈话一次，并将有关情况及时上报，建立定期见面、联系制度。

（3）开展新生入学教育和毕业生教育

该院每年都对入学新生进行相关的入学教育，除了向新生介绍学校、学院的基本情况外；还组织新生参加学校、学院的规章制度的学习，使学校的各项规章制度深入人心，做到令行禁止。迎新期间，该院领导对每间新生寝室进行了慰问，着力解决新生在生活上遇到的一些问题。随后还举行了由团总支、研分会发起的新老生交流会，由各方面表现优异的学长与新生在学习、工作、生活方面交流了经验，为新生在未来三年的研究生阶段起到了很好的引导作用，这样的一种学院文化的纽带有利于将学院的优良品质继续传承下去。毕业生教育历来都是该院学生工作中的重点，近年来学院通过就业辅导讲座、报告会、座谈会、分享会等形式，引导毕业生树立正确的世界观、人生观、价值观和择业观，并举行了"机械与汽车工程学院毕业校友座谈会"，邀请了近40名从事于各行各业的校友回到母校畅谈毕业后的经历和体会，为毕业班的同学提出了宝贵的意见和建议。该院各部门共同努力，做好毕业生的后续工作，解决了毕业生的后顾之忧。

（4）心理健康教育指导

结合研究生实际，广泛深入开展谈心活动，重视研究生心理健康教育，根据研究生的身心发展特点和教育规律，制定研究生心理健康教育计划，确定相应的教育内容、教育方法。设立班级心理委员，积极开展研究生心理健康教育和心理咨询辅导。同时，该院团总支、研分会自主开展"思爱行"系列活动，研究生心理健康、婚恋观、师生交流等层面帮助研究生塑造更加完善的人格和价值观。

（5）建立长效维稳工作机制

研究生规模的不断扩大，研究生价值观的多元化，研究生在科研、就业、生活等方面的压力都成为影响高校稳定的重要因素，该院坚持在党委的领导下，充分调动学院、中心、学生社团等多方力量，齐抓共管，形成多向互通的维稳机制。在突发事件出现时，采取由学院党委领导，以相关学生的导师、辅导员、级主任、班干部共同干预的机制，在以往的突发事件处理中取得显著成效。

5. 研究生校园文化建设

大学作为培养专业国家高素质人才的重要场所，其校园氛围的营造和校园文化的建设直接影响着大学生的成长，更直接影响到学校教学、科研、管理等方方面面的工作效率。该院历来重视校园文化对研究生培养的重要性，创新进取、认真落实，积极推动校园文化建设工作的开展，为研究生教育培养提供更加有益的环境。

（1）承办研究生院组织的学生活动

在年度学生活动中，该院积极承办了第十八届研究生文化节的开幕式暨研究生运动会、篮球联赛、学术之星巡讲、研会与爱同行、校友面对面、"英语之星"大赛、学术道德报告会等多项活动，为研究生活动的顺利开展作了突出的贡献。

（2）积极参与研究生院组织的各项活动

该院学生还积极响应校研究生会的号召，踊跃参与研究生院组织的各类学生活动，该院研究生几乎参与了第十八届研究生文化节中所有的活动，而且在不少活动中有不俗的表现，取得了令人满意的成绩。同时，根据研究生院的工作精神指示，该院自己组织了相关的很多活动，这些活动在一定程度上贴近该院广大研究生的平日生活，同时主题积极向上，利于研究生们以更饱满的热情投入学术研究中去，如该院的"思爱行"系列活动。

表2　2012年机械与汽车工程学院参加校研究生院组织的学生活动情况列表

活动名称	参与人数
研究生运动会	300
"宏辞论道"研究生辩论赛	150
篮球联赛啦啦队之星	12
校运会	50
绑腿游戏	20
篮球联赛	30
文化节开幕式	150
名企实习交流会	200
学术之星巡讲	200
博士沙龙	80
校友面对面	150
"践行青春，爱洒慧灵"——关爱慧灵家庭长期志愿者服务活动	150
我最喜爱的导师巡讲	200
总　　计	1512

（3）开展院内校园文化活动

除了积极承办校研究生院的校园文化活动外，该院还根据本院研究生的特点和实际情况，举办了一些生动活泼的校园文化活动，例如：2012届毕业生欢送晚会、"歌舞魅影，牵手华园"2012级新生迎新晚会、"非常男女"联谊两场、学术道德建设论坛、学院女生节系列活动、"融合创新——中国入世十年系列论坛"之汽车论坛、"思爱行"系列活动、棋类比赛、篮球友谊赛、乒乓球比赛、羽毛球比赛、菁英论坛、主题干部培训等等。这一切均受到了全院研究生的高度赞赏和好评。通过积极组织各类活动，不仅加强了研究生与学院的联系，也为学院全面考核研究生在校期间的各种表现打下了坚实的基础。

（4）研究生团总支、研究生会工作积极，成绩突出

该院研究生团总支、研究生会充分发扬"真诚服务，共同进步"的宗旨，通过开展科研学术、文化艺术、体育竞技、社会实践等工作，为广大研究生培养个人兴趣和提升自身的综合素质提供了一个很好的平台，进一步促进研究生全面、持续、和谐发展。在本年度里，该院研究生分会全

力践行服务宗旨，并结合学校和学院的中心工作，积极配合，大胆革新，树立主人翁意识，脚踏实地，真真切切的把工作落到实处，为学院研究生的教育与培养作出了重要贡献。该院研究生团总支被评委优秀团总支，研究生会被评为先进研分会。

（三）德育工作效果

研究生教育管理干部始终都应当把培养全面发展的人作为研究生教育的理念，真切、真情、真心关爱研究生，时刻把研究生放在心上，切实帮助研究生解决生活、心理、学业等实际困难。在党建方面，党员队伍得到充实和壮大，越来越多的入党积极分子在积极向党组织靠拢，党支部建设在稳定中求发展；该院卓有成效地组织和开展了一系列丰富多彩的学术交流、文体活动和社会实践，为学院"重人品、厚基础、强能力、宽适应"的培养目标提供了良好的载体；通过不断完善学院的教育管理体系，使研究生的德育工作取得显著成效。

1. 校风学风建设

德育工作的开展与学生的精神风貌建设是相辅相成的，该院通过加强对学院研究生团总支、研究生会的指导，使学生组织开展各项工作、活动的目标与德育工作的总目标相一致。通过各类组织性强、主题鲜明、生动活泼的活动，营造良好的育人氛围，体现学生良好的精神风貌，把德育工作推向更高的层次。

（1）学生勤奋学习，课程成绩优秀率高。该院在 2012 年度公共考试总数为 1564 人次，课程成绩在 85 分以上的总数为 826 人次。按公式计算得：

$$\frac{\sum 优秀成绩人次数}{\sum 学院考试总人次数} \times \frac{100}{30} \times 5 = \frac{826}{1564} \times \frac{100}{30} \times 5 = 8.80$$

（2）研究生遵守学校规章制度。学院研究生在日常学习、工作和生活中严格要求自己，认真学习，积极向上，遵守学校各项规章制度。

（3）研究生个人受表彰（校级以上表彰，含各类奖学金）基数大。该院获校研究生一、二、三等奖学金 505 人、优秀研究生 43 人、优秀研究生干部 57 人，获奖总数 605 人；该院获其他校级以上奖学金及全国性学科竞赛个人奖总数总计 30 人；该院在研究生院组织的学生活动中获个人奖及代表研究生院参加校运动会等校级比赛获奖总数 85 人。

151

$$\frac{a}{\text{全校表彰总数}} \times \frac{100}{30} \times 5 + b \times 0.2 + c \times 0.1 = \frac{605}{6\,000} \times \frac{100}{30} \times 5 + 30 \times 0.2$$

$$+ 80 \times 0.1 = 15.68$$

（4）研究生集体受表彰次数多。

表 3　2012 年院研究生分会获得的校级集体荣誉统计

活　动	名次或称号
华南理工大学 2010—2012 年度"先进研分会"	先进研分会
第十八届研究生文化节	杰出贡献奖
第十八届研究生文化节研究生运动会	团体第一
第十八届研究生文化节研究生运动会	男子团体第一
第十八届研究生文化节研究生运动会	女子团体第一
第十八届研究生文化节研究生运动会	精神文明奖
"Gelivable"英语之星	三等奖
"魅影舞动 show"	二等奖 1 项
媒体作品大赛	DV 类：二等奖 2 项；三等奖 2 项
学术之星	袁伟
第一届研究生网球赛	团队第一；女单第一 男双第二；男双第三
篮球联赛	男团八强、女团第一 女子 MVP、精神文明奖
啦啦操之星	最佳创意奖、第六名
"西湖之声"十佳歌手	个人第八名

2. 论文科研成果

该院一向重视提高研究生学术水平，鼓励研究生积极开展课题研究，参加课外学术竞赛，发表本课题相关论文。在过去的一年中，该院研究生共发表各类论文为 482 篇。

类别	SCI	EI	ISTP	核心、统计源	其他刊物	论文集
权重	3.0	2.0	1.5	1.0	0.5	0.2
篇数	38	87	3	180	19	0
折合	114	174	4.5	180	9.5	0
总计	114 + 174 + 4.5 + 180 + 9.5 = 482					

按公式计算如下：

$$\frac{\text{学院论文数}}{\text{学院在校研究生总数}} \times \frac{100}{30} \times 5 \times h = \frac{482}{1\,344} \times \frac{100}{30} \times 5 \times 1.4 = 8.36$$

（四）结语

研究生教育的质量与水平关系到科教兴国、人才强国战略的实施，也关系到中国特色社会主义事业的兴旺发达。研究生德育工作还是一项重大的战略任务，它是研究生教育的重要组成部分，直接影响到研究生个人健康、全面发展，也决定着整个研究生教育的性质与方向。华南理工大学机械与汽车工程学院本着"和谐、高效、务实、创新"的原则，真抓实干，开拓进取，德育工作取得了显著的效果，值得其他单位学习借鉴。

四 广东药学院思想政治理论课教学实效性的调查与思考

——以高校思想政治理论课与中学思想政治课的衔接为视角

(一) 研究缘起

1. 拓展高校思想政治理论课教学实效性研究内涵的理论要求

提高高校思想政治理论课教学的实效性，是高校思想政治理论教育永恒的话题。围绕提高高校思想政治理论课教学实效性这一目标，近年来研究者们从多个角度进行了相关理论研究和实践探索，以高校思想政治理论课与中学思想政治课的衔接为视角，探讨提高高校思想政治理论课教学实效性的途径和方法就是其中之一。以目前研究者们在开展高校思想政治理论课与中学思想政治课的有效衔接研究方面取得的现有成果看，主要表现在以下几个方面：

第一，借鉴系统理论，对推动实现高校思想政治理论课与中学思想政治课的有效衔接的必要性、途径和方法进行了探索，认为思想政治理论教育是一项系统工程，需要一个前后衔接、螺旋上升的系统化教育过程，只有各个学段形成连贯衔接、循序渐进的教育体系，才能充分发挥思想政治理论教育的功能。推动实现高校思想政治理论课与中学思想政治课的有效衔接，主要是实现教学目标系统化、教学内容系统化、教学途径和方法系统化、教学管理系统化以及评价、反馈机制系统化。

第二，就高校思想政治理论课与中学思想政治课有效衔接体系的标准和原则进行了研究，并提出了一些有参考价值和借鉴意义的理论观点。如有研究者提出要按照整体性原则、和谐价值取向、人本立场、借鉴和创新等原则构建高校思想政治理论课与中学思想政治课的课程有效衔接系统。

第三，以高校思想政治理论课与中学思想政治课的有效衔接为视角，开展高校思想政治理论课与中学思想政治课衔接的理论研究与实践探索。目前，已经有部分研究者就如何实现《毛泽东思想和中国特色社会主义理论体系概论》，《思想道德修养与法律基础》等高校思想政治理论课与中学思想政治课教学衔接进行了研究和探讨。

纵观近年来学术界在高校思想政治理论课与中学思想政治课的衔接研究方面取得的成果，我们可以看出，首先，研究者对于这一问题的研究目前主要以进行宏观理论研究为主，微观实证研究显然不足，特别是建立在相关改革实践基础上的理论研究和实践探索不足。其次，由于部分高校思想政治理论课教师对于中学思想政治课程的研究和熟悉度不够，无法有效实现对高校思想政治理论课与中学思想政治课教材、教学方法的比对，直接导致以课程衔接为视角所开展的高校思想政治理论课与中学思想政治课的有效衔接方面的研究偏少，即使有也是理论研究的深度不够，对高校思想政治理论课教学实践缺乏应有参考价值和借鉴意义。为此，需要以实证调查为基础，为促进高校思想政治理论课与中学思想政治课的有效衔接，进而提升高校思想政治理论课教学实效性做出理论阐述与论证。

2. 进一步提升广东药学院思想政治理论课教学实效性的现实需要

自高校思想政治理论课"05"方案出台以来，广东药学院牢牢把握思想政治理论课建设的主旋律，坚持社会主义办学方向，从学校层面确保思想政治理论课的"国课"地位不动摇，并及时出台了一系列思想政治理论课教学改革与发展的政策措施。通过多年的建设和发展，广东药学院的思想政治理论课建设取得了可喜成绩，学校思想政治理论课整体教学质量及水平都有了很大提高，并在 2009 年广东省教育厅组织的思想政治理论课建设评估中获得"优秀"评价。但不可否认的是，虽然近年来广东药学院思想政治理论课建设取得了可喜成绩，但思想政治理论课教学实效性的提升并非一日之功，仍然面临着许多改革与发展的难题，有必要通过实证调查，摸清广东药学院思想政治理论课教学现状，进而为广东药学院思想政治理论课教学实效性的提升获取第一手研究和决策参考资料。

（二）研究思路与基本路径

基于上述两个方面的观察与思考，课题组以承担的 2010 年广东药学院思想政治教育研究专项课题为依托，委托广东药学院调研社设计了以"广东药学院思想政治理论课教学实效性研究"为主题，以"高校思想政治理论课与中学思想政治课的衔接状况"为视角的调查问卷，并于 2011 年 4 月在广东药学院各年级学生中抽样选取调查对象 200 人，最终回收调查问卷 200 份，其中有效调查问卷 195 份，接着利用 SPSS 数据统计分析软件对有关数据进行了统计分析。课题组试图通过对广东药学院思想政治理论课教学实效性的专题调查研究，获取学校思想政治理论课教育教学的第一手数据资料，通过研究分析寻找提高学校思想政治理论课教学实效性的有效路径。

（三）基本数据分析

为了更好更准确地取得原始数据资料，为科学判断广东药学院思想政治理论课教学的实效性提供有效依据，本次调查问卷共设计了 6 个相关调查问题，分两个大的方面展开：一是从宏观层面设计调查问题，调查了解广东药学院学生对高校思想政治理论课的重要性、价值、期待以及整体教学氛围、教师教学水平等方面的认知和态度情况，进而整体判断广东药学院思想政治理论课教学的实效性水平。二是从教材、教学内容、教学方法等层面设计调查问题，具体调查了解广东药学院学生对高校思想政治理论课与中学思想政治课衔接情况的认识，进而从中寻找通过实现高校思想政治理论课与中学思想政治课的有效衔接来提升广东药学院思想政治理论课教学实效性的途径与方法。具体调查问题及数据分析如下。

1. 你觉得高校有必要开设思想政治理论课程吗？

调查问卷中设计的这一问题从表面上看似乎与本次调研主题无关，但实际上当代大学生认为高校是否有必要开设思想政治理论课，能够间接反映出高校思想政治理论课教学的实效性究竟如何。而根据调查数据统计，关于这一问题的回答，在 195 个有效调查样本中，选择"很有必要"、"有必要"两个选项的分别为 22 人和 112 人，分别占调查样本总数的 11.28% 和 57.44%，选择"没必要"选项的有 21 人，占调查样本总数的 10.77%，而选择"无所谓"选项的 40 人，占调查样本总数的 20.51%。

这一调查数据表明，在接受调查的广东药学院学生中有接近70%的人还是保持了对思想政治理论课比较正面的态度和看法，持有负面态度和看法的只占10.77%，属于少部分。

2. 你认为广东药学院思想政治理论课的课堂教学氛围总体如何？

思想政治理论课的课堂教学氛围状况，是反映思想政治理论课教学实效性的一个窗口指标。为此，我们在调查问卷中设置了上述问题，试图通过广东药学院学生对思想政治理论课课堂教学氛围的评价来判断广东药学院思想政治理论课教学的实效性。而关于这一问题的回答，根据195个有效调查样本数据统计，选择了"沉闷，提不起兴趣"的有25人，占调查样本总数的12.1%，选择"较为活跃"的共47人，占调查样本总数的24.1%，选择"活跃，对该课程感兴趣"的共123人，占调查样本总数的63.08%。这表明大部分接受调查的广东药学院学生认为思想政治理论课课堂教学氛围总体较好，只有少量受调查的大学生对思想政治理论课不太感兴趣。

3. 学校开设的思想政治理论课对你产生了什么影响？

该题是一道多项选择题。问题设计的目的在于了解广东药学院的思想政治理论课教学对于大学生心灵产生的影响度，并从思想政治理论课教学对大学生心灵产生的影响反观广东药学院思想政治理论课教学的实效性。关于这一问题，根据对195个有效调查样本的数据统计可以看到，选择"使自身深刻认识到思想政治教育对大学生的必要性"、"增强了对中国近现代历史的认识，强化了自身的社会责任感和历史使命感"、"帮助自身提高了思想道德修养和法律知识水平"、"增强了自身运用马克思主义基本原理观察和分析社会问题的能力"、"加深了对毛泽东思想和中国特色社会主义理论体系的认识和了解"等选项的共有147人，占有效调查样本总数的75.4%，选择"无特别影响"的为48人，占有效调查样本总数的24.6%。这表明虽然有近四分之一接受调查的广东药学院学生认为思想政治理论课教学对其心灵未产生特别影响，但接近八成的受调查学生对于思想政治理论课的价值认识还是正面的。

4. 你认为广东药学院思想政治理论课教师的教学水平与你的中学思想政治课教师的教学水平有何差别？

这一问题设计的目的是以高校思想政治理论课教师与中学思想政治课教师教学水平的比较为视角，主要了解广东药学院学生对大学阶段的思想政治理论课教师与中学阶段的思想政治课教师教学水平差异的评价，从侧面判断广东药学院思想政治理论课教学的实效性。调查数据显示，认为"高校思想政治理论课教师的教学水平较高，而且水平较为平均"的有100人，认为"高校思想政治理论课教师的教学水平较低，没有中学思想政治课教师教得好"的为30人，而认为"高校思想政治理论课教师的教学水平与中学思想政治课教师的教学水平差不多"的有65人，分别占被调查人数的51.28%、15.38%和33.33%。这一调查数据表明，广东药学院学生总体上还是认为大学阶段思想政治理论课教师的教学水平相比较中学阶段的思想政治课教师的教学水平相对要高一些，教学水平也相对均匀。

5. 你认为高校思想政治理论课与中学思想政治课的教材内容的衔接情况如何？

一段时间以来，高校思想政治理论课教学实效性之所以不甚理想，其中一个重要原因就在于高校思想政治理论课教材内容与中学思想政治课教材内容的重复度偏高，衔接情况的不理想容易导致大学生对高校思想政治理论课失去学习兴趣。基于此，课题组从高校思想政治理论课与中学思想政治课的教材内容的衔接情况这一视角设计了调查问题，主要了解广东药学院学生对这一问题的评价。从195个有效调查样本的统计数据看，认为"教材内容衔接良好、过渡合理"的70人，认为"教材内容出现脱节情况"的32人，认为"教材内容出现较为严重的重复情况"的93人。这一调查结果表明，不仅高校思想政治理论课教师已经明显认为高校思想政治理论课教材内容与中学思想政治课教材内容出现了内容重复情况，同样有接近一半左右的广东药学院学生认为高校思想政治理论课教材内容与中学思想政治课教材存在较为严重的内容重复现象。

6. 你认为高校思想政治理论课教师的教学方法与中学思想政治课教师教学方法有什么不同点？

这一问题是从高校思想政治理论课教师与中学思想政治课教师的教学方法比较的角度进行问题设计的，问题设计的初衷是通过这一问题的调查，了解广东药学院学生对高校思想政治理论课教师与中学思想政治课教师教学方法差异的看法和认知，从教学方法的比较层面观察广东药学院思想政治理论课教学的实效性。通过调查发现，在195个有效调查样本中，有100人选择了"高校思想政治理论课教师以关注和思考社会问题为目的，除了理论知识的讲解还有实践活动，而中学教师以指导考试为中心，更多的是注重理论知识的讲解",有 106 人选择了"高校思想政治理论课教师讲解理论知识时,会联系一些新的案例来讲解,而中学思想政治课教师更多的是以书本上现成的案例为讲解主体",有 52 人选择了"高校思想政治理论课教师在课堂上较中学思想政治课教师更多地注重与学生的互动",有 55 人选择了"对于理论知识,高校思想政治理论课教师的讲解没有中学思想政治课教师的讲解仔细"。这些调查数据显示,在教学方法的选择方面,高校思想政治理论课教师比较中学思想政治课教师更贴近社会问题、更注重与学生的互动,但理论讲解方面没有中学思想政治课教师详细。

从上述 6 个主要调查问题及其调查数据的统计分析看,虽然经过多年的思想政治理论课建设和广东省教育厅高校思想政治理论课建设评估的洗礼,广东药学院思想政治理论课教学的实效性有了一定程度的进步与提高,但广东药学院学生对高校思想政治理论课的重要性认知、价值判断、课程期待以及整体课堂教学氛围、教师教学水平评价等方面与课题组的预判基本保持一致,反映出广东药学院思想政治理论课的教学实效性总体上还不是十分理想。而究其根源,课题组认为主要与缺乏高校思想政治理论课与中学思想政治课的有效衔接有关。具体表现为:第一、我国至今尚未制定出整体性的大中小学德育课程标准,因而缺乏统摄高校思想政治理论课与中学思想政治课有效衔接的灵魂。第二、高校思想政治理论课与中学思想政治课教师交流互动缺乏,使高校思想政治理论课与中学思想政治课有效衔接实施主体之间缺乏凝聚、沟通和共识。第三、建立科学规范的课程有效衔接制度保障机制尚未启动,在实际工作中,高校思想政治理论课与中学思想政治课德育目标倒挂、教学内容简单重复、教学方法链接失效、管理和评价机制不健全等问题较严重。第四、对国外相关德育课程有效衔接方面的成功经验极少学习、研究和借鉴,缺乏构建高校思想政治理论课与中学思想政治课有效衔接应有的国际视野。

需要特别指出的是,由于我国高校思想政治理论课课程设置、教材编写等方面的全国统一性和行政权威性,上述四个方面的问题根源及其具体表现在全国高校思想政治理论课教学中带有共性,也同样反映出了广东药学院思想政治理论课教学实效性总体不够理想的原因所在。

(四)对策与建议

在广东省教育厅高校思想政治理论课建设首轮评估中获得"优秀"

评估结论的同时，如何进一步加强思想政治理论课建设，正视思想政治理论课教学实效性的现状，不断提升思想政治理论课的教学实效性，是当前广东药学院思想政治理论课建设与可持续发展不能忽视的重要话题。为此，课题组基于前述分析研究，提出以下几个方面的对策与建议。

1. 加紧研究和制定整体性的大中小学德育课程标准，使之成为统摄高校思想政治理论课与中学思想政治课有效衔接的灵魂。

课程标准是"确定学校教育一定阶段的课程水准、课程结构与课程模式的纲领性文件"[1]，它通过对课程目标、教学内容、实施途径、教学方法、课程管理和评价机制等课程生态要素高屋建瓴式的规划和界定，在整合各种课程资源、达成课程教育教学目标方面起着统摄作用。课程标准是课程的灵魂。

为了推动学校教育向全面素质教育方向健康发展，教育部近年来高度重视各学科课程标准的制定和修改，我国大中小学各教育阶段的德育课也因此相继各自拥有了反映时代特征的新课程标准或教学大纲，这对于推动我国大中小学德育课程的建设和发展无疑有积极意义。但是，这种分阶段设计的课程标准也容易导致各教育阶段德育课程的自我封闭，不利于各相邻阶段德育课程之间的有效衔接，从而影响学校德育功能的整体发挥。当前，我国高校思想政治理论课与中学思想政治课有效衔接中存在的德育目标划分不够明确，内容安排不尽合理，课程实施主体沟通不畅等问题，这在很大程度上与我国没有制定出整体性的大中小学德育课程标准有关。有鉴于此，实现高校思想政治理论课与中学思想政治课的有效衔接，首先必须在国家层面和学校层面加紧研究整体性的大中小学德育课程标准，使整体规划后的德育课程标准能够成为整合广东药学院思想政治理论课与中学思想政治课课程资源、促进广东药学院思想政治理论课与中学思想政治课课程生态要素纵向有效衔接的灵魂。

2. 积极推动广东药学院思想政治理论课教师与中学思想政治课教师之间交流互动，引导实施主体间达成推动高校思想政治理论课与中学思想政治课有效衔接的共识。

广大高校思想政治理论课与中学思想政治课教师一方面是大学和中学阶段德育课研究和教学工作的主体，同时又是推进这两个不同教育阶段德育课有效衔接的实施主体。但长期以来，由于各种主客观原因，我国的高校思想政治理论课与中学思想政治课教师基本上处于"老死不相往来"

的疏离状态，相互之间的交流互动少之又少，形成了"各人自扫门前雪"的工作格局。其在实际工作中的突出表现之一是，高校思想政治理论课教师通常只局限于钻研高校思想政治理论课的教材和教法，极少通过与中学德育课教师的交流互动获取中学德育课的教材和教法信息。这样，高校思想政治理论课教师就无法在高校思想政治理论课与中学思想政治课之间寻找到实现有效衔接的切合点，既不能实现高校思想政治理论课与中学思想政治课教材教法的承接，又不能达致高校思想政治理论课对中学德育课教材教法的超越，教学内容简单重复、教学方法缺乏创新又进一步导致大学生往往以消极心态对待高校思想政治理论课，间接弱化了高校思想政治理论课的德育效果。

因此，实现广东药学院思想政治理论课与中学思想政治课的有效衔接，还必须考虑如何有效推动广东药学院思想政治理论课教师与中学思想政治课教师之间的交流互动，创设对话环境，让有关双方经常有机会互通信息，引导课程衔接实施主体之间达成推动高校思想政治理论课与中学思想政治课有效衔接的共识，进而寻求推动课程有效衔接的正确路径和方法。

3. 重点建立一整套科学规范的课程有效衔接制度保障机制，为广东药学院思想政治理论课与中学思想政治课有效衔接提供有力的制度保证。

邓小平在论及党的领导制度、组织制度问题时，曾深刻地指出："制度问题更带有根本性、全局性、稳定性和长期性。"[2]邓小平的这一论述对于推进广东药学院思想政治理论课与中学思想政治课的有效衔接同样富有深刻的启发性。

研究和制定整体性的大中小学德育课程标准，推动高校思想政治理论课与中学思想政治课教师的交流互动等构想，对于推动广东药学院思想政治理论课与中学思想政治课有效衔接无疑具有建设性，但这些构想要真正得到贯彻落实，除了需要相关教师的主观努力和智慧，更重要的还是要建立一整套科学规范的制度保障机制。

具体而言，当前要建立一整套科学规范的制度保障机制，最紧迫的是要快速建立起包括广东药学院思想政治理论课教师与中学思想政治课教师之间的交流互动机制、整体构建大中小学德育课课程标准组织管理制度、广东药学院思想政治理论课与中学思想政治课相互有效衔接的进程和效果评价制度、直接反映衔接效果的大学生德性发展状况滚动调查制度等在内的一整套制度体系，确保广东药学院思想政治理论课与中学思想政治课有效衔接实现从宏观到微观、从过程到结果、从理论到实践的整体动态有序发展，充分发挥和体现制度保障机制的强大保证功能。

4. 加强对国外相关德育课程有效衔接成功经验的研究、学习和借鉴，拓展广东药学院思想政治理论课与中学思想政治课有效衔接的国际视野，构建数字化德育课程有效衔接。

西方道德认知发展理论认为，"道德发展要经过各有恒定性质的不同阶段"[3]。这一理论为当代西方国家的德育课程设置提供了理论基础。在体现不同教育阶段德育课程边界差异的基础上推动相邻或相近教育阶段德育课程的有效衔接，普遍成为当代西方国家的一种重要课程意识和课程行为，其中虽然有许多失误，但也有相当多的成功经验。据有学者研究，在美国发挥着特殊德育功能的历史课程，在时间安排上十分注意互相衔接、循序渐进。小学生重在"知事"，即了解历史故事和伟人事迹；中学生重在"明理"，即了解事实、过程及因果关系；大学生则重在"求道"，了解规律并上升到价值观，要求进行理论分析。[4]事实证明，这种课程的循序渐进和相互衔接带来了良好的德育效果，值得我们在构建高校思想政治理论课与中学思想政治课有效衔接时进行研究、学习和借鉴。

当今世界，以信息流通为内容、以网络交往为平台的数字化交往正在逐渐取代传统交往方式成为人们之间新的重要交往形态，在新的数字化德育理念指引下的数字化德育课程悄然兴起。在新的时代背景条件下，广东药学院的思想政治理论课教师有必要站在时代前沿，以前瞻性的眼光和创新意识加紧对数字化德育课程及其有效衔接的研究，寻找切合时代发展要求的新的数字化德育课程有效衔接模式。

参考文献

[1] 顾明远：《教育大辞典（上卷）》，上海教育出版社1998年版。

[2]《邓小平文选》（第二卷），人民出版社1994年版。

[3]（美）柯尔伯格（Kohlberg, L.）著：《道德教育的哲学》，魏贤超译，浙江教育出版社2000年版。

[4] 陈立思：《当代世界的思想政治教育》，中国人民大学出版社1999年版。

五　乘红色文化风帆，取信仰真经

——广东药学院思想政治理论课教学部
黔渝川社会实践考察报告

　　2012 年 8 月底，广东药学院思想政治理论课教学部教师一行十五人远赴祖国西南，在贵州、重庆、四川三省市进行了一场内容丰富且意义深远的社会实践和红色文化考察活动。红色文化成为这次社会实践考察活动的一个核心主题，我们希望通过这次红色文化社会实践考察取得信仰真经。

　　党的十七届六中全会指出："文化是民族的血脉，是人民的精神家园。"[1]这次大会通过的《中共中央关于深化文化体制改革推动社会主义文化大发展大繁荣若干重大问题的决定》也鲜明提出了"加强爱国主义教育基地建设，用好红色旅游资源，使之成为弘扬培育民族精神和时代精神的重要课堂"[2]的任务要求，明确了红色文化资源在社会主义核心价值体系中的地位与作用。胡锦涛同志在中共中央政治局第四十二次集体学习时强调："我们要重温我们党领导人民军队和全国各族人民为民族独立、人民解放而浴血奋战的伟大历程，弘扬崇高革命精神和优良革命传统，并以此来激励全党全军全国各族人民在中国特色社会主义伟大道路上继续奋勇前进。"[3]在党的十八大召开前夕，我部根据中宣部、教育部关于思想政治理论课教师参加社会实践考察的文件精神和要求，通过组织思想政治理论课教师参加黔渝川红色文化基地的考察，引导他们再次感受革命先烈的奋斗精神，更加坚定走中国特色社会主义道路的信念。黔渝川三省市具有丰厚的红色文化积淀，在为期一周的社会实践考察中，我们深受其熏陶，拓展了思维，开阔了视野，使平时所讲授的理论在实践中得到印证和发挥，并亲身收集到许多重要的教学素材，黔渝川社会实践考察之行，加深了我们对红色文化的理解，启发了思想政治理论课教育教学改革的思路，我们在思想信仰和教学科研等方面的素质得到了一定程度的提升，可以说这是一次满载而归的收获之行。

在考察过程中，我们主要是结合贵州师范大学思想政治理论课教学科研考察、红色文化考察两个主题进行的。

（一）贵州师范大学思想政治理论课教学科研考察

虽然是在暑假期间，但贵州师范大学马克思主义学院杨文武书记仍组织骨干教师热情接待我们一行。学院副院长汪勇教授带领我们参观了贵州师范大学校园环境以及教学、办公场所，介绍学校的历史沿革及目前状况，使我们对地处祖国西南的这所贵州高校有了新的认识。在杨文武书记的主持下，两校思想政治理论课教师进行了经验交流和学科建设研讨。在交流会上，汪勇教授对贵州师范大学马克思主义学院的基本情况作了介绍。贵州师范大学马克思主义学院有教师72人，教师学历高，硕士、博士所占比例是81.9%，其中高级职称教师所占比例是62.5%，并且教师构成年轻化，45岁以下教师占教师总数的71%，整体上教学科研实力比较强。2010年省部级以上科研课题立项达17项，其中有两项国家社科基金项目。贵州师范大学马克思主义学院优异的科研业绩激起了我们的强烈关注，对于科研较为薄弱并且正在尝试冲击国家社科基金项目的我们来说，贵州师范大学马克思主义学院的经验的确很宝贵。在与我们交流的过程中，贵州师范大学马克思主义学院的领导和老师还着重介绍了他们冲击高层次科研课题的经验：一是来自于集体内部的团结协作。课题的申报主要是仰仗于课题组成员集体的力量，年轻教师也常有机会被吸收进课题组，以便积累经验。二是充分发挥名教师无私的"传递"作用。在个人课题申报满额的情况下，名教师会把自己积累的课题资料无私地分享给其他教师，以便让他们更快地走上科研轨道，尽快申报课题成功。三是精心修改课题申报材料。每个课题都要经过集体的反复论证和修订，不管是否是自己的课题，教师们都相互热心帮助。四是着力引进和培养学术带头人。学术带头人的作用是很明显的，往往能引领集体开展学术研究并掀起高潮。贵州师范大学马克思主义学院团结互助的科研协作精神令我们深受启发，也增强了我们的信心，只要我们培养起良好的学术风气和学术氛围，我部的科研水平定能快速提高。在听取完贵州师范大学的经验介绍后，吕志主任也就广东药学院思想政治理论课的教学改革与发展进行了介绍。我部思想政治理论实践教学课的改革探索经验引起了贵州师范大学马克思主义学院领导及教师们的重视，对我部敢为人先、勇于改革的精神大加赞赏，充分肯定，并表示愿意深入交流学习。之后，两校教师还根据各自所承担的课程分别进行深入细致的交流，大家都深感受益匪浅。这次同行交流在轻松愉快的气氛中圆满结束，这次交流是我部与贵州师范大学马克思主义学院进行的一次思想政治理论课教育教学的互补交流，无疑对各自学校的思想政治理论课教学科研都会有较大的促进作用。

（二）红色文化考察

黔渝川三省市有着丰富的红色文化资源，根据走访考察的内容，可分为三大部分来进行总结。

1. 峥嵘激越的红军时代

在红军长征的艰苦历程中，有一个转折性的历史事件永远值得铭记，这就是遵义会议。正是这次会议在艰难困境中力挽狂澜，选择了正确的道路和领导人，从而挽救了中国共产党和红军，托起了中国革命的新一轮太阳。我们踏着红军昔日的足迹，走进遵义会议会址，一幢小楼蕴藏着风云转折的悠远记忆，让我们产生无穷的遐想。在纪念馆的陈列物中，逼真的雕像让我们身临其境，墙上的资料图片诉说着历史的轨迹，实物展出让人们着触摸红军时代的坚强魂魄，伟人的手迹让信念的光芒绽放。我们置身于图、像、声、物浑然一体的高科技展览场所，畅游在红军精神的理想海洋之中，催发深刻的思考，并且深受鼓舞，仰望圣迹，内心勃生无限的荣光。我们还参观了红军领导人居所和红军总政治部旧址，让我们体会到红军时代清新简朴的风范。在会址外围，红军街将红色文化带进当今时代；红军山已成烈士陵园，高山仰止，气壮山河。通过考察，我们更认识到红军坚韧的革命精神和坚强的理想信念，更认识到中国共产党人坚持真理、勇于纠错的精神风范，这对教师们精神境界的历练和提升是一次难得机会。

2. 坚强不屈的牢笼岁月

在这次考察中，我们参观了几个革命烈士被关押的地点，分别是有"小学"之称的渣滓洞，有"中学"之称的白公馆，有"大学"之称的息烽集中营。三个地方的生存环境一个比一个恶劣残酷，映衬出革命烈士英勇不屈的斗争精神。

渣滓洞恐怖阴森，地势狭小，环境恶劣。里面陈列着当年的刑具虽已锈迹斑斑，但仍诉说着国民党特务的罪恶。因它是由煤窑改造而来，所以牢房墙壁地面都异常乌黑，透光性差，真是暗无天日。但看了牢房里江姐等革命烈士的事迹介绍后，让人倍感精神振奋，烈士们在黑暗的牢房里历练出寻找光明的双眼，引领着后人跟随其精神永远向前。

白公馆秀外秽内，是由著名的香山别墅改造而成，外观上看似秀雅，内里却是杀人魔狱。在这里曾经被关押的革命英雄人物构成了小说《红岩》中的众多英烈人物塑像，许云峰、成岗等一个个耳熟能详的人物与故事，使我们从书中移到眼前实境，让人心情激荡，革命豪情久久萦绕于胸。监狱里所绣的红旗展现在眼前，我们从中倾听到烈士们心中的喜悦和期盼。"失败膏黄土，成功济苍生"，烈士在生命最后一刻铭刻下的诗句，掷地有声，震天撼地。旧时刑具腐变日，烈士精神永传时，有片信仰的热土叫红岩，我们驻足其中，静静感受信仰所带来的伟力。

息烽集中营幽深诡秘。由于地理位置偏僻闭塞，这个军统魔窟深藏不露，长期不为人所知。息烽这个地名曾深受蒋介石赏识，妄图熄灭革命烽火，但在革命烈士顽强意志的锻造下，烽火不息。我们初到便在广场上与烈士雕像合影，与烈士的英魂同在党旗下融汇。展览馆里展出的特务们曾使用过的刑罚令人心惊胆战，"披麻戴孝"这一刑罚可以直接致人死亡，残酷达到极点。但这一切吓不倒刚强的革命者，杨虎城将军长年被囚禁息烽却英气长存，黄显声将军虎落牢笼威不倒，张露萍遇害前厉声怒斥等狱中故事从此流传四方。隔一段历史的距离，我们深情遥望那缕远逝的英魂，惨烈的场面虽触目惊心，但却化为我们悲愤的力量。先烈在牢狱中的革命激情和生活中的柔情，敲击心灵，内汇成宝贵的人生经验。在烈士精神的感召下，我们每个人都自觉买花祭奠烈士英灵，纪念馆内哀思凝结，气氛沉重却令人们倍感精神的鼓舞。集中营正门上挂有"抬起头来"的攻心标语，煞费苦心却不起作用。我们仔细探察杨虎城将军被囚禁处，寻访烈士的踪迹，还了解到革命志士们为继续斗争坚持锻炼身体的情形。最残酷的场所是在"猫洞"，这是一处阴暗蚀骨的隐秘杀人场所，位于一个天然洞穴之中，洞内的恐怖令人难以想象，将人引入地狱般的情景之中。我们凝视着烈士受难的场所，在伤感中又隐隐增添一股旺盛的斗志。面对残暴的敌人，我们要向先烈学习，握紧拳头，抗争到底，革命意志和力量融汇于心。

3. 龙腾虎跃的建设时期

新时代的社会主义建设，作为革命历程的重要一环，也是红色文化不可分割的一个部分。我们饮水思源，来到改革开放总设计师邓小平故里——四川广安。小平生前心系绿化，人们在这里用造林的方式纪念这位世纪伟人。在邓小平铜像前，一句"小平您好"，道出了我们的心声。邓小平纪念馆独具造型的象征意义，昭示着邓小平同志三落三起的人生经历。在这里我们探寻邓小平伟大的一生，微型立体电影给人们勾画了邓小平的生平业绩，实物展览让人们近距离接触了伟人的生活，感受着邓小平理论给中国带来的发展和巨变，深切地缅怀着这位给国家带来强盛的伟人。在邓家祖屋中，我们寻找少年邓小平的精神和身影。

（三）考察感悟

通过实地考察，教师们获得了丰富的思想政治理论课教育教学的第一手材料，并且对思想政治理论课的教育教学有了更深刻的体悟。

1. 红色文化是社会主义核心价值体系的重要构成之一

"社会主义核心价值体系是兴国之魂，是社会主义先进文化的精髓，决定着中国特色社会主义发展方向。"[4] "马克思主义指导思想、中国特色社会主义共同理想，以爱国主义为核心的民族精神和以改革创新为核心的时代精神，社会主义荣辱观，构成社会主义核心价值体系的基本内容。"[5]红色文化是中国人民在马克思主义指导下，在长期的革命实践中遗留下来的，以革命遗迹、革命故事、革命精神为载体的独特文化，它以爱国主义和革命传统教育为主线，体现出信仰坚定、勇于抗争、群众至上、艰苦奋斗等积极向上的精神元素，与高校思想政治理论课教学有着深厚的渊源关系。

2. 红色文化中的价值观教育是思想政治理论课教学的重要内容

文化最核心的部分是价值观，文化存在于各种内隐和外显的模式中，借助符号的运用得以学习和传播，并构成人类群体的特殊成就。"所谓研究文化，也就是研究价值；所谓了解文化，也就是了解价值。如果我们不了解一个文化的价值系统，那么该文化系统的事物呈现在我们面前时，将不知有何意义，不过在时空中偶然碰在一起的一堆东西而已。"[6]红色文化的价值观教育是思想政治理论教育的重要组成部分。思想政治理论课教师需要"帮助学生深刻领会和掌握红色文化内涵，提高他们的心理素质，完善他们的道德认识，坚定他们为社会服务、为祖国富强奋斗的崇高理想，将红色文化融入思想政治理论课教学的体系框架内，为其强筋造血，使思想政治理论课教学更加具有教育意义，成为有据可依、令人信服的科学理论"[7]。

3. 教师的社会实践是搞好思想政治理论课教学的基本要求

教学论让我们知道，教学离不开实践，实践是教学的基础。读万卷书，还要行万里路，知识的积累和传授都要通过多种途径进行。教学除了要积累书本文献知识外，还要广泛参与社会实践，以开阔眼界，从实践中获得真知。"马克思主义中国化，就是将马克思主义基本原理同中国具体实际相结合。具体地说，就是把马克思主义的基本原理更进一步地同中国实践、中国历史、中国文化结合起来，使马克思主义在中国实现具体化。"[8]思想政治理论课的教学离不开社会实践，红色文化考察作为社会实践的重要内容，对于搞好思想政治理论课教育教学具有重要意义，只有对红色文化作了认真细致的实地考察后，将真切的现实感受运用到课堂教学之中，教学效果才会有质的提高。要教好学生先培养好教师，因此，积极开展思想政治理论课社会实践考察活动，是搞好思想政治理论课教育教学的必要前提。

4. 文化育人是教改灵感的源泉

"文化育人是大学的重要任务，牢固树立文化育人的教育理念，充分发挥文化育人的作用，是大学文化自觉的重要体现。"[9]思想政治理论课教育教学的本质是精神引导和激励，教师们的红色文化实践考察活动，首先引起的是教师们精神的升华，从而使教师在教学过程中有着更为丰富的表达素材，充满实践经验和感悟的传达，对教学改革有着重大的推动意义。让红色文化进入大学课堂，融入案例式教学、研讨式教学等不同的教学模式中，运用多媒体教学方式，给学生提供直观、生动的历史镜头和图像资料，从而提高思想政治理论课的说服力，增强教学的实效性。

5. 思想政治理论课教师的社会实践活动应具有连续组合性

思想政治理论课教师的社会实践考察如果过于单一，则显得较为单调而难以起到贯穿组合的效果。本次考察跨越三省市，地域广阔，联系紧密。在主线方面有贯穿性，一是红色文化的主题贯穿始终，二是红色文化贯穿了红军时期、抗战时期、解放战争时期和社会主义现代化建设时期的内容，是一种有体系的综合考察，使我们对某一方面的情况有了更全面而详尽的了解。因此，在组织实践考察活动时，应按路线多做贯穿性和组合性的设计，提高实践活动的质量。

在新的历史条件下，高校思想政治理论课要把红色文化的传承作为文化育人的重要着力点，通过这次考察，使思想政治理论课教师获得了一次难得的对红色文化的理解机会，并受到了很好的教育熏陶，真正达到了乘文化风帆，取信仰真经的目的。

参考文献

[1] [2] [4]《中共中央关于深化文化体制改革 推动社会主义文化大发展大繁荣若干重大问题的决定》，人民出版社 2011 年版。

[3]《中央政治局进行第四十二次集体学习 胡锦涛发表讲话》，http://news. xinhuanet. com/2007 – 07/27/content_ 6440735. htm。

[5] [8] 本书编写组：《毛泽东思想和中国特色社会主义理论体系概论》（修订版），高等教育出版社 2010 年版。

[6] [7] 王以第：《"红色文化"的价值内涵》，《理论界》2007 年第 8 期。

[9]《中共中央关于构建社会主义和谐社会若干重大问题的决定》，《求是》2006 年第 20 期。

六　红色之旅，心灵之悟

——贵阳、重庆、四川社会实践考察报告

2012 年 8 月 20 日至 27 日，广东药学院思想政治理论课教学部 15 名教师到达贵阳、安顺、遵义及重庆等地，进行了为期 8 天的实地考察。开展红色之旅的目的是为了使高校思想政治理论课教师的眼界从书本转向社会，从课堂转向课外，从授渔者转向自学者，开拓视野；重温党史，体验红色文化，进一步加强自身党性修养，提升思想政治理论课教育教学的影响力和实效性。八天的考察正值炎热的暑期，考察途中，有欢乐，也有疲惫；有汗水，也有泪水，我们深切地感受到这次社会实践考察使我们增长了知识，拓宽了视野，思想受到洗礼，心灵受到震撼，党性修养得到了提升，的确是体悟颇深，受益匪浅。

（一）红色之旅

8 月 21 日上午我们一行抵达第一站贵阳，下午便来到了贵州师范大学马克思主义学院进行交流访问。贵州师范大学马克思主义学院的领导及老师热情地接待了我们，并组织召开了交流会。会议由马克思主义学院书记杨文武主持，参加会议的还有副院长汪勇教授及各教研室主任等。双方互相介绍成员后，汪勇副院长介绍了马克思主义学院的发展历史和现有概况、思想政治理论课教学改革、学科建设、实践教学等基本情况，并重点介绍了他们的科研成果。贵州师范大学马克思主义学院拥有 1 个省级人文社科研究基地"马克思主义理论·思想政治教育研究中心"，1 个省级教师培训基地"贵州省高校思想政治理论课教师培训基地"。马克思主义理论为省级特色重点学科。思想政治教育为省级重点学科，也是教育部

"全国高校特色专业建设点"。该学院具有较强的教学水平和科研实力。我们在十分认真地听取他们的宝贵经验的同时，也十分钦佩和惊讶于他们所取得的成绩。尤其是我们了解到他们在科研上、教学上老教师和名教师传、帮、带的优良传统、团结和谐的科研合作精神，这让我们深受启发。我部吕志主任也介绍了我校的历史沿革、思想政治理论课教学部的教学和科研等基本情况，还专门介绍了我校关于思想政治理论课实践教学的做法、经验及成果，贵州师范大学马克思主义学院的领导及教师们都表示了极大的兴趣、关注与认可。双方就学科建设、教学改革、科研团队、师资建设等问题进行了深入、热烈的交流和探讨，两校教师都表示这次交流会双方都收益不少，希望以后加强交流和探讨。贵州师范大学马克思主义学院的领导及教师的纯朴热情、爽爽的贵阳、徐徐的凉风使我们对贵阳这个城市留下了深刻而美好的第一印象，相信也为今后我们两校的交流与合作打下了良好的基础。

　　8月23日上午，我们参观了遵义会议会址。遵义自古就是黔北重镇，并有着"转折之城、会议之都"的美誉。遵义会议会址位于贵州遵义老城子尹路96号。1935年1月，中国工农红军在长征途中解放了这座城市，并于1月15日至17日召开了举世闻名的遵义会议，成为中国革命生死攸关的转折点。会议的主要议题是总结第五次反"围剿"以来的经验教训，张闻天在会上作了批判"左"倾主义路线的报告，批判了博古、李德在军事问题上的一系列严重错误。毛泽东也在会上作了长篇发言，着重批评了"左"倾冒险主义在军事领导上所犯的一系列根本性的错误，与会同志绝大多数明确表示支持毛泽东的正确主张。这次会议确立了以毛泽东为核心的党中央的正确领导，以及毛泽东在红军和党中央的领导地位。遵义会议是中国共产党历史上的一次重要会议，它在党生死攸关的危急关头挽救了党，挽救了红军，挽救了中国革命，它证明了中国共产党完全具有独立自主解决自己内部复杂问题的能力，是中国共产党在政治上从幼年走向所熟的标志。遵义会议已被载入中国革命的光辉史册。参观遵义会议会址，我们似乎依稀见到了会议室里革命家们激烈争辩的身影。在一楼，分别有周恩来、朱德、刘伯承等老一辈无产阶级革命家住过的房间。西头的第一间是军委副主席周恩来的办公室兼住室，屋里有按照原状陈列的桌椅箱柜、文房四宝，墙壁上挂有望镜和竹斗笠，简朴的陈设，让我们想象着周恩来在战争岁月中呕心沥血的生涯，不禁肃然起敬。

8月25日，我们来到广安小平故居，参观了四川省广安县协兴镇牌坊村邓家老院子和纪念馆。到达广安正值烈日高照，天气闷热，但走进小平故居里面，顿感舒适，院内树木葱郁，雅致清新。小平故居的大门是一座三重的门楼，暗喻小平"三落三起"的传奇人生。我们一行首先来到"邓小平铜像广场"，向小平同志的铜像敬献了花篮，并鞠躬致敬。在邓小平故居陈列馆，首先映入眼帘的是高16米、宽10米的浮雕《峰》，浮雕左边刻着邓小平的名言："我是中国人民的儿子，我深情地爱着我的祖国和人民。"另一侧是对邓小平一生丰功伟绩的概括。整个陈列馆由序厅、三个陈列馆、电影放映厅、珍藏陈列厅组成，我们看完介绍小平一生的影片后，参观了陈列馆展厅"走出广安"、"艰辛探索"、"戎马生涯"、"非常岁月"、"开创伟业"、"小平你好"六个部分。通过一件件小平用过的实物，一篇篇小平写下的手稿，一幅幅图片，我们了解了伟人的一生。小平旧居——"邓家老院子"，是具有浓郁川东风情的农家三合院，是邓家祖辈经过三代人的努力才建成的。整个院子占地833.4平方米，共17间瓦房，分正房、左厢房、右厢房。粉墙黛瓦，青石铺地，院内铁树绽花，屋后绿树婆娑，庭前荷塘绿水，自然景观颇为壮观。1904年8月22日，中国改革开放和现代化建设的总设计师——邓小平同志就诞生在这里，并在此度过了15年难忘的童年和少年时光。1997年邓小平故居被定为全国爱国主义教育基地，2001年被定为全国重点文物保护单位。我们在小平故居深切地感受着伟人卓越的工作能力和政治家的远见卓识，感受着伟人的外交风采和乡音乡情，不禁深深为这一位伟大的无产阶级革命家、伟大的中国改革开放的总设计师的风范所折服，我们受到深刻的鼓舞，我们应该更好地学习和继承邓小平同志的伟大思想、伟大实践和伟大精神，为建设一个富强、民主、文明、和谐的社会主义中国，实现"中国梦"做出自己应有的努力和贡献。

　　此行我们还参观了贵州息烽集中营以及重庆白公馆、渣滓洞集中营。它们与江西上饶集中营一起，是抗战期间国民党设立的四大集中营。其中息烽集中营是抗战期间国民党坚持"消极抗日、积极反共"的反动政策而设立的关押中国共产党人和爱国进步人士的最大秘密监狱。息烽集中营四面崇山峻岭，里面古树参天。山里有湖，有洞，地形隐蔽险要。息烽集中营设监狱八栋四十三间。监房按"忠孝仁爱，信义和平"八字命名，分别称为"忠斋"、"孝斋"、"仁斋"等，"义斋"为女监狱。位于半山腰的猫洞是一个隐藏在地下的溶洞，集中营建立后成为国民党特务们审讯革命者的刑讯室。因为他们发现在猫洞里审讯革命者无论怎么用酷刑，革命者再撕心裂肺的叫声也传不出去。据说息烽集中营失踪的革命者有数百人，大多是在这里审讯时被折磨死后就地埋在洞里。我们伫立在猫洞外，看到里面当年的刑具，顿感阴森恐怖，也对革命者当年坚定的理想和信念感到钦佩无比。息烽集中营被囚禁的人员主要有被捕的共产党员、抗日将领和社会各阶层的爱国知名人士、进步人士。自1938年11月建立至1946年7月撤销，先后关押1220余人，其中包括许多著名人物，如许晓轩（《红岩》中许云峰的原型）、杨虎城、黄显声、张露萍、马寅初等。600多名革命者为革命事业先后在这里献出了宝贵的生命。

　　重庆白公馆于1939年被国民党军统局改建为监狱，专门关押军统所认为的"案情严重"的政治犯。监狱背靠歌乐山，四周高墙、电网密布，墙外制高点上有岗亭和碉堡。大门终年紧闭，只有侧面开一小门与外界相通。狱内有牢房20间，最多时曾有200余名"政治犯"被关押于此。抗日爱国将领黄显声，同济大学校长周均时，爱国人士廖承志，共产党员宋绮云、徐林侠夫妇及幼子——大家最熟悉的小萝卜头等都曾关押于此。小萝卜头原名宋振中，自婴儿时期就被关押在此地，随着他慢慢长大，父母亲努力为他争取到学习的机会。在狱中，小萝卜头一边随同黄显声将军刻苦学习文化知识，一边不断帮助狱中难友秘密地传递情报和纸条。然而，在解放前夕，特务们残忍地杀害了年仅8岁的小萝卜头。著名的小说《红岩》便生动鲜活地再现了监狱内部残酷恐怖的囚禁生涯以及革命党人矢志不渝的坚定信念。在二楼的一间牢房里，我们看到了一面特殊的"五星红旗"。1949年10月1日，当新中国成立的消息传到渣滓洞和白公馆监狱后，革命者欣喜若狂。被关押在白公馆监狱的罗广斌、陈然等100多人难以抑制心中的激动，他们想象着五星红旗的样子，用一床红色的被单和几个纸剪的五角星制作了一面红旗。红旗做好以后，被藏在牢房的地板下。我们无法想像当年他们绣这面红旗时的心情，他们梦寐以求、为之奋斗的事业终于成为了现实，可他们自己却仍处在暗无天日的监狱中，他们无法走上街头汇入到欢乐的人海中，无法亲眼看见第一面五星红旗的升起，他们只能在心中欢呼，用眼神互相祝贺、传达喜悦之情。遗憾的是，他们中大多数人最终也没能亲眼看见真正的五星红旗的样子。1949年11月20日，军统特务对关押在此的革命者进行大屠杀，仅20人脱险。

重庆渣滓洞集中营原为一小煤窑，因渣多煤少而得名。1943年被军统霸占，设立看守所。分内外两院，外院为特务办公室、刑讯室等，内院一楼一底16间房间为男牢，另有两间平房为女牢。关押在此的有"六一"大逮捕案、"小民革"案、"挺进报"案、上下川东三次武装起义失败后被捕的革命者，如江竹筠、许建业、何雪松等，最多时达300余人。1949年11月27日国民党特务在溃逃前夕策划了震惊中外的大屠杀，大部分关押在此的革命志士都英勇牺牲。

（二）心灵之悟

这次红色之旅，给我们留下了深刻的印象，让我们的心灵又一次受到了净化和洗礼。

1. 珍惜今日美好生活，铭记革命先烈与伟人

考察途中看过了一张张发黄的照片，听过了许许多多动人的故事，参观了一个又一个阴森恐怖的牢房。留给我们的，不仅仅是深深的感动，还有更深远的思考。每一位革命先烈的影子都浮现在我们眼前，每一段写满了不屈和抗争的历史都被我们铭记，老虎凳、辣椒水、"披麻戴孝"等等这些灭绝人性的刑讯，关水牢、吊囚笼这些丧尽天良的暴行，使我们对革命先烈们怀着无比的崇敬与怀念，同时，也引发了我们对于当下和未来的冷静思考。幸福生活无疑是来之不易的，无数伟人和革命先烈为了新中国，为了广大人民的幸福安乐，不惜抛头颅、洒热血，愿把牢底坐穿。他们用自己的鲜血和宝贵生命，才换来我们今天的安定团结和幸福生活。

我们当代的许多青年人，从小都是在蜜罐糖水里泡大的，从没有受过多少苦难，从小就开始享受丰富的物质生活，有的甚至忘却了今天的美好生活是谁带来的。因此，我们的年青一代更需要这样的社会实践和考察，需要加强爱国主义教育，需要更深地去了解我们中国共产党艰辛而伟大的历史，只有了解，才能懂得；只有懂得，才会珍惜。在今天这个和平的年代，作为一名共产党员，有着什么样的使命感，应该坚持怎样的党性，应该保持一种怎样的作风，这是摆在每一个共产党员面前的问题。我们深切地感受到，我们不仅作为一名共产党员，更作为一个思想政治理论课教师，首先应该加强自身的责任感和使命感，自觉加强党性修养，成为先锋模范和榜样，这样才能更好地教育学生、更生动地感染学生。同时，我们应该时刻牢记入党时立下的誓言，继承革命先烈们的遗志，发扬革命先辈

的优良传统，不怕苦、不怕累，艰苦奋斗，以乐观的心态和饱满的精神投入到自己的本职工作，以自己的实际行动来感恩我们的党和革命先烈们为我们开创的美好新生活。

2. 追求远大理想，坚定崇高信念

参观息烽集中营、渣滓洞、白公馆等三大集中营，一次次让我们的灵魂接受洗礼。仰看烈士的事迹和尊容，俯首他们的遗言和遗物，我们的心被一种无形而伟大的力量所慑服。先烈的精神，如阳光洒进心灵的暗房，像雨露滋润着空虚和荒芜的心田，灵魂上的一切灰尘和污秽全被涤荡。我们仿佛看到了昔日的战火与韬略。在息烽集中营这座阴森森的人间魔窟里，革命的火种始终没有熄灭。罗世文、车耀先、韩子栋、许晓轩等一批革命先烈在极其艰苦的条件下，还秘密组建了狱中党支部，始终保持着旺盛的革命斗志，真正做到威武不屈，坚贞不渝；在人间地狱，新生命"小萝卜头"的出生给先烈们带来了希望与欢乐。在那艰苦的环境下，他还坚持学习，帮狱友们传递信息，最后惨死在敌人的屠刀下，成为最小的革命烈士。我们不仅仅为烈士们的献身精神所深深打动，更在思索：在敌强我弱的形势下，在严刑拷打面前，是什么支撑着他们？是什么能让他们经受得住酷刑和死亡的威胁？我们想，答案只有一个：那就是远大的理想和坚定的信念！正是因为这众多共产党人具备了高远的共产主义理想和钢铁般的意志信念，共产党才能够打败军力数倍于己的国民党。可以说，我们的新中国，正是建立在这种高远的理想和坚定的信念的基础之上的。

理想是璀璨的明灯，是燃烧的火炬，它给人以巨大的精神力量，指引着人们前进的方向。理想既是人们向往和奋斗的目标，也是维系人们团结战斗的纽带和激励人们前进的精神支柱。无论是国家、民族、个人都应当有一种精神，一种信念。假如当初我们的革命先烈们没有这种理想和信念，就不可能有我们今天的和平与幸福。当前，我国正在进行着另一场伟大的革命，就是建设中国特色社会主义，实现中华民族伟大复兴。虽然当今和平年代不同于过去的革命战争年代，但在改革开放的过程中同样充满了各种困难和风险，我们广大党员更需要坚定党的理想和信念不动摇。我们今天面临的考验不是生命的威胁，而是各种利益的诱惑和腐朽思想的侵蚀，很多的党员干部都经受不住权力、金钱和美色的诱惑而纷纷落马，这不得不给我们敲响警钟。在西方各种思潮面前，在各种意识形态的斗争面前，我们的共产党员更应该保持清醒的头脑，牢记党的宗旨、坚定党的理想信念，加强马克思主义理论学习，保持高度自觉。

3. 脚踏实地、天道酬勤

这次考察行程中与贵州师范大学马克思主义学院的交流座谈也给我们留下了深刻的印象。通过交流，我们对贵州师范大学马克思主义学院的教学、科研、学科建设等方面有了一个较深入的了解和认识。在教学上，他们所开设的课程与我校基本相同，都是按照国家"05"方案改革要求开设了五门课程，但他们比较有特色之处是多开了一门名为"贵州省情"的课程，占一个学分。另外，他们在科研方面的成果也令我们自愧不如。近年来，贵州师范大学马克思主义学院共出版专著 48 部，省级、部级、国家级科研立项项目众多，仅 2010 年就获国家社科基金项目 2 项，教育部规划课题 3 项；2011 年获国家社科基金和教育部项目 9 项。我们深刻地感受到了我部与贵州师范大学马克思主义学院的巨大差距。在交流中，他们毫无保留地将教学、科研工作中的成功经验向我们介绍。我们了解到，科研立项的成功，不仅有个人的艰辛探索，还有老教授、名教授们的指点和帮助；每一次项目申报，都经过集体反复论证和修改；每一个科研立项，都是集体研究、集体智慧的结晶。他们不仅形成了一个"传、帮、带"的优良传统，也逐渐培养了年轻教师谦虚、刻苦、严谨的学术精神。这次交流考察使我们明白：任何收获都需要付出努力和汗水，荣誉的背后包含了许多人的智慧和劳动。只有脚步踏地，一步一个脚印，打下扎实的基础，才能收获丰硕的果实；天道酬勤，只要树立自己的目标，勤勤恳恳、刻苦钻研，我们在不久的将来也必将收获属于自己的成果！

【学生篇】

一 麻风病康复村及康复者现状调查

——消除麻风歧视，共建和谐社会

有这么一群老人，自从上世纪五六十年代得了麻风病以后，就一直生活在几乎与世隔绝的偏僻山村。即使康复了，也没再回到社会，因为世人的偏见和歧视在他们身上留下了巨大的阴影。

"世界防治麻风病日"的主题是——消除麻风歧视，共建和谐社会。

国家卫生部、民政部、中国残联、中国红十字总会都呼吁，消除对麻风病病人和康复者的歧视，构建和谐社会，要以人为本，全面完善社会保障制度，关注社会弱势群体，关爱麻风病康复者！为了让社会上更多人了解麻风病康复村和康复者，我们走进了麻风病康复村，开始了这次的调查旅程。

考虑到全国的麻风村分布多且散，鉴于调研范围以及时间人力等有限条件，我们决定采用以下两种调查方法：

I 文献法：查阅相关文献资料，了解麻风病的相关资料和我国对待麻风病康复者的一些政策规定，关注社会弱势群体，关心完善社会保障制度，构建和谐社会。

II 访谈法：走访其中一个麻风病康复村，通过和那里的麻风病康复者近距离接触和交谈，了解他们的生活状况和精神状况。

为了掌握第一手材料，我们来到了广东省肇庆市广宁县的天心麻风村，和那里的 11 位村民一起同吃同住，通过访谈了解当地麻风村和康复者的现状。在调查过程中，我们还帮助他们修屋檐，修水池，搭棚栅，和他们一起聚餐，一起生活，一起劳作。

根据 2003 年的统计资料，全国有 617 所麻风村，收容约有 20000 名曾经的麻风病人和500名现症病人。大多数麻风村地处偏僻，交通不便，医疗条件差，房屋破旧，村内的治愈者畸残率高，生活十分困难，有的麻风村还有不少健康家属和子女。

每年一月的第四个星期日是"世界防治麻风病日"，我们了解到当年的世界防治麻风病日主题——消除麻风歧视、共建和谐社会。围绕这一主题，卫生部办公厅、民政部办公厅、中国残联办公厅、中国红十字会总办公室等部门要求开展"世界防治麻风病日"有关活动，动员社会各界共同关心支持麻风病防治工作，消除社会对麻风病人和康复者歧视。然而，部分地区由于对麻风病防治工作的重视不够，投入不足，麻风病患者及畸残者的医疗、康复、生活等方面存在诸多亟待解决的问题，社会对麻风病人的歧视和偏见依然没有完全消除。

由于传统的认识或偏见，许多人都是"谈麻色变"。以往的处理办法就是要么把麻风病患者活埋、火烧，或者就是把他们集中收治到一个偏远的山落，远离亲人和朋友，过着与世隔绝的生活。这些康复村大多分布在偏远的农村，交通困难，信息闭塞，他们与世隔绝、贫困孤独，康复村基础设施较为落后，有些康复村水电供应困难，村民缺少经济来源，生活难以保障。部分村民不仅缺少来自国家和社会的关怀，而且缺衣少食，备受生活和心灵的煎熬，村中的人平均年龄都在60岁以上，有很多老人都是年轻时进村，一呆就是一辈子，很少有机会出去。

正确认识麻风病，改变传统的偏见是消除麻风病人歧视的主要途径。面对麻风病康复者，我们应该以科学的态度去看待这个弱势群体。考虑到他们面对生活困境、面对社会的嘲笑、面对他人的歧视，我们应给予更多的关注与关爱。

调研与探讨

第一，广宁县天心麻风村的概况

1. 麻风村位于肇庆市广宁县五和镇天心村内，属于粤西北地区的山区。从广州出发，即使有专车，也要将近4个小时车程才可以到达天心村村口。到了村口，还需步行30分钟的山路才能到达这个麻风村，而且山路多数是泥巴路，下雨的时候路会特别难走。此外由于那里是偏远的山村，晚上蚊虫很多，而且昼夜温差也较大。

2. 该麻风村的前身是一家名叫运水的医院，运水医院始建于1959年，当年建设这个医院的目的，就是为了收治麻风病患者，最多的时候这个医院收治了超过 500 名麻风病人和康复者，当年有近 50 名医护人员，四个饭堂。不过这些情景现在已经看不到了，随着患者和康复者人数的逐年减少，医生和护士都离开了，剩下的是一些是无家可归、没人照料的老人。因为各种原因，他们即使病愈康复了，也不愿意回家。于是在缺医少药的情况下，在"医院"里生活了几十年直至今天。

3. 运水医院现在的村民一共只剩下 11 人，有 9 男、2 女，平均年龄 70 岁左右。其中有一些村民曾在康复后回到社会和家里，但因为周围人歧视而不得不再次离开家人回到村子，村民多数都有一定的劳动能力，勉强能做到自给自足。

第二，康复者的居住环境

村民的居住环境不是很理想，他们居住的房屋大多有 20 余年的历史，最早建的可以追溯到上世纪 60 年代，两年前政府为这些老人们重新修葺了房子，是新一点的砖瓦房，还有一些还是那种黄泥砖砌成的房子，大部分已经残旧不堪，受到很多寄生生物和白蚁的侵害。

每个村民都有属于自己的一间屋子，大约有 7~8 平米，每间屋子都有一张床，一张桌子，几张凳子，村民一般在房间内煮饭做菜，所以屋子常年潮湿，一些村民因此患上了风湿病。

房子的屋檐很短，几乎不能遮阳挡雨，然而村民平日里最喜欢的就是坐在门口休息，但是日晒雨淋使得他们大多时间只能呆在家里，我们这次去帮他们延长了屋檐。山上蚊虫多，以前的志愿者曾帮他们装了纱窗。

第三，康复者的日常生活

1. 目前，村民能得到政府的救济。从当地政府得到的数字是每位村民每月领到 200 多元的财政补贴；村民说政府的救济方式是每月每人供给米 30 斤，油盐各一斤，肉钱 20 元，现钱 20 元，10 元燃料费。此外过年过节领导也会来慰问，每年慰问都会给他们送来 100 元左右的红包，村民所得的补贴能勉强地维持生活。除了政府的补贴，村民多数有劳动能力，能自给自足，有个特别能干的村民，一个人种植了估计有 40 平方米的甘蔗，50 平方米的水稻，以及几十棵香蕉树。大多数村民都养鸡，种蔬菜，有一些稻田，还有部分村民饲养有猫、狗等。村民当中有两个人因身体残疾和精神问题无法劳作，其他村民也会帮助他们。另外有一村民家里每年会给 400 - 500 元的伙食费，这样的"收入"在村里可称为首富。

2. 村民都是白天劳作，天黑以后就没什么事可做了，因此他们通常都是早睡早起。因为经济能力非常有限，村民们每天都吃得很简朴，一天就吃两餐，早餐基本是不吃的，平日里吃的菜多是自己种植的一些蔬菜，很少有机会吃到肉类食品。

社会保障或社会福利政策有利于缓解贫困，完善社会保障制度是构建和谐社会的基础。在完善社会保障体系的过程中，不能忽略对麻风病及康复者这个弱势群体的补贴救济，应该让他们感受到政府和社会各界所给予的关怀。要逐步提高他们的生活质量，使他们能享受到稍高于当地最低生活标准的生活。因为从长远来看，如果这部分弱势群体的困难和问题得不到及时有效解决，不仅会影响患病群众的生活，而且还会影响社会健康发展，因此，救助麻风和麻风病康复者、构建和谐社会是全社会应当共同关注和重视的一项责任。

第四，康复者的身体状况和精神状况

1. 麻风病也叫汉森氏病，是一种由麻风杆菌侵犯人体皮肤和周围神经引起的慢性接触性传染病。麻风病的主要症状分为皮肤症状和周围神经症状两种，而这些康复者曾经因麻风村的治疗条件有限，一些人得不到较好的治疗而引起各种残疾，如手脚溃烂而不得不截肢，面部溃烂而引起白内障、狮脸等，这也是人们对麻风病产生恐惧歧视的重要原因。该村村民身体状况比较好，但有个别村民的溃疡比较严重，还因为屋子潮湿很多老人患有风湿。

2. 由于传统的偏见和科学知识的缺乏，麻风病人以及康复者一直遭到社会的歧视，承受着难以想象的社会、家庭、精神等方面的压力。该村多数村民比较乐观，但也有个别人比较沉默寡言。一般每个老人都有一台收音机，经常听听新闻、粤剧等。有时村长在买菜的时还会带一些报纸回来，有几位村民读过书，能看懂一些报纸。这也是他们的一种娱乐方式，也是与外界交流的唯一途径。

第五，村中的医疗条件

广宁天心麻风村现在由当地麻防站管理。据村民说，麻防站每个月都会派1名医护人员来1次给村民做溃疡护理。村长偶尔会下山拿一些药回来，但据我们了解很多药是已经过期的。

第六，我们需要做的工作

麻风病康复者作为社会弱势群体的一部分，在构建和谐社会中我们不能忽略他们，而且更要去关注和帮助他们。需要大家共同携手来做好宣传并普及关于麻风病的知识，消除社会的误解与歧视，建立和完善良好的社会保障体系，改善麻风病人和康复者的生活条件，让他们得到生理和心理上的治疗，为构建社会主义和谐社会献出一份微薄的力量。

第七，和谐社会是关心弱势群体，扶危济困的社会

构建社会主义和谐社会就要充分发扬中华民族扶危济困的优良传统美德，加强马克思主义群众观和党的群众路线的宣传教育，改进群众工作，密切党群、干群关系。民政部门是党密切联系群众的桥梁和纽带，民政工作与人民的生活息息相关，因此，民政干部应该深入基层，倾听群众呼声，关心群众疾苦，以群众关心的热点和难点问题为工作重点，运用说服教育、示范引导和提供服务等方法把群众工作做深、做细、做实。

政府应该继续完善社会救助的体系。要从关心社会弱势群体思路出发，大力开拓服务范围，积极营造全社会关心困难群众生活的氛围。根据我国麻风病康复者老龄化的实际情况，实行并村计划，缓解麻风病康复者所面临的困境，进一步为麻风病康复者提供良好的治疗环境，减轻社会负担。积极参与麻风病康复者的扶助工作，针对麻风病康复者设置一些管区精神卫生服务站。开展"回归"计划，通过与麻风病康复者家人的沟通联系，实现老人回家的梦想，帮助老人"常回家看看"。

麻风村中不少村民都没有手指甚至手掌，麻风病带来的耻辱对他们说已经习以为常，即使治好病，他们仍居住在一个与世隔绝的村子，而且已住了几十年。由于不被社会接纳，贫困潦倒又目不识丁，很少有人离开过村子，恐惧和偏见的根深蒂固使得他们步履艰难。

构建和谐社会必须先从"人"的和谐做起，多一份包容，就多一份和谐，心的距离不拉近，人与人之间就难融合，整个社会、整个国家和谐就只能是一场梦。众人拾柴火焰高，只有以包容之心待人，以包容的行为对待麻风病和康复者，社会才能进步，和谐方可成真。

构建和谐社会还需要建立和完善社会保障体系，这也是国家长治久安、人民生活幸福、经济持续增长的重要一环，社会团结安定、经济快速发展、综合国力增强，又为社会保障制度的改革和发展创造了良好的条件。当前，在社会保障体系逐步健全和完善方面存在着一些问题，特别是在麻风病康复村的扶助和管理方面，更需要我们认真研究，并逐步加以解决。

（作者：同舟行动协会　苏婷　张璐　陈细醒　指导教师：吕志）

二 广东揭阳市青少年犯罪 问题调查报告

　　青少年多出于贪利性、享乐性、报复性、模仿性、虚荣心、好奇心或哥儿们义气等心理而产生犯罪动机，其特点主要有：犯罪人年龄偏小，呈现低龄化趋向；多是出于享乐、精神空虚而实施犯罪，且多采用结伙犯罪形式；犯罪时缺少预谋，具有突发性和随意性，往往不计后果；少女犯罪率上升；改造难度较大，重新犯罪的可能性上升。

　　随着经济的发展与义务教育的普及，揭阳市在基础教育方面取得了较好成绩，但由于区域经济发展不均衡，高水平教育人才的缺乏，加之本地区人口较多，使得揭阳市有相当一部分青少年没有接受到良好教育。在这些人中，部分青年外出打工，而大多数则游手好闲，在社会混混的怂恿下，有的青少年则因好奇心强、自制能力差、模仿性强而走上了犯罪的道路。

　　经过调查得知，近年来揭阳市各级党政领导和有关职能部门高度重视青少年的法制教育，开展了一系列预防青少年违法犯罪工作，青少年违法犯罪行为在一定程度上得到控制。但是，由于市场经济逐利性的影响，青少年违法犯罪呈现出一些新情况。认真地研究分析这些新情况，采取切实的措施，从根本上预防和减少青少年违法犯罪，是揭阳市各级领导和有关职能部门亟待解决的问题。

　　经过调查得知，揭阳市 2003 年的青少年犯罪形势最为严峻，犯罪案例也明显增多，经过有关部门多年的预防和教育，近年来揭阳市青少年犯罪率已明显下降。

（一）揭阳市青少年犯罪的特点

1. 青少年犯罪暴力性加重，社会危害性加强。近几年，该市侵犯财产、实施抢夺、诈骗和敲诈勒索等暴力性犯罪行为出现上升趋势。据统计，2003 年揭阳市青少年实施侵犯财产行为的有 801 人，占全市青少年犯罪总人数的 60.9%。在青少年犯罪中，暴力重大刑事案件日渐增多，施暴程度不断加重，而且青少年犯罪时在作案过程中很少顾及后果，作案手段野蛮和残忍，社会影响极为恶劣。

2. 青少年犯罪类型有所增加，吸毒现象较为严重。近几年来，该市出现了毒品犯罪、非法买卖运输枪弹、合同诈骗和计算机犯罪等新的犯罪类型，吸毒贩毒等毒品犯罪尤其突出。据公安部门去年 5 月份普查，该市 25 周岁以下吸毒人员为 2926 人，占全市吸毒总人数的 34.4%。

3. 青少年犯罪者的文化素质不高，大部分为初中以下的文化程度。青少年罪犯中，大都是接受的文化教育少，一些人小学期间就辍学，初中以下的教育背景的人占 90% 以上。

4. 团伙犯罪案件较多，甚至有的形成犯罪集团。青少年罪犯虽年轻力壮具有体力优势，但由于他们的思想还不成熟，缺乏作案经验，对犯罪心理压力大，且他们大都实施暴力犯罪，担心被害人反抗，总觉得单个人作案势单力薄，故经常纠集几人去共同作案，形成犯罪团伙甚至犯罪集团，这样既能使部署安排周密，又能在力量上足以抵制被害人的反抗。

5. 再犯比例高，有前科构成累犯的人员占很大比例。2003 年揭阳市查获 25 岁以下青少年犯罪嫌疑人 1315 人，占全市受案人数的 53.3%，其中 14—25 周岁犯罪嫌疑人 1313 人，不满 14 岁的违法犯罪人员 2 人。在青少年犯罪群体中，有前科、累犯占 20% 左右。再犯比例高，说明这些犯罪人的主观恶性大，恶习很深，虽经劳改教育仍不思悔改，是打击的重点，但从另一个侧面也反映出我们在特殊预防上存在的不足。

（二）当前揭阳市青少年违法犯罪的主要原因

青少年违法犯罪的原因极为复杂，涉及政治、经济、文化、法制、教育、道德等多个领域，也涉及到家庭、学校和社会等众多方面。有青少年自身心理、性格等方面的主观原因，也有外界各种复杂的客观因素。

1. 不良动机是产生犯罪的一个重要原因。凡违背禁止性规范的动机均为不良动机，它可以诱发很多犯罪，成为犯罪人实施犯罪的内在动力，如经不住金钱诱惑的拜金主义会产生贪污、贿赂等犯罪，不劳而获、不思进取、贪图享受的享乐主义可以诱惑青少年去盗窃、抢劫，复仇的报复心理可以导致去杀害、伤害别人，不良习气如赌博、吸毒等均可以引发大量刑事案件的发生。

2. 青少年自身素质不高，抵御能力差。随着社会物质生活条件的改善，青少年生理发育加快，个性意识增强，但其心理发展滞后，自我约束能力较弱，情绪不稳定，容易受诱惑，缺乏一定的辨别是非能力和自我保护意识，加上大多数青少年法律意识又很淡薄，很容易受到不良因素的影响而误入歧途。

3. 婚姻、家庭的影响。一是单亲家庭比例增多，对青少年身心健康的成长有直接的影响；二是下岗失业等社会问题严重，致使这些家庭的青少年得不到应有的教育，社会压力转嫁给了青少年；三是大部分个体私营业主忙于生计，疏于对子女的管教，致使他们走上违法犯罪的道路；四是一些家长自身素质低，行为不检点，涉足"黄、赌、毒"等，潜移默化地影响了孩子的健康成长。

4. 学校教育的漏洞。当前，有的学校对青少年学生的思想和法制教育不够，导致许多青少年学生缺乏正确的理想信念，不知什么是违法，什么是犯罪，缺乏普通的法律常识，头脑中没有辨别是非的标准，不懂法、不知法，也就谈不上遵纪守法，这是导致青少年犯罪的又一个重要原因。

5. 社会影响。一是社会上拜金主义、享乐主义的思潮对青少年产生了不良的影响；社会上高消费意识的盲目膨胀，追求物质金钱的欲望及腐朽思想严重侵蚀了青少年的身心健康，拜金主义、享乐主义重新抬头，经济收入的差距加大，造成了青少年心理上的不平衡，诱发青少年向往金钱物质，使得一些青少年为获不义之财疯狂作案；二是渲染色情、暴力、凶杀的书刊、音像制品充斥着文化市场，影响着青少年的健康成长；三是黄、赌、毒及封建迷信现象屡禁不止，致使青少年深受其害；四是各种网吧、迪厅等娱乐场所对青少年的身心健康成长造成不良影响不容忽视。

去年在某校举办的讲座上提到了一个话题——"小错不断的后果"。下面引用一位教授的一段话：

"同学们，你们看过电影《铁达尼号》吗？铁达尼号这艘号称世界上最先进、最安全的邮船后来为何沉没在大西洋中？其中的道理你们知道吗？那是因为邮船撞上了冰山的一角，破了一个不大的洞，船体逐渐进水，逐渐下沉，以致最后整船沉没。日常生活中很多事情的发展，就跟'铁达尼号'一样，有一个逐渐发展的过程。"

"同学们，在我们美丽校园里，聚集着这么多的同窗同学，有积极上进的，有中游的，有落后的；这三类人都有可能成才，但也有可能出废品，成才与成废品的关键不在于书读得怎么样，而在于对本身的约束怎么样，如果自小就小错不断，日积月累，终有一日，就会犯大的错误，甚至走上犯罪的道路。"

小错不断确实是生活中很常见的现象，但如何教会青少年通过调整自己而取得进步就成为了大家探讨的话题，从根本上遏制犯罪的源头就成为解决青少年犯罪问题的关键。

举例来说，揭阳市近几年滋生了飙车的不良之风，广大居民受到极大的困扰，寻求刺激的发泄方式为青少年的聚集营造了一个平台，为青少年进行群体性的违法犯罪行为提供了条件。可见，整顿社会风气，治理社会环境，清除不良青少年聚集的窝点就成为防止青少年犯罪的任务之一。

下面是揭阳市民对有关揭阳市青少年飙车的几种看法：

看法1：目前揭阳市市区夜间的飚车已不是一个个别的问题，那到底错在哪里？这使得人们寻找深层次的缘由。为什么偌大的广州，人口那么多，但飚车却少见，而在揭阳却那么多？

看法2：要重视全社会教育教育体系的构建。学校和家庭教育，直接影响青少年的成长，其责任是不可推脱的，但除此之外，社会的媒体传播，相关职能机构都要成为社会秩序监管体系的组成部分，都要发挥出对青少年教育的作用。

看法3：揭阳市目前尚未有很好的办法对待飙车。查禁打击飙车，至少有一个原则，就是警方执法时同样需要确保违法驾驶者的生命安全。

看法4：根治飙车或者其他危害公众安全行为，关键还在于对青少年的教育引导。飙车行为，参与者获得的乐趣就是疾速行驶下的刺激带来的兴奋和圈内人们的注目，究其原因还在于心理问题，通过学校、家庭和社区建立不同层次的辅导教育监督网，可以在一定程度上遏制飙车，起到降低青少年飙车现象的积极作用。

看法5：就目前看，飙车对社会安全已经构成威胁，其原因是多样的，交通安全意识淡薄只是其中之一。飙车现象的背后可能还掺杂着赌博/团伙犯罪/逃避现实/逃避就业等诱因，这可能是更加需要关注的问题。青少年犯罪趋势的上升，是一个社会问题，只有在良好的社会风气熏陶下，才能得到有效的控制。

（三）预防青少年违法犯罪的对策

预防和减少青少年违法犯罪是一项涉及面很广的社会系统工程，需要动用全社会的力量，同心协力，群策群治，才能营造良好的社会氛围，从根本上预防和减少青少年违法犯罪。经过调查，针对预防和减少揭阳市青少年违法犯罪问题，我们认为应做好以下几个方面的工作。

1. 抓预防机制的构建，确保各项预防和控制措施到位

（1）要按照揭阳市预防青少年违法犯罪工作领导小组的安排部署和全市预防青少年犯罪工作会议的总体要求，抓好工作责任制的落实，签订《社会治安综合治理目标管理责任书》，实行纵签到底、横签到边的目标管理责任制，从而在全市范围内形成了预防青少年违法犯罪的目标管理责任体系，形成了上下联动、群策群力、齐抓共管的工作格局。

（2）切实加强对预防青少年违法犯罪工作的组织领导，探索建立起一套预防在前、警示经常、控制有效的预防青少年违法犯罪的防控机制。一是综合治理部门要在辖区内各单位建立起"三表一卡"青少年教育管理档案体系，即：在校中小学生登记表、单位职工子女、社会闲散青年登记表、劣迹青年登记表、单位与学校沟通情况联系卡，组织力量逐校、逐单位、逐街道摸排登记。二是实行预防青少年违法犯罪月报制度，每月对在校学生及本辖区青少年违法犯罪情况进行统计上报，发现问题及时进行整治，对青少年违法犯罪的情况及时掌握和控制。

2. 强化整治力度，营造良好的社区生活环境

（1）加强道德建设，努力提高人们的道德水准，为青少年的健康成长营造良好的精神环境。

（2）加大宣传教育力度，积极倡导全社会都来关心和支持青少年的教育，站在国家兴衰、民族存亡的高度来关心和重视青少年的健康成长。

（3）坚持不懈地抓好校园周边环境的综合治理，为学校教育提供良好的社区环境。要努力争取公共文化娱乐场所免费或优惠向学生开放，坚决制止诱惑、唆使，放任青少年进入不健康的营业性娱乐场所的行为。

（4）加大打击力度。坚决取缔黄、赌、毒等社会丑恶现象，对危害社会的小群体和小团伙要严防狠打，努力创造青少年健康成长的一方净土。

（5）加大帮教力度。对罪错程度比较严重，对他人危害比较大的青少年集中起来进行帮教，增强帮教转化工作的针对性，减少对同伙和他人的影响。

3. 提高青少年自我防范意识，从源头上堵住青少年的违法犯罪行为

（1）抓《法制教育大纲》的贯彻实施，确保各项法制教育措施到位。要把青少年的法制教育作为一项重要的预防措施来抓，要与当地教育部门紧密配合，做到把法制教育同学校的教学计划结合起来，采用多种方式强化学校的法制教育；要把法制教育与课外活动、团队活动结合起来，通过开展专题讨论、演讲、征文、参观监狱、戒毒所、组织法律知识竞赛、主题班会、模拟法庭、开设法制宣传园地、法制广播节目、举行法制教育展览、少年交警、旁听法院审判等多种形式的活动，对学生进行生动直观的法制教育；要把法制教育与思想品德教育结合起来，抓德育打基础，抓法制保德育，实现学校德育教育和法制教育的有机结合。

（2）区分重点，提高青少年的防范意识。开展预防和减少青少年违法犯罪教育，必须有青少年自身的积极配合。这就要求有关部门在青少年的教育过程中，要注意培养青少年的自我保护意识。要教育青少年明辨是非，冷静地观察周围世界，对是与非、对与错要有自己的见解，一旦发生对自己直接或间接的侵害，能自己辨别，主动回避，防止受骗上当。增强青少年的道德意志。要加强青少年道德意志的培养，增强其自觉抵御外界不良诱因的能力。掌握自我防范的策略和方法。青少年受到侵害，多数时候是在比较隐蔽的条件下发生的，因此，青少年要与侵害人斗争，必须讲究策略和方法。

4. 做好家长的宣传教育，积极改进家庭氛围

（1）可以多联合法庭、计生、社区居委等部门，开展一些群众容易接受的活动，如开办家长学校，召开家长会、家访等方式，提高家长的法制意识，引导广大家长依法保障孩子的合法权益不受侵害。

（2）教育引导广大家长起好榜样示范作用，对孩子施加潜移默化的影响。家庭要形成健康文明的生活方式，家长要在学习上精益求精，在事业上追求卓越，为孩子做出榜样，使孩子因家而自豪。

（3）教育引导家长加大对孩子的监护力度，用关心和爱感化孩子，用说服和引导教育孩子，使孩子时时体会到家长的关心。

期望揭阳市营造出预防和控制青少年犯罪的良好环境，制定出有效的防控措施，营造出良好的教育氛围，使揭阳市的青少年健康成长，成为社会的有用之才。

参考文献

［1］康惠农、王汉林：《青少年犯罪预防、控制问题研究》，《青少年犯罪研究》1999 年第 11—12 期。

［2］《揭阳日报》2007 年 1 月 14 日。

［3］揭阳市公安厅新闻发相关资料，2004 年 6 月。

［4］华南文武学校的法制讲座，2008 年 1 月 14 日发布会。

［5］《南方网讯》2007 年 3 月 25 日。

［6］揭阳电视台相关报道，2007 年 4 月。

（作者：医药贸易 07（2）班　涂哲宇　关云峰　李小霞　指导老师：万芳芳）

三　揭东县云路镇中小学教师生存状况调查

　　广东是一个经济大省，在改革开放的不断深化中，建设教育强省是其必然趋势。于是，农村教育成了迫不及待的需要解决的问题。在我省实行九年义务教育全免费后，作为农村义务教育中的一个主体——农村教师，其生存状况也成了义务教育中的一个重要问题。所以对农村教师的现状进行调查，了解教师生存的真实状态，就变得十分重要。在这种背景下，为了解农村中小学教师的生存状况，我们来到广东省揭东县云路镇进行了调查。

（一）教师的生活基本状况调查

1. 教师工资收支情况

　　教师的收入水平是影响农村教师生存状况的重要因素之一。通过从当地教育行政部门获得的全镇中小学在职教师的工资表进行数据统计，可以看出当地教师的收入水平。全镇在职初中小学教师（不包括代课教师）总数468人，初中152人，小学316人。初中教师每月工资各层次所占比例如下：

工资层次	2000 元以上	2000 ~ 1600 元	1600 ~ 1200 元	1200 元以下
所占比例	12.5%	17.1%	48.0%	22.4%

　　其中最高工资为2557.30元，最低为996.10元，平均工资1510.61元。

　　小学教师工资每月各层次所占比例如下：

工资层次	2000 元以上	2000~1600 元	1600~1200 元	1200 元以下
所占比例	20.5%	28.5%	43.7%	7.3%

其中最高工资为 2487.80 元，最低工资为 996.10 元，平均工资为 1671.39 元。

以上数据均未扣除 7% 的社会保险费，所以教师实拿的实际工资就剩 93%。

从数据上看，教师的收入属于当地人收入的中等水平。虽然教师平均工资只低于当地公务员平均工资几十块钱，勉强符合"教师的平均工资水平应当不低于或高于国家公务员的平均工资水平，并逐步提高"的规定，可公务员的工资分包括基本工资和各种补贴，而补贴这一部分却处于灰色地带。实际上，公务员的工资比教师的工资高出了许多。况且，全镇还有 50 多位代课教师，其月薪只有 300 元。

当地教师的生活支出状况又怎样呢？通过采访调查，我们比较全面地获得了不同教师的支出情况。

按年龄和工资分类，教师主要支出具体分三类：第一类是年龄较高的教师，由于他们教龄较长，工资较高，可他们大多数要赡养父母，抚养和教育儿女，工资基本上全部用于养尊教幼，甚至入不敷出，生活较为朴素。有位受访的李老师接受我们的采访时说，只要孩子有出息，生活再苦也没关系。

第二类是教了几年的教师，由于他们的教龄不长不短，工资居中，可一千多元对于他们来说，也是勉强维持生活，哪怕夫妻两人都是教师。

第三类是刚毕业的教师，工资最低，一千块钱左右，他们勉强养活自己。由于本地区仍属农村，交通不便，教师上下班的车费也占据了较多的费用。为了提高自己的素质和水平，有些教师还自费进修。受访的郑老师是一个小学教师，由于达不到至少大专学历的要求，在年过四十的时候还不得不花一万多元经三年时间取得函授大专文凭。在编教师尚且如此，我们无法想象代课教师怎么安排自己的 300 元钱。

由于现在社会消费水平的不断提高，当地教师的中等工资水平越显捉襟见肘，从而出现了以下问题：（1）由于刚毕业的年轻教师工资水平很低，不足维持生计，年轻师范毕业生不愿到该地从教。（2）毕业后到该地从教的新教师，由于生计所迫，在工作之余想方设法增加收入，不利于新教师全心全意投入工作。（3）由于当地总体工资不高，难以引进较高水平的教师。

2. 教师对生活的满意度

我们设计问卷对 100 位在职教师进行生活满意度调查。调查结果表明，尽管工资不高，可大多数教师喜欢教师生活。其中，有 22 位教师对这种教师生活表示非常满意，其中多数是子女已成人、年龄较大的教师；有 42 位教师对这种生活表示满意，认为虽然工资不高，但这种生活能给他们带来快乐；有 26 位教师对这种生活表示一般，他们大多认为习惯了这种稳定的生活；有 10 位教师对这种生活表示不满意，几乎都是年轻教师，他们认为工资远远满足不了他们对生活的追求。至于对退休之后的生活期待这个问题，受访教师几乎都表示满意。然而，当谈到是否同意其下一代继续选择教师行业问题时，大部分教师都表示不同意，因为教师的收入毕竟还比较低，满足不了年轻教师的要求。

（二）教师的教学基本状况调查

1. 教师的教学工作压力

教师的工作量是造成教师职业压力的主要因素之一，也是影响农村教师生存状况的重要因素。我们通过对几所学校近几年来的功课安排表进行分析，结果发现，该地农村教师每周工作量 10 – 15 课时的约占到 50%，工作量 5 – 10 课时的约占到 30%，这两项总共是 80%，占到总数的大部分。剩下的 20% 是学校领导和一些需要照顾的教师，每周授课 5 节课以下。以一周 5 天工作时间来计算，教师每天上 2—3 节课的占大多数，也就是一周 10 – 15 节课。虽然课程不算太多，但是大部分学校实行的是"坐班制"，不管有没有课，教师都要在办公室备课改作业，一直到下班。

根据我们采访的学校领导反映，教师们无论家离校多远，路多难走，天气多么恶劣，教师们很少迟到，随意请假的就更少了。有些教师中午还得回家料理，可很少由于家事而耽误教学进程，反而有很多教师由于课后辅导学生而耽误了家务事。正因为如此，整个教师队伍可以说是以校为家，为学校和学生奉献出了大部分的时间和青春。

面对这样的工作量和压力，我们的教师对自己的工作满意度是怎样认识的呢？通过调查，我们发现有相当一部分教师对教师的工作条件表示不满意（31.8%）和比较不满意（7.8%），占约 40% 的比例。虽然很多教师对工作条件不满意，但大部分教师对教师职业的满意和比较满意的分别占 6.7% 和 53.5%，对自己工作业绩的满意度中满意和比较满意的分别占 8.4% 和 64.1%。通过这些数据我们可以看出，教师对于自己的职业是比较认同的，虽然对现实生活中的一些物质条件表示不满，可是他们还是兢兢业业，认认真真地完成教学任务，做到使自己满意和学校满意。

虽然还有较多的教师对目前的工作条件不太满意，而且在教学工作中感到还有一些困难，但是他们都是在尽职尽责地完成自己的工作，努力克服各方面的困难。并且随着年龄不断增加，经验不断丰富，工作业绩在不断提高，取得了较好的成绩，所以他们对自己业绩的评价，大多数教师都持肯定的态度。

2. 教师对人际关系的认知及满意度分析

在调查中，我们设计了教师与学生之间的关系，教师与教师之间的关系以及教师和学校领导关系三个问题。从调查的结果来看，教师对人际关系总体上是感到满意的。如下表所示：

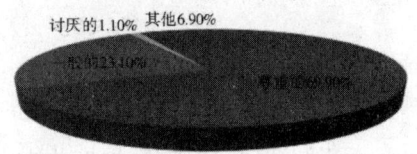

师生关系中，不同教师的自我感觉：

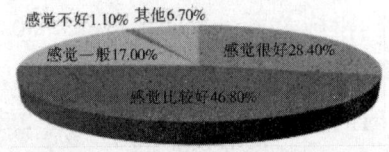

教师与教师的关系中，不同教师的感觉：

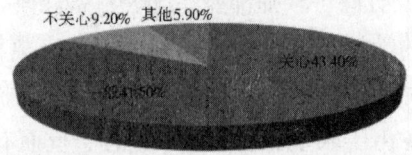

领导对教师的关心，不同教师的感觉：

师生关系和教师与教师之间的关系普遍较好，与领导对教师的关系比较，显然领导对教师的关心还不够，学校领导应该加强对教师生活和工作的关心。

但调查数据同时也显示，大部分教师对学校领导的工作还是比较满意的。

　　尽管教师对领导的工作满意度还不错，但在领导是否关心教师、节假日是否慰问以及帮助解决住房、夫妻分居和子女就学等生活问题上，各学校教师对其领导满意度并不是很高。在解决住房、夫妻分居和子女就学等生活问题上，领导所发挥的作用也是比较有限的。

　　从后三项调查内容和结果来看，在教师对领导工作的评价上，应该是存在着一定的主观性，所以教师对领导工作的满意度只是一般。在解决住房、夫妻分居和子女就学等问题上，这几项调查内容是和教师的生活密切相关的，住房、夫妻分居及子女就学等问题是家庭当中的几项重大问题，都关系到教师是否能够安心工作，很多学校的领导受自身权限的限制，同时也受当地经济状况的制约，还无法采取"有力措施"。

　　从上面的数据及访谈来看，就目前教师的教学基本状况及满意度而言，我们可以看到如下特点：

　　农村教师的工作压力普遍较大，但是都能胜任教师的工作，对教师的职业基本感到满意。通过这次调查，我们发现教师的工作时间确实较长，在初中学校更加严重，初中的班主任教师基本上是以校为家的。在农村的初中，大部分教师每天约九个小时在校工作，甚至住校为学生批作业、备课，以至于很多教师积劳成疾，健康程度恶化。即便是如此，教师还是兢兢业业的坚守在教育的岗位上，为农村的教育事业贡献着自己的光和热。并且随着年龄的增长，年轻教师的教学的经验逐步丰富，慢慢学会了处理教学中出现的各种问题。教学水平不断增长，个人的工作胜任状况也随之上升，在教学中感到困难的就会越来越少，对教师的满意程度也会随之增长。此外，教师同学生、同事和学校领导的关系比较融洽，只是对学校的领导的满意程度还需要加强。

　　通过以上调查，该地农村教师工作中出现的问题总结如下：（1）教师的工作压力较大，教师身体素质不是很好。（2）学校未能给教师提供较好的教学环境及生存保障。（3）教师的工作时间过长，工作量过大，易忽略教学质量。

（三）改善农村中小学教师生存状况的建议

　　陶行知先生说过："教育就是社会改造，教师就是社会改造的领导者。在教师的手里操纵着幼年人的命运，便操纵着民族和人类的命运！农不重师则农必破产，工不重师则工粗陋，国不重师则国必不能富强，人类不重师世界则不能太平！"面对农村教师中出现的问题，该如何为这些农村教师解决问题呢？我们为此提出以下建议。

1. 制定提高农村中小学教师社会地位和经济收入的特殊政策，鼓励他们终身从事教育事业。目前农村中小学教师的社会地位、待遇和福利有了一定的提高，但是他们的经济收入和社会地位还未能和他们所负担的社会责任相符，很多的中小学教师对自己的待遇和福利不满意。按照人才流动规律和趋向看，一些单位以优厚的收入和待遇、较高的社会地位，对农村中小学教师产生较大的吸引力，不少教师流向有较高待遇的行业，比如政府部门，从而使本已紧缺的农村中小学教师队伍更是雪上加霜。

2. 以教师为中心，改进农村中小学的管理制度，减轻教师的压力，对教师实行人性化管理。譬如，在农村中小学中，普遍实行的是坐班制度，即不管教师有没有课，都要从早上一直坐到下班，这对教学的改革并没有什么好处。对于农村的教师，尤其是农村的"半边户"（夫妇俩一人是教师一人是农民）教师，连维持基本的家庭开支都比较困难。所以可以适当允许教师在没课的时间，在不影响学校正常教学的情况下，挣外快，例如家教，以此增加收入，稳定人心。

3. 统筹规划，加强对教师的培训工作。在前期主要是着力解决教师学历不达标的问题。各地可以采取不同的措施，提高教师的学历达标率。但是单纯以提高学历为主的学历进修，并不能达到对教师提高素质的要求，因此必须要将提高学历和提高业务水平结合在一起。制定好长期规划和短期规划，做到统筹安排。对于新课程的培训，除了其掌握精神实质之外，还应该采取各种观摩课、教材培训、集体备课，帮助教师解决新课程应该是教什么、怎么教、学什么、怎么学等等问题。

4. 发挥政策优势，鼓励城里优秀的教师到农村去支教，鼓励毕业生到基层去工作，并且要形成制度。

百年大计，教育为本；教育大计，教师为本。各级政府部门和学校应该采取切实可行的措施，解决农村中小学教师存在的各种问题，提高教师的素质和水平。农村教育不发展，广东建设教育强省的目标就不可能实现。

（作者：药学08（2）班 江子滔　指导教师：李益杰）

四　新会"小鸟天堂"景区现状调查

（一）"小鸟天堂"概况

"小鸟天堂"是指一株有500多年树龄的古榕树，位于广东省江门市新会区天马河上，因其生根垂入土壤中经长期繁衍所形成的覆盖约两公顷的河心小岛，故有"独树成林"的说法。岛上栖息鸟类数十种，被称为"全国最大的天然赏鸟基地"，是新会著名的国际级生态旅游景点。

"小鸟天堂"属天马村辖内，占地面积达40万平方米。传统上，本地村民交通以陆路为主，水路为辅。其中，榕岛所在的天马河道向外延伸，连通邻近村乡，沿水道出银州湖可达新会的双水、崖门等地，长久以来形成了浓厚的水乡风情和独特的乡土文化。

"小鸟天堂"作为多种野生鸟类的栖息地而出现在人口稠密之地，这种奇特的自然景观已延续了近400年。长期以来，当地人与岛上鸟雀和谐共处。以小岛为中心，周围方圆数里的农田、水塘、河道、山丘甚至房舍，形成了一个人、鸟及各类动植物共生的生态圈。

"小鸟天堂"得名于著名作家巴金的著名散文《鸟的天堂》。20世纪30年代，巴金在友人的陪同下沿着天马河，欣赏了这一自然奇观，随后写成的游记让这个隐没于乡间的奇景闻名于世。1984年，巴金亲笔题写了"鸟的天堂"四个大字，使这一景观锦上添花，同时掀起了"小鸟天堂"作为景区开发的一个高潮。

"小鸟天堂"作为景区的开发和建设大致可分为三个阶段：

第一阶段：1978年开辟为景点，在天马河居民区一侧正对小岛约一公里的河岸上兴建了观鸟台、茶厅、水榭、休息亭，设置了游艇供游客赏

195

树观鸟。1982年1月经原新会县人民政府批准成立小鸟天堂旅游中心。

第二阶段：上世纪90年代中后期，景点增设赏鸟笼、马戏班以及一些游乐设施。

第三阶段：2002年重新规划扩建，把"鸟的天堂"建设为一个具有岭南水乡自然特色，聚集"古榕、鹭鸟、天马人"历史文化和民间传统生态环境保护特色的自然文化景点。

另外，天马村及其周边地区的开发由来已久。上世纪50年代，在现今"鸟的天堂"景区正对面开垦建成占地约12公顷的天马农场。到80、90年代之交，随着本地经济的发展，相关地区成为开发的热土。大片荒地、农田被征收、开发，取而代之的是以新会港为中心的港口和工厂区。

近年来新会地方政府大力发展旅游业，"鸟的天堂"作为新会的一个旅游标志，它所带来的经济效益已不仅是单个景区的观光收入，还带动周边地区运输业、餐饮业、酒店业的发展。

（二）存在的问题

随着当地经济的发展和游客的增多，小鸟天堂周边地区出现了过度开发的现象，对景区产生了较大影响。根据在天马乡对村民及在景区对游客的调查走访，我们可归结出因景区及周边地区开发而引起的问题主要为：

1. 鸟类数量减少

小鸟天堂长期栖息着数万只近40种野生鸟类，其中以鹭鸟最多。据鸟类专家考证，小鸟天堂鹭鸟大致有四种，分别是白鹭，夜鹭，池鹭和牛背鹭。另外还有暗绿绣眼鸟、大山雀、绿颈斑鸠、棕背伯劳等。尽管天马河中水产丰美，觅食容易，但榕岛上的鸟类活动并不局限于榕岛，而是遍及方圆数里的农田、水塘甚至远至隔江相望的崖门。每日清晨和傍晚鸟群外出觅食或归巢而形成的"百鸟出巢"和"百鸟归巢"是景点的一大特色，而周边农田、水塘上成群飞过或觅食的各类鸟雀构成了本地特有的一道亮丽的风景线。

在访问中，不少村民表示鸟类数量曾一度减少，在2000年前后鸟岛甚至难以见到鸟儿的踪影。根据网上所得资料及村民意见，让鸟类数量减少的原因可归纳为两个：偷猎和环境的改变。

历史上，天马村民有爱鸟护鸟的传统，"鸟岛3公里范围内禁止打猎"是当地居民一道不成文的规定。但上世纪80年代末至90年代中上期，由于经济的发展和居民生活水平的提高，"吃野味"成为了一种时尚，针对景区以鹭鸟为主的各种偷猎行为一时猖獗，距离天马乡约10公里的会城镇的一些市场上，夜鹭等野生鸟类成为一些市民的备选菜肴。

针对日益猖獗的偷猎活动，原新会市政府在1997年重新划定禁猎范围，并采取一系列措施严惩偷猎行为，进入90年代末期，曾一度猖獗的偷猎逐渐消失。

受访村民表示，由于本地居民及景区当局监管向来很严，除麻雀等影响农作物收成的鸟类外，猎杀其他鸟类是被明令禁止的。即使是偷猎，偷猎者也不敢明目张胆进入鸟岛受保护范围。他们通常是夜间在周边农田活动，所捕获的多是夜鹭等夜行鸟类，销往餐馆或在主要菜市场内零散兜售。事实上，据一些受访市民的回忆，在野味最多的那几年（恰好是偷猎行为最为猖獗的90年代中期），经常见到有人卖夜游（即夜鹭）。随着有关部门监管和打击力度的进一步加强，目前会城镇各主要菜市场内，零散兜售野鸟的现象已不复存在，公然销售受保护野生动物的行为在本地餐馆已很难见到。

偷猎行为固然是鸟类减少的一个原因，但因为偷猎者多为外地闲散人员，偷捕条件有限，加上夜间活动不便，收获极为有限。因此，可以推断偷猎活动对小鸟天堂鸟类数量的影响其实不大。其实，最主要的影响因素，是环境的改变。

以鸟岛为中心，各种鸟类的活动范围遍及周围方圆数里的农地和水塘。随着90年代小鸟天堂周边地区的开发，原本大片鸟类活动的农田水塘受到破坏，加之天马河水质受到污染，大量鸟类迁走，曾一度出现鸟岛范围难觅鸟踪的尴尬局面。

针对这个问题，当地政府于2002年对景区进行整改并重新规划。工程完成后，鸟岛范围内的环境有了明显的改善，鸟类数量重新增加至现时的2万多只。但一位受访村民表示，现在的小鸟天堂鸟的数量"还是没有之前的多"。所指的"之前"，是指上世纪70、80年代和90年代早期。

针对鸟类的保护，除了一系列禁猎措施和环境恢复外，爱鸟教育是一项重要的手段。据悉，天马村中学于2000年3月成立了一支约200人的"爱心护鸟队"，将爱鸟教育落实到行动上。另外，在天马乡一些路口和山边均可见到由新会区森林防火指挥部和会城街道办事处所立的写有"爱林防火"和"严禁打鸟捕猎"等标语的宣传栏。

2. 自然环境遭到破坏

经 2002 年的重新规划扩建，原位于小鸟天堂景区正门前的大片农田被改造为绿化园区，紧贴着繁忙的银湖大道，而隔路相望的则是新规划的工厂区。

正门广场修建得整洁而美观，绿化做得令人称赞。沿着景区一侧的荷塘深入，北面是天马与茶坑之间以水田为主的新会现代农业基地，包括杨桃园、草莓田、甘蔗田、家禽养殖场、水塘，田园气息十分浓厚。

在正门另一侧，是进入天马村的公路路口。该侧景区同样紧贴着一道河流，但河水污浊，水面上不时可见漂浮的塑料袋等垃圾，而该河道正是流经榕岛的天马河的支流。

天马河道原来横越天马乡墟，并直达约两公里以外的金牛头水闸，出银州湖，其支流布满于上述农田之间。由于水质的恶化和景区的进一步开发，到 2002 年整修时，政府在天马河经榕岛的一段河道上设置了一前一后两道水坝，将景区内水环境与外河道隔绝，一方面可以防止外河道受污染的水进入景区；另一方面，还可以保持景区内水位的稳定，维持区内景观。

接受采访的不少村民表示，现在的小鸟天堂景区与过去相比，确实漂亮了不少，游客对此也表示充分肯定。在受访的 10 位游客中，有 7 位对小鸟天堂环境的评价是"很好"，其余 3 位则为"非常好"。评价"非常好"的 3 人认为，景区内规划得很合理，现代设施与周围自然景观非常融洽。

然而，我们发现在距离景区稍远的农田，其灌溉水道却污水横流，在一处河边上居然还发现了不下 50 条的聚集成片的死鱼。另外，建在原来农田上的农家乐餐馆所排出的污水令人关注。有游客表示，如果能将紧贴景区周围的部分地方也整治一下，则景区会更完美。

3. 缺乏地方文化特色

小鸟天堂的成名得益于巴金当年游览过后的念念不忘，而小鸟天堂的延续则依靠当地人与鸟和谐共处的传统。如果说前者是一位文化名人为这个景观做的一次广告，后者则是作为广告品牌所具有的最基本的底蕴，这里面蕴含着这个地方的特色文化。

"请问你是怎样知道小鸟天堂这个地方的？"就这个问题，有 10 位游客接受了采访。其中有 8 位表示，是由于巴金那篇闻名遐迩的《鸟的天堂》慕名而来的，其余的 2 位则是看了旅游公司的路线推介，巴金的《鸟的天堂》成为旅游公司的卖点。

在采访过程中，所有受访游客都认为小鸟天堂建设得很漂亮，但被问到"请举出你喜欢的地方"时，答案却局限于"榕岛"、"鸟类"。难道投入大量人力物力建成的新园区就不讨人喜欢吗？对于这个问题，一位来自中山的先生表示，园区的确很漂亮，一些景点的设置也很有趣。但一眼看去，除了榕岛这个标志以外，与国内的其他景区没有什么大的区别。更有网友表示，小鸟天堂其实很像个俗气的大公园。

缺乏地方文化特色，是小鸟天堂成为一个"俗气的大公园"的重要因素。

按天马本地村民的说法，天马人不属于"疍家"，但因当地河网发达，水陆交通便利，因此也发展出自己的一套独特的水乡风情。曾经在当地盛行一时的各色小船为其一，本地特色的水上民歌——咸水歌为其二。

据巴金在《鸟的天堂》中所述，他游榕岛赏鸟时所乘搭的是小船。而这样的小船，在当地曾经很常见。乘搭着这样的小船，可以沿着河道到达农田或邻近乡村，在过去是一种比较便捷的交通方式。但随着陆路交通的发展，这样的小船逐渐被淘汰，时至今日，在天马河道上已经屈指可数，取而代之的是被局限在景区内部的游艇和只在端午节等重大节庆中出现一次的龙舟。

咸水歌与水上婚礼是小鸟天堂吸引游客的一大亮点，也是当地特色文化的一个标志，以其独特的方言，悠扬的歌声和隽永的歌词令人充分感受到人与自然和谐相处的乐趣。但可惜的是，咸水歌和水上婚礼只在春节等重大喜庆节日演出，而如果游客在其他时间前来参观的话，则无缘欣赏。

另外，在护鸟文化这一点上，是因为当地村民把岛上鸟类尤其是白鹭视为神鸟，因而予以保护而不得猎杀，否则要受惩罚。但在实际调查中我们发现，虽然当地的确有将鸟类视为神鸟的传说，但知道的仅限于部分老年人。受访的大部分村民则认为，不准猎鸟是因为偷猎行为违法或者是传统习惯，而并非年长者认为的神鸟的原因。

（三）几点建议

针对以上存在的问题，我们提出相应的三点建议：

1. 鸟类保护。结合环境保护，在维持现有环境的基础上作进一步改善；继续加强护鸟教育，建议在传统文化教育中适当加入当地护鸟神话传说。

2. 环境保护。继续加强天马河道的整治，并扩大整治范围，改善水质；对周边工厂和农家乐餐馆作适当引导与监督以避免污水横流。

3. 文化保护。加强上述护鸟传统文化的宣传；在现有榕荫水道游艇观光路线的基础上，建议适当延长路线，增开当年巴金前往茶坑村的"巴金路线"，还原水乡特色；另外，鉴于小鸟天堂景观观赏的时间局限性，建议将附近的凌云塔、梁启超故居、周边农田以及具有当地水乡建筑特色的乡村划为生态文化旅游区，结合鸟类保护与环境保护，在开发当地旅游资源的同时，使当地特色传统文化以及良好生态得到最好的利用。

（四）总结

小鸟天堂作为一个难得的自然奇观，是人与自然和谐共处的最好见证，是大自然与祖先给后代留下的珍贵遗产。而事实上，类似于小鸟天堂这样的自然奇观又何止一处？在当代的开发热潮下，我们很多时候看到这些景区因开发而带来的巨大经济收益的同时，更多的是看到因开发不当给景区带来的破坏。历史不可以重来，自然奇景的形成也非一朝一夕，一时的破坏了就意味着永远的失去。因此，保护成为了一个重要的话题，要让人们能够欣赏美景的同时，景区也受到最好的保护。

对小鸟天堂进行的调查，就是希望能在调查的过程中，找出多年以来小鸟天堂开发与保护的得与失，从而引发人们对于自然、人文景观保护性开发的思考，这在当前人与自然和谐相处、共同发展的前提下无疑有重大的意义。

（作者：临床医学 08 班 林荫龙　指导老师：吕志）

五　农民对新型农村合作医疗政策的满意度调查

　　一直以来，社会上都普遍反映"看病难"、"看病贵"，而广大农民对这个问题的反映更是强烈。他们明显感觉到家中若有一人患上重病，微薄的收入根本难以支付昂贵的医疗费，生活艰难就更不用说了。他们迫切希望政府能够出台相关的政策来减轻医疗负担。为此，2002 年中央政府明确提出要逐步建立"以大病统筹为主"的新型农村合作医疗制度。从 2003 年开始，全国正式建立新型农村合作医疗政策的试点地区，而且数目在不断增加，参保人数也逐年上升。自 2002 年至今，新型农村合作医疗政策已经实施近六年，这个意在切实解决农民"看病难"、"看病贵"的惠民政策到底落实得怎样呢？农民是否真正从中享受到实惠？农民对此是否感到满意呢？围绕上述问题，我们利用暑假社会实践的机会来到广东省台山市汶村镇汶村，进行了一项以问卷调查和访谈为主要形式的调查研究。

（一）对汶村新型农村合作医疗政策实施现状的调查数据分析

　　本次调查随机派问卷，访问了 100 名汶村的村民，其中年龄 16 – 25 岁的人占 36%，26 – 35 岁的占 10%，36 – 44 岁的占 52%，46 岁以上的占 2%。汶村于 2003 年开始实施新型农村合作医疗政策，迄今参保率已达到 92%。

　　1. 村民对当地医疗机构的评价

　　从村民的问卷数据统计结果中，我们可以看出大部分的村民都投诉医疗机构收取费用相当昂贵，只有 15% 的人认为医疗费用可以接受。另外，在评价当地的医疗机构提供服务的水平时，50%的村民认为差和较差，37%的村民认为一般，剩余少数村民对当地的医疗机构提供的服务正算满意。

2. 村民对新型农村合作医疗政策的认知

当被问到对新型农村合作医疗政策的认知时，村民的回答差异较大，占三成的村民说不知道，很少机会了解，没有人着重宣传，其余知道新型农村合作医疗政策的村民或源于2003—2005年，或源于2005—2007年，其比例大约各占一半。实际上新型农村合作医疗政策明确提出于2002年，自2003年开始进行试点实施。就该村而言，已经有90%以上的村民参加了新型农村合作医疗，而且也有享受过新型农村合作医疗政策报销的村民，但新型农村合作医疗政策已实施了近6年，却很少有人清楚现在的新型农村合作医疗政策到底落实到哪个阶段。

3. 村民对新型农村合作医疗政策的评价

从调查数据的统计结果看，82%的村民认为新型农村合作医疗政策对农民是一种特殊照顾，11%的村民表示不是，7%的村民表示没意见；而承认新型农村合作医疗政策对农民的保障作用大或一般的村民各占30%左右，有22%的村民回答保障作用大，16%的村民回答保障作用不大。从参加新型农村合作医疗的村民对新型农村合作医疗政策的评价来看，绝大部分的村民认为该政策的优点是便民和实惠；有38%的村民认为它的缺点在于保障水平低，11%的村民认为宣传不到位，51%的村民认为其登记、理赔程序过于繁琐。当被问及对新型农村合作医疗政策中以保大病为重点的看法时，40%的村民认同这种做法，54%的村民选择保小病或保门诊，只有6%的村民希望门诊、住院都能保。在新型农村合作医疗政策个人所承担的费用比例问题上，34%的村民表示基本合适，11%的村民表示过高，25%的村民表示过低，30%的村民表示不清楚。

4. 村民对新型农村合作医疗政策的满意度

据调查结果显示，村民对新型农村合作医疗政策表示很满意的仅占7%，基本满意的占84%，不满意的占9%。六成以上的村民表示村干部在落实该政策时做到利民便民，情况尚算满意。由此看来，新型农村合作医疗政策这一政策是广受农民百姓欢迎的，只是对于目前来说，其实施的策略及方法等还有很多需要改进的地方。

（二）汶村新型农村合作医疗发展中存在的问题

1. 宣传不到位

由调查结果可以看出，虽该村已有92%的村民参加了新型农村合作医疗，但是绝大多数村民对于该项惠民政策落实到哪个阶段都表示不清楚，很明显村民对新型农村合作医疗政策不甚了解。另外调查过程中也有不少村民反映自己家人虽然参与了新型农村合作医疗，但是关于医疗报销的条件、比例、程序、起付线或封顶线等基本问题都不大了解。他们说平时基本上很少接触到有关此项政策的详细介绍或者宣传，也只有在参保付费的时候才简略地了解到相关的内容介绍。这种情况都归根于村干部的宣传不够到位，再加上新型农村合作医疗政策的不断改进、完善，导致改动多，变动大，村民短时间内难以了解和认知。

2. 医疗理赔程序过于繁琐，限制多

调查问卷统计结果显示，大多数多村民反映新型农村合作医疗的手续烦琐，需要提供的材料证明多。另外，新型农村合作医疗政策中规定只有住院的人才能报销。如有些村民罹患的是慢性病，需要一直吃药和复查，所需的费用都相当大，却无法报销，不能得到相应的医疗保障，导致这些村民无法摆脱因病致贫、返贫的困境。因此，存在超过六成以上的村民希望可以保门诊或保小病，而不是仅限制于只有住院才可以报销，同时也希望可以简化报销手续，减少不必要的程序，方便理赔，真正做得便民、利民。

3. 医疗机构服务水平、基础设施差

在针对该村村民的访问中，我们清晰感受到该村很少村民对当地的医疗机构的服务水平、基础设施的评价是满意的。实际上，医疗机构服务水平差，基础设施滞后使得当地有些需要治疗的村民不得不前往外地求医，从而影响了医疗费用报销的比例，更有可能导致村民的某些重大疾病未能及时得到正确的诊断，错过了最佳的治疗时间。这严重影响了普惠农民政策的落实，难以从根本上解决农民看病难、看病贵和因病致贫，返贫的问题。此外，因业务素质较高的医疗专业人才栖身城市及外流严重，乡镇卫生院中高学历水平的医务人员缺乏，医务水平总体欠差。这反映出乡镇卫生院、村卫生室的医疗条件有待改善，乡镇医务人员有待充实，村卫生员的待遇有待提高。

4. 缺乏农民对新型农村合作医疗的意见反馈机制

在调查中，很多村民向我们反映，在村里根本没有农民对新型农村合作医疗进行投诉或者提出建议的地方。农民对新型农村合作医疗政策满意不满意？不满意之处在哪里？如何改进？这些问题都没有表达途径。在实践过程中，整个新型农村合作医疗政策的内容和相关条例都是由县级以上政府制定和颁布，然后给乡镇党委、政府下达指令的，农民是被动地接受参保。作为新型农村合作医疗政策的目标群体和参与主体，农民有知情和言论自由的权利，应该创造条件允许广大农民参与协商制定新型农村合作医疗政策条例，例如理赔条件、报销比例、定点医院设立等。当农民为不清楚理赔手续、程序等问题而急需求助时，村干部及上级领导者理应设立反馈部门，倾听农民群众的心声，及时帮助他们解决疑难，真正做到便民利民，以行动证明政府认真落实该项惠农政策，为人民服务的决心。

（三）对汶村新型农村合作医疗政策实施的建议与对策

1. 加强宣传，正确引导农民了解新型农村合作医疗政策

新型农村合作医疗政策是政府执行实施，由基层农民切身实践参与的，所以要使这项政策有效落实，首先应该努力提升各级干部自身对新型农村合作医疗政策的熟知程度，以免在宣传中模棱两可，因为对党的相关文件、政策不熟悉而误导农民理解。各部门也应该加强沟通交流，在工作上互相合作，帮助村民正确认知和解读新型农村合作医疗政策；另外，要充分利用村里的广播、宣传栏以及海报等传媒，将有关新型农村合作医疗政策的报销范围、限制范围、药物价格目录等公布于众；还可以设立咨询委员会，定期举行咨询会（例如每年一次），使宣传工作达到全面、透明、广泛，保证农民积极参与到新型农村合作医疗政策中。

2. 加强医务人员的业务服务水平培训，完善医疗基础设施建设

拥有一批高素质的医疗服务人员，建设完善的医疗基础设施，这是农民真正获得卫生健康保障的软硬条件，也是新型农村合作医疗政策实施的重要基石。据调查了解，汶村镇现有镇卫生院的医疗环境仍然较差，医疗设备较为落后。要使新型农村合作医疗政策更好地得到推行，一方面是加强对现有医务人员的教育培训，提高医务人员的医疗服务水平和工作效率，尽最大可能避免医疗服务人员恶劣的服务态度，向参加新型农村合作医疗政策的农民提供便利、快捷、周到的服务；另一方面，加大乡镇卫生

院的建设力度，政府应适当及时拨付建设资金，配置必要的医疗卫生设备，保证农民得到优质、规范、低廉的医疗诊断，并创造条件为村民进行一年一次的免费体检。各级政府可用相关优惠政策鼓励和吸引高等医药院校毕业生到基层工作，努力为农民提供升级版的乡镇新型农村合作医疗服务。

3. 建立规范化、专业化、职能化的新型农村合作医疗管理中心

任何政策的贯彻实施都需要有一个经得起检验的政策执行情况监督部门，唯其如此，才能使相关政策公平公正地落实到底。新型农村合作医疗政策要想实施得好，就必须建立一个规范化、专业化、职能化的新型农村合作医疗管理中心，用于收集广大农民的反馈信息，因为农民的事农民自己最清楚。例如可通过在医院报销处开设意见箱，定时开通农民热线，将农民的意见收集起来并进行及时处理。若农民因报销问题与医院发生矛盾时，作为监督员，相关管理人员要公平、公正地从医院身后走出，深入基层，直接上门或者打电话给当事者，详细了解事情经过，并设法进行协商和解，及时为农民排忧解难。另外，管理人员平时可以走进农村进行访问调查，倾听农民群众得声音，充分了解民意，这样才能真正做到为人民服务。

4. 扩大参保范围，缩小限制，进一步落实惠民政策

把更多情况纳入参保范畴，让更多的农民更好地享受到该政策带来的实惠。把涉及面扩大，在特殊情况下把小病也纳入参保范围，这对于那些家境不好的农民群众来说，无疑是遇到一场"及时雨"，这肯定是最重要的。所以，一定要去不断完善。

（四）本次调查的体会和感受

在这次调查中，农民对于我们的访问表示出了热情和欢迎之意，我们深切感受到他们渴望被倾听，渴望发表意见的心情。在整个调查研究过程中，村民们大多都很配合，而且积极发表他们的见解，给了我们很多有关的信息。从他们口中，我们了解到这个镇新型农村合作医疗的普及工作在不断完善，而且经过几年来的改进，这项政策也已经越来越受欢迎。我们相信通过政府和民众的共同努力，新型农村合作医疗制度一定会变得更好。

（作者：临床药学 08 陈秀丽 黎水兰 万林辉 指导老师：温汉雄）

六　经济危机对"新莞人"的影响调查

（一）调查目的

当前，经济危机波及全球，世界许多国家经济萎靡，"停产"、"裁员"、"倒闭"、"失业"字眼充斥着职场人的眼球。而在世界经济版图占有重要地位的中国，全球性经济危机对中国经济运行产生了一定影响，中国经济发展也面临着新的困难。改革开放三十年以来，我国的发展是有目共睹的，珠江三角洲地区的发展更是取得了飞跃的进步，广东尤其明显。在经济危机背景条件下，广东也受到各个不同方面的影响，而东莞是广东一个经济发展较好的地级城市，其"世界工厂"的地位也因经济危机面临着许多问题。

所谓"新莞人"，就是从别的省份来东莞打工的人，即外来工。这一称呼的变化体现了一个城市海纳百川的气度，也是政府为提升"新莞人"社会地位的一种主动姿态。在经济危机席卷全球的情况下，生活在东莞的这些"新莞人"，他们幸福吗？对于他们自己的生活满意吗？对于东莞未来的发展，他们有信心吗？经济危机下，对于在东莞就业、子女受教育、看病等问题，他们又会如何应对呢？带着这些问题，我们调查小组三人计划对在东莞生活的部分"新莞人"进行随机的走访调查。

调查形式：本次调查以问卷调查为主要方式，采取抽样调查方法，对东莞市 118 名"新莞人"发放了调查问卷，全部回收，无效问卷为 0。在118 份调查问卷中，以性别分组：男性 75 份，女性 43 份；以年龄层分组：25 岁以下共 8 人，25—30 岁共 61 人，30—45 岁共 35 人，45 岁以上共 14 人。为了使调查更具代表性、广泛性、真实性，我们还咨询了部分乡镇政府部门和参考了东莞网的相关资料。

（二）调查的结果与分析

1. 外来工对于"新莞人"称谓转变的看法

1. 你来东莞工作的时间有多久？
A. 一年以内（4.23%）　　　　B. 2～5 年（60.17%） C. 5～8 年（14.4%）　　　　　D. 8 年以上（21.2%）
2. 对于"新莞人"称谓的转变，你认同哪一种想法？ A. 提高"新莞人"的社会地位（5.09%） B. 淡化本地人与外来人之间的隔阂（24.58%） C. 没什么，这只是称呼的改变，没有实质内容（61.01%） D. 意味着从此融入东莞社会，成为其中一分子（9.32%）

根据调查显示，在受访的"新莞人"中，绝大多数（60.17%）来东莞工作时间为 2－5 年，而 8 年以上的仅占 21.2%，5－8 年的占 14.4%，一年以内的只有 4.23%。根据来莞工作时间的长短，他们可谓是不同批次的"新莞人"。有 24.58% 的"新莞人"觉得这一做法会淡化本地人与外地人间的隔阂，有 5.09% 的"新莞人"认为称谓的转变会提高其社会地位，9.32% 认为这是能让他们成为东莞社会一分子的途径。但是绝大多数（61.01%）"新莞人"认为称谓的转变没有实质改变，本地人与外地人之间仍旧存在着一堵厚厚的墙，很难撞破。从中可以发现，本地人对"新莞人"仍有歧视。称谓的转变只是个治标不治本的办法，政府应该要再深入地进行宣传。

2. "新莞人"对东莞的满意度

3. 你觉得东莞这座城市排外吗？
A. 很排外（9.32%）　　　　　B. 不排外（54.24%） C. 一般（25.42%）　　　　　　D. 不知道（11.02%）
4. 如今，你觉得东莞的治安环境有了明显改善？ A. 很赞同（38.98%）　　　　　B. 基本赞同（28.81%） C. 跟以前差不多（25.42%）　　D. 更差了（6.79%）
5. 你是否有在东莞定居并发展的意向呢？ A. 有（76.27%）　　B. 没有（5.93%）　　C. 考虑中（17.80%）

6. 最能影响你是否留在东莞工作的主要原因？
A. 自身工作工资福利待遇（77.97%）
B. 政府对外来人口的管理政策及福利措施（12.71%）
C. 东莞人对外来务工人员的态度（9.32%）

称谓的转变虽然不能证明本地人与"新莞人"之间没有隔阂，但是54.24%的"新莞人"认为东莞这个城市不排外，只有9.23%的认为东莞很排外，25.42%、11.02%选择一般或不知道。由此可知，本地人对于"新莞人"对东莞发展做出的贡献还是认同的。东莞与我国某些地方相比，还算是比较发达的城市，因此76.27%的"新莞人"会选择定居东莞，在东莞发展。因为东莞是工业城市，有大量的工厂，就业的机会相对比较多，工作工资福利比较好，而且政府对"新莞人"也有福利政策。所以，大部分"新莞人"对于东莞这个城市还是比较满意的。

3. "新莞人"对经济危机的了解

7. 你了解金融危机吗？
A. 有（16.10%）　　　B. 一般（62.71%）　　C. 不了解（21.19%）

8. 你知道这次金融危机的原因吗？
A. 知道（30.51%）　　B. 大概了解（63.56%）
C. 不知道（5.93%）

9. 你对这场金融危机的关注度如何？
A. 关注（50%）　　　　B. 不关注（50%）

10. 你或你身边的东莞人受到这次危机的影响了吗？
A. 很大（26.27%）　　　B. 一般（50%）　　　C. 没有（23.73%）

就"新莞人"对本次经济危机的了解度得知，关注与不关注这场经济危机的各占一半（50%）。对于经济危机，绝大部分（62.71%）"新莞人"只是一般了解，而63.56%的"新莞人"大概了解引爆这次经济危机的原因。可见，"新莞人"对经济危机不是很了解。50%的"新莞人"认为这次危机对他们的影响不是很大，有26.27%的"新莞人"认为影响很大，这足以证明经济危机在不同程度上影响着"新莞人"的生活。

4. 经济危机对"新莞人"消费的影响

11. 与以前相比，你的消费有减少吗？
A. 有（58.48%）　　　　　　　B. 没有（41.52%）
12. 进行消费时，你会怎么选择？
A. 维持原来的消费水平（6.2%）
B. 买还是会买，但会选择价格便宜的代替品（74.4%）
C. 刷卡消费，买了再说（19.4%）

　　在针对"新莞人"就经济危机下进行消费的问卷调查中，较危机前相比，消费有减少的有58.48%的"新莞人"，41.52%的没有减少。两个数据相差不是很远，这就说明即使处在经济危机中，必要的消费还是免不了的。因为绝大多数"新莞人"主要还是在衣食住行方面消费，同时这些又是生活必需品，所以消费不会减少很多。对于那些奢侈品，在危机下当然就是能省则省。如果一定要进行消费，74.4%的"新莞人"会选择价格便宜的代替品，6.2%会维持原来的消费水平，甚至有19.4%的"新莞人"会选择刷卡消费，买了再说。对于这种情况，"新莞人"应该首先要清楚自己的底细，认清自己的能力。其次要学会管理规划好自己的钱财，使其用得其所。

　　5. 经济危机对"新莞人"就医的影响

13. 金融危机下，你对东莞的看病买药情况怎么看？
A. 很贵（27.13%）
B. 费用有点吃不消，服务一般（45.76%）
C. 和其他城市差不多，还可以应付（15.25%）
D. 服务和收费都还满意（11.86%）

　　在针对"新莞人"就医环境的问卷调查中，服务和收费算满意的只占11.86%，所占比例并不乐观，而持中立态度的占15.25%，很贵和费用有点吃不消、服务一般分别占27.13%和45.76%，总数竟然达到72.89%，即有绝大部分人可能会因此接受不了必要的医疗。可见，东莞的医疗体系和医疗服务所给予"新莞人"的整体感受并不乐观。其实，东莞也有专门就医疗服务方面做过制度及操作的改革，其目的就是要完善东莞的医疗服务体系，给市民尤其是"新莞人"带来实实在在的利益感

受。但是从调查结果上看，之前的努力还有待加强，对医疗服务体系应该要有更好更高的要求。

6. 经济危机对"新莞人"接受文化教育的影响

14. 金融危机下，你认为目前东莞市政府对外来工子女求学问题的工作做得怎么样?
    A. 需要更多努力（45.76%）
    B. 有些许不足（23.73%）
    C. 基本还可以满足要求（13.56%）
    D. 做得不错（16.95%）

15. 金融危机下，你觉得在东莞能够基本满足你平常的看报、看电视等娱乐休闲方面的需求吗?
    A. 相当丰富多彩（75.42%）　　B. 跟老家情况差不多（6.78%）
    C. 差了点（3.39%）　　　　　D. 还有待改善（14.41%）

在针对"新莞人"受文化教育的问卷调查中，"新莞人"认为目前东莞市政府对其子女求学问题的工作基本满足要求的占13.56%，做得不错的占16.95%，有些不足的占23.73%，认为需要更多努力的占45.76%。每个人都有接受教育的权利，而且这权利是平等的。事实上，东莞市政府实施了很多帮助外来工子女求学的政策，而且还取得了部分成果。但是调查结果显示，政府的努力还不够。尽管东莞市政府颁布了不少帮助外来工子女求学的政策，但是政策的规定要求很多且很严格，设立的门槛很高，不能让广大的外来工子女都受益。因此，政府部门应该制定更具科学性、人性化的教育政策。

7. 经济危机对"新莞人"就业投资的影响

16. 请问现在的你有工作吗?
    A. 在职人员（42%）　　B. 失业人士（38%）　　C. 待业中（20%）

17. 如果你失业了，你还会选择在东莞再就业吗?
    A. 肯定会（49.15%）　　B. 再试多次（27.97%）
    C. 不大想（10.17%）　　D. 根本不考虑（12.71%）

18. 面对现在的情况，你还会买股票或基金吗?
    A. 会（22.88%）　　　　B. 不会（77.12%）

19. 你知道东莞市政府对这次金融危机的补救吗？
A. 知道（27.97%） B. 不知道（72.03%）

在针对"新莞人"就业投资的问卷调查中，在职的"新莞人"占42%，而失业的占38%，待业的占20%。就算是失业，49.15%的"新莞人"还是选择留在东莞再就业，27.97%的"新莞人"选择再多试几次，只有22.88%的"新莞人"会离开。在经济危机下，"新莞人"的投资也变得更谨慎了。77.12%的"新莞人"不会买股票或基金，只有22.88%的会选择继续买。从以上调查结果得知，经济危机影响最严重的就是就业问题，超过一半（58%）的"新莞人"处于失业或待业中，这表明经济危机对东莞企业的影响比较大。企业因受经济危机的压逼，基金和人才管理出现问题，企业只能选择节流的办法，辞退大量的员工，确保企业的正常运作。在东莞市政府就这次经济危机实施的补救方面，72.03%的"新莞人"对此不知情，只有27.97%的"新莞人"知道。由此也可看出，尽管政府对这次危机做出了补救，但是这样的努力还是不足的。就业是民生中重要的一个问题，政府应该要更加关注。

8. "新莞人"面对经济危机的信心

20. 你认为这次经济危机有积极作用吗？
A. 有（41.53%） B. 没有（58.47%）

21. 面对经济的不确定性，你会有心理压力吗？
A. 很大（27.11%） B. 一般（48.31%） C. 没有（24.58%）

22. 你对09年的经济转好有信心吗？
A. 有（69.49%） B. 没有（30.51%）

虽然经济危机席卷着全国各地，东莞也不例外。面对经济的不确定性，有27.11%的"新莞人"表示会有很大的心理压力，而没有心理压力的则占24.58%，一般的占48.31%。对于09年的经济好转有信心的占69.49%，没有的则占30.51%。结果表明，经济危机在不同领域以不同的方式影响着"新莞人"的生活，但是较多的"新莞人"都能保持积极、冷静、从容的心态去看待经济危机，接受危机的挑战。

（四）解决问题的措施或建议

1. 经济危机与"新莞人"消费能力的矛盾僵持不下，在经济危机的影响下，"新莞人"的消费相比之前有明显的下降。同时也表明"新莞人"对于钱财的管理相对缺乏。对于消费者自身，在经济危机下消费要多谨慎，储蓄意愿要加强；对于政府，应在消费者与商家间扮演好引导的角色，出台、实施发放各种形式消费券的办法、措施来刺激消费。

2. 作为民生三大问题之一的医疗问题，是本次调查中普遍关注的问题之一。"新莞人"普遍认为东莞的医疗费用贵和服务差，政府部门应该要重视这个问题，政府有限的资金，该如何合理分配，如何简化医疗措施的服务手续，如何提高医疗服务质量，这将是我们在很长时间内需要面对的一些问题。

3. 东莞作为一个工业化的城市，其工业的发展在很大程度上受"新莞人"影响。在东莞的"新莞人"人数多，而且工业需要大量人员从业。一个城市的发展是需要多方面配合的，倘若没有这些庞大的劳动力，城市的发展就如同巧妇难于无米之炊。城市的发展需要人才，政府应该从"新莞人"的子女入手，教育培养他们的子女。这样做的目的一方面可以吸引稳定"新莞人"，另一方面使那些受教育的"新莞人"成才后回报东莞，为东莞的建设贡献力量。此外，政府要适当提高"新莞人"的待遇福利，使他们能在东莞安居乐业。

4. 劳动力需求减少是经济危机的一个直接后果。劳动力市场的调整一方面体现在劳动就业者数量的调整，另一方面体现在劳动工资的调整。大部分受访者表示经济危机对自己及家人就业和收入有影响，其中少数受访者认为影响很大。危机对就业收入投资的影响有多方面的表现，经济危机使其心理压力增大；找工作的难度加大；经济危机使福利水平降低；经济危机使年终奖金降低等等。针对这些情况，企业方面应该要充盈现金流，稳定经营规模，适当收缩部分业务，强化自身竞争优势。政府应该协力帮助企业渡过困难，开设一些市场招聘会帮助"新莞人"就业。"新莞人"自身也要提升自己的素质文化水平，提高自己的工作能力。只有三方都进行改善，面对经济危机才能临危不惧，勇往直前。

（五）结语

在当今经济危机波及全球的影响下，东莞作为一个工业发展的城市，提升城市发展的从业人员的素质能力在很大程度上决定着城市的发展进程。就东莞而言，这些生力军就是"新莞人"。"新莞人"为东莞做出的贡献，大家有目共睹。经济危机的到来，多多少少对"新莞人"造成了影响，他们的生活也会遇到困难。在这种的情况下，我们应该帮助我们的"兄弟姐妹"——"新莞人"，帮助他们渡过难关。发挥所有人的力量，使东莞成为更美丽、更发达、更文明的城市！

（作者：天然药物制剂 08（2）邓艳斌　刘添恩　指导老师：刘小龙）

七　教育机会和社会融入

——广州外来务工人员子女适龄儿童入学情况调查

（一）研究背景

据广州市社会力量办学协会统计，截止 2007 年 12 月，广州市共有民办普通中学 79 所，在校学生总数 54953 人，民办小学 133 所，在校学生 112573 人，民办幼儿园 654 所，入托儿童 87969 人。其中有 70% 的中小学和 15% 的幼儿园对外来务工人员的子女开放。全市现在共有 250 所接纳外来务工人员子女上学的学校。从就读学校的性质来看，75% 的外来学龄儿童在外来人员子弟学校上学，25% 以借读生的形式就读于公办学校。近 10 年来，广州市外来务工人员子女学校发展迅速，在广州各大城区均有分布，其中天河区、白云区、番禺区和海珠区等外来人口聚居的区域较为集中。为了了解在现有的教育体制和社会环境中，这些民办的外来工子女学校是如何运作的，面临什么样的问题，我们将广州市外来务工人员作为调查对象，共发出调查表 80 份，采用分层随机抽样方法，获取的有效样本为 68 例，有效率为 85%。

（二）调查的主要内容

1. 作为外来人员子女上学主渠道的外来工子女学校"边缘化"现象突出。

外来人员子女学校最大的特点是以市场需求为导向，主要以收取学费来维持运转，学费成为学校主要的甚至是唯一的资金来源。这就使得生源成为学校能否生存的决定性因素，哪里有生源，学校就开到哪里。调查发现，这类学校存在较多隐忧：

一是资金运作的高风险。我们的调查显示，目前，投资一所 20 个班的学校约需 200—500 万元，而 85% 的办学者是通过民间借贷获取办学资金，年利息在百分之十以上。按照现行的收费标准，小学一般是 800—1500 元每学期，初中为 1000—1800 元每学期。这些费用包括学杂费、乘车费和午餐伙食费。若一所学校的学生人数为 800—2000 人，该学校一年的总收入则为 200—400 万元，常规支出一般不少于 250 万元，主要为场地租金、校车租金、教职工工资和学校正常运作的费用。以此计算，收回办学成本需要 5 至 7 年时间，在学费成为主要乃至唯一收入的情况下，资金运作的风险自然很高。

二是办学条件简陋，安全隐患多。目前全市没有一家外来人员学校的校舍产权属于投资者所有，大部分学校是租用厂房办学，办学条件简陋，学校在校舍安全、消防安全、校车安全、食堂卫生等方面隐患较多。以校车为例，调查显示，目前，外来务工人员子女学校中 45% 的校车没有营运证，25% 的司机没有获得驾驶证，52% 的校车存在超载现象。

三是管理模式落后。调查显示，87% 的办学者之前从事的是建筑、采掘、仓储、运输、批发和贸易、餐饮等行业，文化层次较低，缺乏办学经验。26% 的办学者实现了跨区办学，在广州市几个区开办 2—5 所学校。但在经营管理上，大多未能摆脱家族式的管理模式，管理水平较低。

四是师资队伍素质不高，流动性大。学校教师队伍数量不足，质量不高，高素质的教师非常缺乏。调查显示，民办学校教师中具备教师资格的仅占 55%，具有本科学历的教师还不到 15%。此外，近五成办学者与聘任教师没有签订劳动合同；近六成学校没有为教职工购买社会劳动保险；教师工资待遇偏低，月工资仅为 800 至 1500 元，寒暑假只发基本工资，这就导致了教师流动性很大，每年约有 5% 至 10% 教师自然流失。更有甚者，部分学校非法办学的问题比较突出，未经审批开设学前班、初中部，这就使得这些学校的教学质量难以得到保障。

五是竞争无序，盲目招生。由于学费成为学校唯一的资金源头，办学者为了争夺生源，常常大打价格战，造成了恶性竞争。调查显示，100%办学者认为学校的生存取决于生源数量；85%办学者认为招生存在无序状态，存在隐患；65% 的办学者对学校的远景规划缺少信心，认为一旦招生出现问题或经营管理出现问题，学校可能就马上关门，甚至同时在几个区

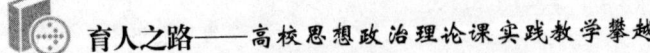

发生连锁反应，引发社会问题。

2. 外来人员子女与所在城市的社会融入存在困难。

社会学理论认为，教育在社会流动中、社会分化中具有稳定器、平衡器的功能，它具有将未成年人整合到社会及各种成人角色中去的"社会化"的职能，具有促进个人心理和道德生长的"发展"功能。然而，调查显示，外来人员子女对城市的融入还停留在较低的层次，仅仅是一种生存的适应，离社会层面和心理层面的融入还有很长的距离。作为第一代移民者，由于有迁出地境况的比较作为参照，外来务工人员对于迁入地的社会不公平往往有较高的认可度，一般并不期待与迁入地的居民享有完全相同的权利和地位。但作为第二代移民的外来务工人员的子女则不然，他们一般没有原来生活的经验，对于生活满意程度的参照系主要是迁入地居民的生活。他们较多地体会到了与迁入地人群的生活水平和社会地位差距，容易产生更多的被歧视感和被剥夺感，并且面对不平等缺乏忍耐性。他们的融合过程与其社会化存在不同步现象，对其成长带来负面影响。调查中，我们设计了一项多元变量调查，对外来学龄儿童与当地社会整合影响因素进行分析，将对广州的认同程度作为因变量，自变量主要分为：自身特征、家庭背景、迁出地的社会背景、迁入地的环境四类，进行了多元 Logistic 回归分析。从自身特征看，表中以年龄和性别作为变量，年龄变量的作用显著（sig. ＝0.010），说明年龄越大，外来学龄儿童与当地社会整合效果会较差。从迁出地的生活背景和社会背景看，表中以户口性质为主要变量，在方程中，户口性质的两种类型在 0.10 水平下都是显著的（农业户口的 sig. ＝0.022；非农业户口的 sig. ＝0.055），且系数均为负值。这说明，只要外来学龄儿童意识到有户口问题存在，就会把自己与当地社会区分。对迁入地生活背景与社会环境的调查，表中以语言是否受到歧视等作为主要指标，方程中 sig. ＝0.041，非常显著，说明如果儿童感受到社会的歧视，就会造成他们融入当地社会的困难。调查还发现，56%的孩子不想在城里读书，觉得与城里小孩不一样；八成小孩有要求自己的权利和地位垂直上升的期望；近八成的流动人口子女已感觉到了城市孩子与自己的差别，同时在城市壁垒面前感到这种差别很难逾越。调查还显示，65%的学生担心在社会上受到歧视，对流入地社区缺乏认同，对老家充满依恋和难舍；41%的学生更喜欢老家；39%的学生说不清喜欢广州还是老家；喜欢广州的只有 20%。38%的学生上学呈现出小群体性，以一个家庭或亲属、老乡的子女结成群体的形式入学，以便相互能够照应。他们往往会采取一些比较激烈的对抗性行为来直接或间接地表达他们的不满。调查显示，第二代移民的失范行为较多，打架现象突出。

3. 公办学校与外来人员子女学校在教育资源配置不公，教育质量差距巨大。

调查显示，外来人员子女学校存在硬件设施严重不足，办学条件达不到基本要求的现象。35%的投资者承认把办学收益用于其他开支。笔者曾到广州市最大的外来人员子弟学校海珠区康乐学校进行调查，该校是信孚教育集团1997年创办的一所专门招收外来人员子女的学校，建筑面积为5000平方米，有52个班3000多名学生。学校在接受区教育行政管理部门的督导评估时发现，连续四年办学硬件与相关标准存在较大的差距，存在着办学安全和教学质量的隐患。在当前的办学制度下，外来人员学校基本无法享受当地财政的支持，完全依靠收取学生的学杂费维持运作。教育资源配置不公的现状造成了公办学校与外来人员子女学校在教育质量上的巨大差距。目前，外来人员子女呈现出"二低一高"现象（即入学率低、毕业率低、辍学率高），2002年广州市全市6周岁子女入托率为86%，老城区为98%以上，外来人员子女入托率仅为60%；本地居民适龄儿童小学入学率为99.70%，而外来人员适龄儿童小学入学率91.7%，8.3%的外来人员适龄儿童处于辍学状态；全市小学毕业率为100%，外来人员学校小学毕业率则为95%；全市初中辍学率为1.41%，外来人员子女初中辍学率则高达12%。调查还显示，外来务工人员子女中，近20%的9岁孩子还只在上小学一二年级，学生高龄化的现象比较突出。今年3月，广州教育局第一次组织了包括民办学校在内的全市小学教学质量抽测，从统计结果来看，公办学校的优分率远远高于外来人员子女学校，后者与公办学校教学质量有较大的差距，这类学校的学生两极分化时间早，分化程度高，相当一部分学生无法在教育质量上享受到义务教育的真正权利。教育社会学者认为，在存在经济、社会地位等方面不平等的情况下，受教育给人提供了公平竞争、向上流动的机会，能够显著地改善人的生存状态，减少社会性的不公平。然而，如果外来人员子女连义务教育的权利都无法真正得到落实，这势必固化和助长业已存在的阶层差别。

4. 外来人员文化资本和社会资本对其子女的教育有深刻影响，造成了群体局限性的代际传递。

调查显示，外来人员在贫富分化、社会阶层分化的现实中，其生存状况、工作状况等文化资本、社会资本具有传递性，对其子女的教育状况有深刻的影响。调查发现，尽管外来人员长期工作、生活在广州市，但他们一直没有被纳入城市社会福利体系中，无法享受"同城待遇"。调查表明，90.2％外来务工者没有双休日；他们当中有大约1/3的人每星期工作超过56个小时；八成以上（81.5％）的外来务工者与工作单位没有签订劳动合同；能得到"加班补贴"的仅占29.3％；有"工伤补偿或工伤保险"的仅占21.7％；能享有"产期工资"的女性更是凤毛麟角，只有6.3％。来自广东省总工会最近的一项调查显示，有50％的外来务工人员月收入不到800元。广州市工会组织曾向外来工做过一次调查，在被问及"你目前最需要的服务"时，45％的外来工选择了"谋得一份稳定满意的工作"，远远高于"技能培训"、"医疗"和"安全保障"等需求。在广州，89％的外来工月收入尚未达到广州市个人所得税起征点。外来工的收入远远低于广州市平均工资水平。调查还显示，外来务工人员的平均月收入为1042元，月收入不足500元的有20.7％，月收入在500－1000元的占到了54.3％；只有9％的外来务工人员表示自己在广州已有一定的基础或自己创业，年收入达到或超过了2万元；仅有2％的外来务工人员已经在广州买了房。这种外来人员工作和生存的状况对其子女的教育有深刻影响，主要体现在以下几个方面：一是收入低导致外来人员子女义务教育权利难以充分保证。据统计，一名外来人员家庭给城市上学的子女付出的年费用为2000－3000元，大约占外来人员总收入的1/4至1/5。二是外来人员家庭住所不固定导致其子女学习环境恶劣。除极少数个体工商户和投亲靠友的人员外，93％的外来人员在城市采取的是临时居住方式。调查中，8％的外来人员居住在建筑工地、菜地等临时用房；63％的外来人员居住于城中村，广州市老八区的139条城中村的20多万间出租屋到处是他们的身影。三是外来人员工作流动性导致其子女学习系统性差。调查显示，家庭式的外来人员主要从事的是服务业，如修理、环卫、饮食、贩卖蔬果、副食和家庭服务及建筑、搬运等脏、累、苦的工种，进厂打工的只占29％。31％的学生一年内搬过一次家，17％的学生表示一年内搬过两次以上家；87％的学生转学一次，45％的学生转学两次，23％的学生转学三次以上；83％的学生家庭距离学校超过3公里以上，需要乘车上学。四是外来人员以地缘、亲缘为主要特点的社会关系导致其子女社会交往的局限性。调查发现，外来人员的社会关系网络是以亲缘、地缘关系为主形成的，几乎所有的外来人员都与老乡频繁交往，与城市居民的交往只涉及业缘关系，而缺乏情感的交流。这种状况导致其子女社会交往面狭窄，适应当地先进观念、文化的程度较低，心理压力大，较难在心理层面进入当地的主流文化。五是受父母户籍的影响无法在本地接受高中以上层次的教育。目前根据广州市高中招生政策规定，外来人员子女升学不能在本地读高中，即使通过择校，高中毕业后也不能在广州参加高考。对绝大多数外来人员子女来说，只有两条道路选择：或者回家乡读高中，或者开始打工。这样，极大地制约了他们向上流动的机会。六是外来人员处于求生存的最低阶段的状况使得外来农民工家庭对子女教育重视程度不够，对其子女受教育程度的期望、就业期望不高。调查显示，近八成家庭对子女期望值不高、疏于管教；近七成家庭对子女的教育投入不够；近五成的家庭让子女入学，仅仅是为了腾出时间打工和经商。调查还显示。八成家长表示"从来没有"或"不一定"有时间辅导孩子学习。

（三）结论与讨论

通过上述调查数据的分析，可以得出以下一些简单的结论：以市场需求为导向的外来人员子女学校基本上满足了外来人员子女上学的需求，但这种教育模式不利于帮助处于弱势的阶层和群体，不利于缩小业已存在的社会不公，代际间的传递性比较明显，其障碍主要不是来自外来人员本身，而是来自城市自身的排斥，来自制度与政策的因素。这些结论给予我们的启示是：政府政策是为公共利益服务的，其目标是解决社会公共问题，义务教育应以公平为首要的价值定位，公平地分配教育财政资源，促进社会融合。从这个角度讲，建立新型的外来人员子女教育体制迫在眉睫。

参考文献

1.《关于进一步做好外来务工人员子女接受义务教育工作的意见》（甬政办发〔2007〕241号），http：//gtog. guangzhou. gov. cn/art/2007/11/22/art_ 70_ 110941. html http：//www. cnnb. com. cn《广州多措并举扶持规范外来务工人员子女学校办学》http：//news. 163. com/06/0501/19/2G2G7MOC0001124J. html《广东外来务工人员读初中小学子女今秋免交

学杂费》。

2. 加强广州外来人口管理推进和谐社会建设课题组著:《流动与和谐——广州市外来人口服务与管理》，人民出版社 2008 年版。

（作者：09 医学智能（2）班 区兴基 黄佐 指导老师：温汉雄）

八　红罐王老吉营销策略与销量调查

——走访广州天河和顺德容桂各经销商

看到满街的王老吉宣传海报和《第一财经周刊》的一篇报道:《王老吉会否成为下一个五谷道场》,引起了我们对红罐王老吉的兴趣,引发了我们进行本次社会实践调查。

利用暑假的放假时间,我们分别走访了广州天河和顺德容桂的一些王老吉促销活动的促销员和营销业务员,了解了部分地区王老吉的促销方式和销量情况,还以问卷形式,分别从消费者对王老吉的价格定位、产品定位、品牌认知程度作了一个小范围调查。

我们对本次社会实践调查作了以下分工:一人负责整合资料,一人负责对采访内容进行整理和归纳,一人负责查找王老吉的相关资料和进行问卷分析。感谢全体小组人员的共同努力和老师的悉心指导。

(一)王老吉品牌认识

王老吉品牌现时由三家企业共同使用:掌控内地市场的广东药业、香港及海外市场的香港王老吉国际、租用王老吉商标使用权的香港加多宝(广东)股份有限公司。王老吉本来只有一家,1956年后,拆分为广州王老吉和香港王老吉,分别掌控内地市场和香港及海外市场。1997年,广州王老吉并入广州药业,并把王老吉商标使用权租给加多宝至2020年,由香港王老吉后人提供配方,独家于内地经营红罐王老吉凉茶。

1. 盒装王老吉

盒装王老吉是广州药业旗下经营的盒装凉茶饮料,早在上世纪九十年代中期已经上市，但产量较低。从2002年起红罐王老吉崛起，广州药业旗下的盒装王老吉销售额和增长速度都有了明显的提高，可以说，罐装的王老吉带动了利乐包装的王老吉的销售。但是，从售价上，一盒盒装王老吉卖2元，红罐王老吉价格为3.5元，在饮料销售上没有形成太大的竞争关系，而是分别占领了不同价位的凉茶饮料市场。

从财经年报上的网站上找到广州药业发布的2009年业绩报告，集团全年实现营业收入为38.8亿元，与2008年的35.27亿元相比同比增加10.05%，同时集团实现净利润2.11亿元，同比增加15.61%。但分析人士指出，在广州药业所有净利润中，广州药业旗下合资公司广州王老吉药业股份有限公司贡献了77%，其2009年净利润实现1.64亿元，全年营业收入14.85亿元，同比增加15.2%。广州药业指出，2009年全年，王老吉凉茶是王老吉药业显著增长的主要产品之一。也就是说，盒装王老吉贡献了广州药业08年利润总额的77.73%。

2. 红罐王老吉

一罐王老吉饮料由多种药物配料组合而成，经过其加工秘制，造就了老少咸宜的口感，适合各个社会阶层人士饮用。

1995年，加多宝公司成立，在东莞长安镇投资建厂，投资金额2000万美元。

随后，分别在北京、浙江绍兴、福建石狮、广东南沙、浙江杭州、湖北武汉投资建厂，保持每年投资建设一家新厂的速度。

自2007年起，红罐王老吉销量超过罐装可口可乐、易拉罐饮料实现销量全国第一。

红罐王老吉2002—2009年销售额图表

年份	年销售额/亿元	增长率
2002 前	1	0
2003	6	600%
2004	14	230%
2005	25	180%
2006	40	160%
2007	90	225%

年份	年销售额/亿元	增长率
2008	120	130%
2009	冲击 150 亿元， 实际 100 亿元	125% 负 17%

注：以上资料均摘自百度百科

（二）红罐王老吉营销策略

1. 百亿销售额背后推手——成美

成美行销广告公司成立于 1998 年，为国内知名品牌战略顾问公司。旨在运用先进的品牌定位（positioning）与管理理论，为企业制定完整的品牌战略（解决产品"怎么说"、"说什么"的问题），同时协助企业实施有力的市场推广。它不同于一般的全案公司，成美只做品牌或企业的定位战略，其他一概不管。

摘自成美网站上的部分客户名单：

广药集团王老吉：小儿七星茶、广州牌保济丸、盒装为王老吉

燕京（漓泉）啤酒股份有限公司：燕京啤酒

香港维他奶国际集团有限公司：维他奶

辉瑞（中国）制药有限公司：市场部

劲霸时装有限公司：劲霸时装

康富来：血尔口服液

此外，这家公司成功运作过江中牌健胃消食片、南方黑芝麻糊等品牌的营销。

从该网站上得知，截止 2010 年 6 月 8 日，成美与加多宝及王老吉药业合作以来得出第 8 个竞争战略研究报告。

2. 产品定位

2002 年前，王老吉的定位一直含糊不清，年销售量一直保持在 1 亿元左右，主要市场集中在两广地区，特点为增长缓慢，在国内凉茶巨头如黄振龙凉茶、邓老凉茶及饮料巨头的虎视眈眈下，容易被排挤出市场游戏局外。当时的广告语是"健康家庭，永远相伴"，由于除了两广以外的其他地区没有"凉茶"概念，而在两广以内竞争相当激烈，销量受到很大限制。要想保持利润的高速增长，保住已有市场，开拓新的市场的任务迫

在眉睫。成美公司的品牌定位和营销策略，是红罐王老吉的开拓市场成功的根本原因。

3. 营销策略

（1）广告营销。

（2）促销活动。

（3）网络营销：网络公关。

（4）慈善公益：分别为汶川、玉树两个地震灾区抗震救灾捐款1亿和1.2亿。

（5）亚运宣传：全方位宣传王老吉。

（三）销量调查——顺德容桂之行

2010年8月21日，位于顺德容桂天佑城的乐购超市内人流涌涌，驻足5分钟，王老吉的促销人员已经卖出了十多罐王老吉。

周六、日是促销的好时机，促销人员来回于促销摊位和商品货位上，随时补货。2.9元每罐的促销价格，相当有吸引力，市场上一罐王老吉的价格一般是4元，比促销价格足足多了1元。

"一天最多能卖出20箱"，"许多人趁着便宜，一买就是一箱。"王老吉的促销员说。促销的摊位在超市入口处，价格比便利店便宜1元，经过的人大都会被这么低的价格所吸引，因此销量非常大，促销员不是在给经过的市民讲解王老吉的功效，就是在补货，非常忙碌。

促销员说："我们每月去佛山总部培训一次。"她们非常熟悉王老吉的功效，顾客听后一般都会买上一两罐。聊天中得知王老吉业务员李健（化名）今天刚好在容桂踩点，就在附近一连锁超市——易初莲花。

李健负责三水、桂城、顺德3地大型连锁超市的业务，每天跑不同的场地，佛山地区一共有3、4个这样的销售业务员。

"佛山一年的销售任务额为300万箱，若利润为30%，其中利润的2/3为其他开销，算下来，单是佛山一个分公司，一年的利润达2000万"。

在消费者眼里，佛山一年300万箱的销售任务的确不可思议，似乎有点为难营销业务员。但事实摆在眼前：王老吉实在太好卖了，以7月份为例，在乐购超市的销售量有427箱，桂城沃尔玛的销售量有700多箱，其他全国连锁店约500箱。而加多宝推出的新产品——4.5元/瓶的昆仑山矿泉水，似乎就无人问津了。"水在海拔3000多米的昆仑山采集，加工，并且空运到各大市场；因为高原地区自然条件恶劣，对工人的身体素质要求特别高，所以工人三年换一批，4.5/瓶的价格不贵了。"而当我们拿出刚买的昆仑山矿泉水时，他却坚决地说："这种矿泉水，打死我也不会卖。"

我们走访的地方还包括傣妹火锅店、阿森鱼头火锅与普通便利店，得出的月份销量如下：

地　区	7 月份销量 24 罐/箱
顺德容桂乐购	427 箱
桂城沃尔玛	约 700 箱
三水易初莲花	约 500 箱
佛山其他全国 KA 卖场	约 500 箱
普通便利店	3 至 4 箱
阿森鱼头火锅（容桂最旺的火锅店）	60 箱
傣妹火锅（一连锁火锅店）	70 箱
一年佛山的销量任务	300 万箱

（四）问卷调查和"失败"的销量调查——广州天河之行

1. "失败"的销量调查

2010 年 8 月 30 日下午，我们一行来到了位于广州市天河区的太平洋电脑城。太平洋电脑城 1 期楼下的便利店，贴满了红罐王老吉的宣传海报："怕上火，喝王老吉"。

便利店的员工说，这里长期有王老吉的促销活动，附近人流多的地方都有促销点。我们买了一罐王老吉，和老板娘攀谈起来了。"我们拿货都是 3 元钱一瓶，卖 4 元钱，一天卖 3~4 件（箱）不成问题，促销期间可以达到 5~6 件，"看到问卷上王老吉的定价区间，老板娘问我们道："怎么没有 4 元以上，当然越贵越好啦！"

谈到其他凉茶饮料时，老板娘直指和其正凉茶因为开盖有奖，卖的也多，王老吉买多了才送个牙签桶。问及自己是否喝王老吉时，老板娘笑着摇头："我从来不喝凉茶，卖了这么多年，都没有喝过。"

在赛格电脑城楼下，我们看到一个王老吉的促销摊位，促销员在跟我们交谈的约 5 分钟时间，就卖出了好几罐王老吉。他说，"定价跟市场上差不多，许多人都冲着促销品来的，销量的话，有时一天能卖 5 - 6 箱。"

而在不远的好又多超市，我们没有发现王老吉的促销摊位。

步行 15 分钟到达正佳广场百佳超市，饮料销售区也有王老吉的促销活动，我们刚好遇上负责天河连锁商场销售的业务员，业务员有所戒备，只向我们透露了天河区的年销售量约为 130 万箱。

广州下辖 10 区 2 市：越秀区、海珠区、荔湾区、天河区、白云区、黄埔区、花都区、番禺区、萝岗区、南沙区，以及从化、增城两个县级市。计算出天河区利润约一千多万，那么全广州销售利润起码有 1.2 亿。

2. 问卷调查

在调查的过程中，我们发出问卷 50 份，回收问卷 47 份，回收率 94%。我们请路人、便利店员工、促销人员为我们填写这份小型的调查问卷，分别从消费者对王老吉的价格定位、产品定位、品牌认知程度等 4 个方面展开调查，调查结果如下。

60% 消费者表示可以接受王老吉的销售价格，但希望价格越低越好。

60% 消费者在火锅店时选择的饮料是王老吉，接近一半受访者喝王老吉是因为其泻火功效显著，超过 20% 受访者在平时都会饮用王老吉。

高达 70% 受访者见过王老吉的促销活动。也正是因为这成功的宣传效应，使王老吉成为目前众多凉茶品牌中最受欢迎的一种。

消费者对王老吉品牌的信任，源于网络、媒体、公益、市场上高频率的曝光度，其市场定位在消费者的心目中也非常清晰："怕上火，喝王老吉"。从定位人群来看，王老吉最初主要是面向需要降火的成年、中年群众，因为青少年都喜欢可乐、果汁等讲究形象、有活力的饮料，而老年人基本上不喝饮料。随着品牌广告宣传力度的加强与时间的推移，从青少年到中年现在也逐渐乐于接受王老吉饮料，这有利于王老吉销量的稳定。我们访问过很多便利店的员工，他们都说王老吉好卖。

（五）困难重重——遇到的问题

1. 调查问卷问题设置偏少

由于考虑到一般人不愿意接受繁琐的问卷调查，所以我们的调查问卷只是简单设计了 6 个问题，为的是一方面方便受访者填写，同时也节省受访者的时间。

不过，经分析后，我们认为此次调查问卷的题目选项设置相对偏少，应该提供多一些选项供受访者选择，而且多一些选择项还可以更加清楚地知道消费者对王老吉的真实态度，所得结果也许会更加真实、可信。

2. 困难与不足

在这次为期一周的王老吉社会实践调查活动中，通过与营销业务员的沟通交流，我们成功获得了王老吉在佛山一带的年销售任务、销量情况等等。

但是，在广州访问当地营销业务员相关问题时，却遭到拒绝。出于谨慎，广州的业务员不太愿意告诉我们关于王老吉详细的销量情况，让我们到王老吉官方网站查询。

最遗憾的是，我们没有联系到王老吉公司的高层管理人员，因此得不到更详细的销量资料。

（六）销量分析

不可否认，王老吉在营销上获得了巨大的成功。顺德容桂的营销业务员说过："我们从不担心王老吉的销量，它实在是太好卖了。"但是，持续的销售低增长率说明王老吉的盲目扩张带来了"低增长"后遗症。因为凉茶的消费人群有相对稳定性，容易造成市场的饱和，满足不了企业需求的高增长销售量。

（七）后亚运时代

王老吉跻身"亚运会高级合作伙伴"，从"怕上火，喝王老吉"到"亚运有我，精彩之吉"口号，王老吉全身心投入到产品营销定位战略中去。那么，亚运过后呢？王老吉是否还能延续品牌营销传奇，这是一个值得继续跟踪和持续关注的社会实践调查问题。

（作者：天然药物制剂 09（2）苏伟杰　罗结韵　赖派迎　指导老师：张居永）

九　警惕！自然村不再自然

——关于大学城城中村环境状况的调查

环境是人类生存和发展的基础。随着经济的蓬勃发展，人们生活水平的日益提高，我们周围的环境现状却不容乐观且日益恶化。保护环境，遏制生态恶化趋势，已成为各级政府与社会管理的重要任务。为更深入地了解环境污染现状，学习贯彻科学发展观，有效地宣传环保意识，我们针对大学城的环境问题，随机抽取了贝岗村、南亭村、穗石村、中心湖等地进行了实地调查。

（一）存在的问题

我们采用随机抽取、资料收集和访谈的方法进行调查。经过调查分析，发现大学城主要存在以下环境问题：

1. 水污染严重。这是大学城最突出的问题，最严重的是穗石村。穗石村里每一个池塘水面都漂满了大量绿萍以及瓶子、包装纸之类的垃圾，并且水已经严重油渍化，时不时发出一阵恶臭。更严重的是，有的池塘已经长满了水葫芦，早已看不清楚那原来是一片池塘。绿萍和水葫芦疯长，这意味着水体已经富营养化，污染程度已经远远超过了水的自净能力，生态平衡已经被打破。面对这样的情况，我想了解这里的水污染是什么时候开始的以及是怎么造成的，于是采访了几位村民。令我吃惊的是，村民对此现象早已司空见惯，一位大叔感慨说："这几年都是这样啊，没什么好奇怪的！"

2. 生活垃圾处理情况不尽如人意。在贝岗村的市场、南亭水果市场等商业中心，地上到处是果皮、烂水果、包装纸、被踩烂的饼等，有时甚至是倒出的汤或是油，狼籍一片，引得蚊蝇成群。因为市场里的垃圾桶数量太少，逛街购物的人吃了东西之后，找不到垃圾桶，所以随处扔掉包装纸、果皮等垃圾。而小贩们又毫无文明意识，很随意地把烂果子丢在地上，甚至到处吐痰。让我们再把视线从商业中心转移到村民的住处周围。村落里头，有空地的地方，就有成堆的垃圾，破烂家具、塑料袋、包装纸等。现在人们生活垃圾呈多量化、多样化的趋势，由于大部分地方缺乏最基本的垃圾填埋处理场地，宽阔的地方成了天然的垃圾堆放场。这严重影响到土壤、水源和空气的质量，还损害村民健康，危及村民生存。

3. 到处可见"牛皮癣"。

特别是一些商业中心地带，墙上贴满了海报、宣传单，有的甚至是用笔画上去的，十分影响市容。另外，在大学城的很多草地上到处都是垃圾，有时甚至还有玻璃片。以中心湖畔的草地为例，一个学生告诉我，她们班曾经组织来中心湖畔的草地上捡垃圾，她抱怨说："真的有很多垃圾，有人在这里聚餐，吃吃喝喝之后，扔得满地都是垃圾也不管。有些人会收拾掉一些，但还是有些纸巾之类的飞得到处都是。"

（二）问题存在的主要原因

1. 缺乏有效的监管机制，管理缺位。政府对环境问题的监管重视不足，监管力度不够，导致对环境投入与治理不够重视。

2. 民众的环保意识薄弱。很多人不知道乱扔垃圾的危害，例如：他们不知道一节小小的电池若扔在土地里，可以使周围大约一百平方米的土地受到污染。他们不知道水资源的宝贵，总以为水可以取之不尽、用之不竭。殊不知，在中国，在世界，可用的水资源真的不多。

3. 环境保护法律执法体系不完善，使人们的活动虽有法可依，却执法不严。对法律宣传力度不够，人们往往不知相关法律的存在，不知不觉中钻了法律的漏洞。

（三）建议和对策

针对以上问题，我们有以下建议：

1. 对治理水污染问题的建议。政府要采取措施抑制水质恶化，一是严禁村民往池塘里丢垃圾，违者依情况处理。教育引导不用含磷洗衣粉、洗洁精等造成水富营养化的洗涤剂；二是组织人工打捞绿萍和水葫芦，因为水葫芦和绿萍本身应用价值较高，是一种优质的生物有机肥源，所以可以打捞后再做他用，如可以用来喂养鱼或鹅；三是利用生物防治的方法来抑制水葫芦的生长，如引进水葫芦鼻甲等水葫芦的天敌；四是要调整养殖业结构，增加以绿萍、水葫芦为食的家禽的数量，例如猪、鹅等。

2. 对垃圾处理问题的建议：一是在市场内、商业中心等地多设一些垃圾桶；二是加强环保知识的宣传力度，增强人们的环保观念；三是如果经济上允许的话，尽量建成垃圾分类处理及填埋处理场地，以便于对垃圾进行有效处理。

3. 对"牛皮癣"处理的建议。政府可以定点设一些宣传栏，要求只能在宣传栏上贴海报，否则受处置，并且定期组织人员进行宣传栏的清洗。

大学城的环境问题是社会环境问题的一个缩影。综上所述，我们可以发现，监管不力和人们的环保意识不强是造成环境污染、生态破坏的最主要原因。所以，进行有效的环保工作的当下之计就是加强监管力度和大规模、多途径、多种方式进行环境保护宣传，力求环保意识早日深入人心，把广大人民群众发动起来，让环保早日成为全民的潜意识行为。政府应从以下几个方面进行落实：

第一，加强领导。将环境保护作为社会建设的重要组成部分之一，列入议事日程，切实加紧探索治污的新途径、新方法。其次，完善环保法律体系，加强环保规范管理，特别是环保意识较为薄弱的农村地区的环境保护，使环境保护有法可依，依法治理。最后，进行大规模、多途径、多种方式的宣传。

第二，村里播放有关环保的电影或宣传片之类的影视作品，确保用一种有声有色、易于接受的方式让即使是识字不多的老人、孩子也能切身感受，让环境保护的重要性深入人心，让人们在日常生活的点滴小事中真实地感受到环境保护的必要性。

第三，设计一些以环保为主题的创意新颖的垃圾桶，如：两格垃圾桶上以动画片人物为头像，以人物对话的形式写出一些呼吁环保的标语来，让人们在扔垃圾的同时，接受环保意识的灌输。这种方式，既能起到宣传的作用，又不至于落入俗套，生动有趣，让人在欢笑之余又欣然接受。

第四，建一些以环保为核心的主题公园，用以教育儿童爱护环境。园中设施用环保材料制成，也可以设计一些像米老鼠之类的动漫形象，由穿着公仔装的工作人员向游客讲解一些环保的知识。或者，可以设计一些像"冒险之旅"之类的"环保之旅"，工作人员可以介绍，例如，"这里是撒哈拉沙漠，终年只下几滴雨。这里的人们一生只洗几次澡，因为水资源奇缺"等。相信经历了这样的一次游戏旅行之后，孩子们一定懂得了不少环保知识，并且对环境保护有了一层潜意识的自觉性。

第五，成立环保知识宣传及监督小组。用村委会推选或自我推荐的方式，成立一个环保小组，兼监督和宣传两个任务，轮流以值班形式关注环境问题，一旦发现有环境问题，就及时报告以便及时解决；一旦发现有人有破坏环境的行为举动，就要及时用委婉得体的语言进行劝告，不可以用威逼、警告等形式，以免引起他人的不满。在日常生活中，继续动员周围的人加入或积极参与环保工作，争取早日达到人人齐抓共管环境问题的理想社会状况。其中，建议监督小组可以适当选用一些学生，让学生在实践过程中进一步了解环保工作的重要性。

环境问题是一个亟待解决的问题，是一个值得人人积极参与、人人关注的问题，关系到人类的生存与发展。如果人人都能意识到环保的重要性，并积极地参与环保活动，为人类，为地球，贡献出自己的一份力量，那么早日建成环境友好型社会将不再是梦。我们强烈呼吁，人人行动起来，为了我们更美好的未来，一起为环保努力吧！

（作者：药物分析 10　王如君　指导老师：吕志）

十　广东省汕头市南社村农民社会保障状况调查

（一）南社村农民社会保障的调查与分析

1. 问题的提出

发展农民社会保障事业是构建社会主义和谐社会、建设社会主义新农村的应有之义和重要内容。上世纪 90 年代初，政府开始努力恢复农村合作医疗制度和尝试推行农民社会养老保障制度，最终由于缺少可靠的资金保障和有效的制度设计，各项工作处于停滞状态。随着农村进入老龄社会的步伐日渐加快，农民养老问题日益严峻。近年来，农村医疗机构受到市场化的强大冲击，看病难、看病贵的问题一直困扰着农民。目前广东省的农民养老仍以家庭赡养和土地保障为主，这与全国大多数地区的状况相同。随着农村社会保障制度的逐步完善和推广，大部分地区也开始建立起农民养老保险制度。而这些制度的建立是否足够完善，是否真正落到实处？我们对此进行了一番调查了解。

2. 调查情况

（1）调查对象：广东省汕头市澄海区东里镇南社村。

（2）调查方式：向当地村委会了解，获取资料、数据；与当地部分村民沟通，了解村民对农民社会保障的态度。

（3）调查背景：南社村全村总耕地面积 1800 多亩，全村绿化面积达 3000 平方米。总人口数为 6300 人，农民户口总人数 4265，人年均经济收入 4458 元。村内 60% 的人口从事第一产业，40% 人口从事第二、三产业。目前，全村经济稳步发展，群众安居乐业，呈现出和谐稳定的良好局面。2008 年南社村荣获"汕头市精神文明建设文明村"称号，并被汕头市评为"计生工作先进单位"，村党总支也被汕头市委组织部评为"汕头市农村党建示范点"。

（4）调查内容：围绕农民社会保障状况这个主题，我们了解了南社村农民参加各项社会保障的情况，包括农村合作医疗、农村生活最低保障、农民养老保险——新农保等几个方面，以及农民对这些制度的看法。

调查结果见下表：

	农村医疗保险	农村生活最低保障	新农保
村民总人数	6300	6300	6300
受益人数	4265	70	1300

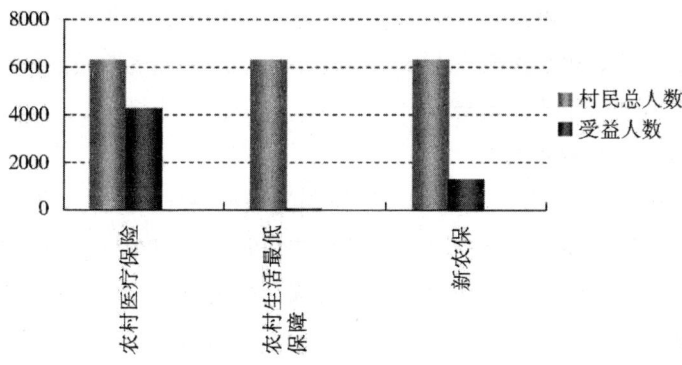

（二）农民社会保障状况的改善

1. 农村合作医疗

与两年前相比，东里镇南社村在农村合作医疗方面有了很大的提高，原本需由农民自身上缴的费用现由政府代为交付，农民无需缴纳各种费用即可直接享受医疗保险。据调查，目前全村农民均已参与农村合作医疗保险。而由于居民户口需自行缴费，故并未全部参与，但也有超过半数的人已参保。

根据部分村民的说法，这项政策给他们带来了不少福利，因为在农民中经常会提到一句话："不是不会生病，而是根本就病不起。"就算真病了，通常也是找当地的赤脚医生看一下，拿点药就了事，不会到医院里做正规的检查。虽然几年前开始就有农村合作医疗这回事，但是大部分参保费用需自己出，所以不少农民还是选择了不参保，因为对他们来说，10元、20元……这些都是能省就省的，只要不上医院，平常拿点药也就三、四元钱就能搞定，何必浪费那些钱呢。

农村合作医疗制度是从 2002 年起在广东全省范围内推行的，主要内容包括：（1）目标是到 2006 年覆盖面达到 60%。（2）资金筹集方式采取市县镇各补助一部分，在自愿的基础上以农民负担为主。（3）管理模式，一种是镇村联办，即以乡镇卫生院为载体，辐射到各村卫生站，实为村级统筹；一种是镇级统筹，以镇为主。（4）参保人月定额缴费 10—20 元，县财政补助 1—2 元。在镇统筹的地方，镇再补助一部分，以调动农民参加合作医疗的积极性。

农村合作医疗是党中央、国务院实施的一项旨在解决农民因病致贫、因病返贫问题的惠民政策，它的实施是我们国家建立广泛有效社会保障体系的重要内容，有着重要深远的意义。目前的操作是每年从农民手中收取一定数量的资金在个人账户上作为门诊费用，国家和各级政府配套一定数量资金作为统筹住院报销费用。

2. 农村生活最低保障

南社村现有 70 多个低保户，按照当地政府规定，农村户口的人每月可领取 240 元补助，居民户口每月领取 270 元。我们在村委会那里得到了部分低保户的资料，我们发现，里面有部分老人是住在敬老院，住在那里的基本都是无生育子女的老人，一部分家中以前留下了老房子的就还独自一人住在老房子中。在与他们的谈话中，我们感受到了他们对于村里给他们发放的款项表示感谢，虽然钱不多，但对于一个老人来说还是基本够用的。特别有一个老人家还跟我说："我特别感谢我们的村领导，虽然可能别人觉得每月这点钱不多，但对我来说已经够用了。而且过年的时候村领导还会来关心我们，给我们送点吃的用的，还给红包，这两年的村书记来的时候还会自己再多给个红包，还跟我说有什么困难就跟村委会说，他们会尽量帮我解决的，我真的很高兴。"

农村最低生活保障制度是农村经济体制改革以后建立起来的新的农村社会救济制度。农村的贫富差距由于各种原因在逐步扩大，20% 的高收入群体与 20% 的低收入群体的收入差，从 1978 年的 2.88 倍扩大到 1993 年的 5.44 倍，"两极化"使贫困人口愈益贫困，因病致贫，也是农村贫困人口增加的一个主要原因。所有这些导致农民贫困的新情况，是农村社会救济必须予以解决的新问题。

3. 农民养老保险——新农保

南社村根据"新农保"制度,从 2011 年起开始实施此项政策。凡满 60 周岁的村民每人每月可领取 55 元的养老保险金,但其年满 16 周岁且已工作的子女中应至少有一人参保才可领取养老金。其中,参保金额为每人每年 100 元,政府补贴 30 元。由于宣传力度大,加上现在农村人的觉悟也较高,凡家中有满 60 周岁老人的,子女中都有至少一人参保,几个家庭实在太过艰难的除外。而有部分中年人,特别是 55 周岁的农民也有部分已参保。

这项政策是让老人们最高兴的新政。在我们咨询的老人中,大多表示对这些政策很满意,因为在这些人中,很多都是以前在家种田的老农民,所以到了晚年就没有所谓的退休金,都是靠子女的赡养。而一些子女经济不太宽裕的,就容易忽略了老人,就如同潮汕的一句老话"惜落顺势",大家都会更多的关注孩子,特别是老人们也愿意把更多的给自己的子孙,于是年纪大了后日子就过得更加艰难了。而这项政策实施后,老农民们也能拿到"退休金"了,虽然不多,但至少有点零花钱了。不过就有一些人表示,保险金发放的方式他们不太喜欢,因为是政府给每一个能领取养老金的老人办一个存折,然后每月定期把养老保险金打到存折里,由于大部分老人都是文盲甚至半文盲,他们觉得这样子不如直接发现金方便。

新型农村社会养老保险,称为"新农保",是一项重大惠农政策。采取个人缴费、集体补助和政府补贴相结合,其中中央财政将对地方进行补助,并且会直接补贴到农民头上。新型农村社会养老保险制度采取社会统筹与个人账户相结合的基本模式和个人缴费、集体补助、政府补贴相结合的筹资方式。年满 16 周岁、不是在校学生、未参加城镇职工基本养老保险的农村居民均可参加新型农村社会养老保险。满 60 周岁以上的农村居民个人不再缴费,直接享受中央财政补助的基础养老金,但其符合参保条件的子女应当参保缴费。也就是说,只有年满 60 周岁的农村老年人,并且其符合条件的子女参保缴费,才可享受政府发放的基础养老金,这既是政府组织引导下的农民自愿参加,又是"待遇享受"的必要条件。

开展农村社会养老保险工作,是帮助农民实现由"养儿防老"到"自我养老"的一项国家政策,不是乱收费,农民缴纳的农村社会养老保险费统一存入县财政部门农村社会养老保险个人账户,省、市有关部门直接监督管理，政策公开透明，基金运行安全。

面对人口老龄化的挑战，必须完善农村社会养老保险制度，政府承担应有的责任和义务，改变传统养老观念，拓宽资金来源渠道与保值增值的能力，加大宣传力度，建立多层次的农村社会养老保险体系，从而促进农村社会养老保险的发展。

（三）南社村农民社会保障调查发现的问题及建议

1. 农村合作医疗

关于新型农村合作医疗保险，虽然在一定程度上解决了农民看病难的问题，但是大部分的农民还是存在医疗消费侥幸心理，与吃饭、穿衣、孩子上学等刚性消费相比，看病花钱是次要的，对潜在的医疗风险缺乏足够的认识。不到万不得已，农民们通常都不会选择去医院，即使现在到医院看病最高可报销 70%，但是对农民而言，那 30% 甚至更多的都是一种负担，能免则免。

对此，我们希望政府部门能在农村中加大宣传力度，因为对于中国这样一个发展中的大国而言，如果想实施农民看病全额报销的做法不太现实，所以，我们只有让所有的人明白，到大医院做正规检查是有必要的，如果总是抱着省小钱的态度，最后可能会带来更严重的后果。另外，现在的乡村卫生院医疗条件较差。乡村卫生院条件差，难以承担起在新型合作医疗中的重要作用，所以，改善乡村卫生医疗条件势在必行。

2. 农民最低生活保障

在了解了南社村的最低保障制度落实情况后，我们发现虽然都是低保户，但是情况也有所不同，有些人领了这部分保障金后还可以有剩余，但有些人却明显比较困难。

因此，村委会是否可以按各户的具体情况，把他们分为 2～3 类，发放的保障金也稍做改变。另外，由于保障对象部分是那些残疾人、家庭有突发事件的人，相关部门应定期核查受保对象的生活情况，重视各项配套措施。

3. 农村养老保险

就南社村而言，农村养老保险制度已较完善，但事实上，由于保险金是直接打到存折中，而村中并无农村信用社，老人要取钱显得不是那么方便，一些家庭是由子女代老人保管，最后这些钱能否到老人手上，真正为老人解决困难还需进一步了解。由于直接发现金到老人手中的做法不太现实，所以，我们希望政府能多投入资金在农村建设农信社，做到真正的惠民。

通过这次调查，我们深深了解到国家政策的完善和群众配合的重要性，对此我们提出了以下几点建议：

（1）民众要深入理解政府的医保政策，从而增强参保意识，并提高法律意识，充分利用法律武器维护自身的合法利益。

（2）人民群众要积极配合政府在社会保障方面的相关政策，协助政府开展工作，进而最大限度地扩大政府政策的实施范围。

（3）政府在实施政策过程中应该逐步改善政策，完善社会保障方面各项规章制度。

（4）政府应加强宣传教育，提高农民参加农村合作医疗、农民养老保险的积极性。

（5）政府需加大农村卫生资源投入，提高对农村居民的卫生服务。一是要加大对新型农村合作医疗制度补助金的投入；二是要加大对农村基层医疗卫生服务网络建设的投入。

参考文献

1.《中共中央、国务院关于进一步加强农村卫生工作的决定》。

2.《医药卫生体制五项重点改革 2011 年度主要工作安排》。

3.《广东省新型农村社会养老保险试点实施办法》。

4.《国务院关于开展新型农村社会养老保险试点的指导意见》。

5.《广东省城乡居（村）民最低生活保障制度实施办法》。

6.《广东省人民政府转发国务院关于在全国建立农村最低生活保障制度的通知》。

（作者：11 应用化学（化妆品方向）2 班 徐榕　陈咏　指导老师：李陵）

十一　徐闻县外罗渔港新村
渔业发展现状调查

外罗港位于湛江市徐闻县城东部，离县城 53 公里。该港不仅以鱼多闻名遐迩，且风光旖旎，为徐闻新十景之一，雅号"曲波拥翠"。该港东接外罗门，西傍锦和圩和金沟村，南依外罗镇，北接新寮岛。港湾长4500 米，最宽处 1000 米，最窄处 250 米，湖汊河道曲水回旋。渔汛期间，港湾中渔船云集，渔品交易十分繁荣。2012 年 7 月下旬，我们对徐闻县渔业发展现状进行实地调查，活动为期半个月，调查对象主要是当地的渔民。调查方法是采用问卷调查与走访的方式。

（一）外罗渔港新村渔业的基本情况

经过调查，该村渔民的年龄多在 30 到 50 岁之间，且从事捕鱼行业多有十几至三十几年以上经验。根据调查的数据统计，渔民中既有以捕鱼为生的，也有以捕鱼为主耕农为辅的，其中仅靠捕鱼为生的占了 82.5%，以捕鱼为主耕农为辅的占了 17.5%。捕鱼多受季节影响，根据渔民所说，捕鱼最好的时期是春季与秋季。受鱼群生长规律影响，春季一般是鱼群产卵期，夏季是鱼苗生长期，且夏季又是禁海季节，秋季小鱼已经长成大鱼。因此，选择出海捕鱼时期最多的调查中，秋季的占了 61.25%，春季的占了 12.5%，夏季的占了 8.75%。渔民使用的渔网的类型有三种：流刺网、拖网与浅海渔网。由此看出，捕鱼是该村大部分人的主要经济来源。

（二）渔业发展面临的问题

1. 渔业产业扶持力度不够

一是对渔业投入不足。由于石油价格不断上涨，导致捕鱼成本上涨，加之渔船设备老旧，很多渔民希望政府多给予资金支持。如加大渔业投入，实施柴油补贴、卫星导航技术服务保障等。二是对渔业的扶持政策还不完善。根据调查结果看，针对当地政府出台的渔业发展的优惠政策，有27.5%的渔民表示不清楚，35%表示没有，37.5%表示有。政府对渔业领域的新情况新发展缺乏引导和扶持，譬如一些渔业项目因用海、用地等因素制约无法得到妥善解决。三是渔业保障体系还不完善。渔业是弱势产业，抵御各种风险能力较差，每年因自然灾害和生产安全事故给渔业造成重大损失频发，一些渔民因此损失惨重，而相关的保险业至今未进入养殖领域，渔业风险分摊和救助救济机制不完善。渔民灾后生产自救能力较弱，影响渔业发展后劲。失海渔民保障还未实施，渔民失海后容易落入失业的困境，生活得不到应有保障。

2. 捕捞业稳定难度加大

随着当地工业的发展，一些陆地的工厂排放大量的污染物到海里，导致海洋严重污染，鱼群减少。一些人不得不选择到远海捕鱼，不仅增加了捕鱼的天数，而且渔船上还需额外加装冷藏设备或冰库以此保鲜生鱼，这样成本就会增加不少。

3. 渔业服务管理不够到位

一是该村捕渔业科技现有的水平还无法满足现代渔业发展的需要。二是渔民素质总体较低，而灌输式的授课培训效果不佳。三是水手比较难找，很多年轻人都外出打工，不再从事捕鱼这个职业了。

4. 渔具价格问题

随着经济的发展，物价越来越高，渔具的价格也跟着上升。对于捕鱼工具价格趋势的调查显示，渔民认为逐年上升的占了71.25%。如今，造船价格也普遍增加了不少，新建一艘小船要二三十万元，中船需四五十万元，大船需六七十万元，甚至更多。可见渔具价格的上涨也是制约渔民收入增加的一个重要原因。

（三）促进渔业发展的几点建议

当提及如何看待当地渔业发展的前景时，调查显示，5%的渔民认为还是老样子，15%的表示很难说，80%认为一年不如一年。因为油价、捕鱼设备和捕鱼工具的上涨，以及近海污染加重，导致鱼越来越少，对于只靠捕鱼为生的家庭来说，生活越来越不及以前。对此，必须积极改变现状，具体建议如下：

1. 加大投入，完善政策，增强渔业发展动力

当地政府要采取强有力措施，加速推进渔业产业发展。一是尽快完善支持渔业发展的政策措施。针对渔业发展的新形势新要求，以优质、高效、生态、安全和可持续发展为原则，及时出台引导作用强、扶持力度大、含金量高的产业政策，营造良好的渔业发展环境。二是要建立多元化的渔业投融资体系。当地政府要加大对渔业发展的资金支持力度，重点用于基础设施配套、结构调整、重点项目开发、新兴产业发展等，要逐步建立以政府引导、企业投入为主体的发展机制，鼓励社会、工商资本参与渔业经济开发，积极争取金融部门增加对渔业的贷款支持，吸收社会闲散资金支持渔业发展，扩大渔业发展的资金总量。三是加大保障力度。积极探索政策性渔业保险形式，争取将农业保险覆盖到渔业领域，着力化解养殖风险，为渔区创造一个安定的生产和生活环境；要认真研究解决失海渔民保障问题，失海渔民政策处理要视同失地农民，不断加大对失海渔民补偿力度，建立渔民养老保险制度，解除他们的后顾之忧。

2. 控制强度，调整结构，实现捕捞业可持续发展

捕捞业是渔业的基础产业，稳定捕捞就是稳定渔业的基础，重视和保护海洋环境，控制捕捞强度，优化捕捞结构，是实现捕捞业可持续的必由之路。一是要加强渔业水域的生态环境治理，坚持预防与治理相结合，建立渔业水域环境监测监控和污染应急处置机制，严格控制陆源污染物随意排放入海；要实现渔业资源的有效增殖，针对已经衰退的重要渔业资源品种采取各种增殖方式，不断扩大增殖品种、数量和范围。二是要加强渔业资源的管理和保护，继续完善捕捞许可制度，严格执行捕捞许可管理有关规定，逐步实施限额捕捞制度，控制和压缩捕捞渔船数量，要积极引导渔民转产转业；推广负责任捕捞方式，减少幼鱼、低值渔获物的比例，促进捕捞业健康发展。三是要积极引进推广新作业方式，注重更新提高渔船质

量，加快渔具的革新，重视科技新产品如风力发电、节油器等在渔船上推广应用，不断提高捕捞竞争力。四是要鼓励现有渔业捕捞资源进行归并、整合，扩大经营规模，探索公司化经营之路，提高产业化经营水平。

3. 拓展空间，转变方式，提升养殖业的整体水平

目前，该村的海水养殖主要是以浅海筏式养殖、围塘养殖和滩涂养殖为主，在现有海水养殖空间不断减少的情况下，要积极拓展养殖的内涵和外延。一是要重点抓好养殖水域的规划。合理确定渔业水域的功能定位和发展重点，切实加强对渔业水域开发利用的指导与调控，为渔业长足发展提供有效保障。不得随意侵占渔业水域、任意改变渔业水域功能定位。要谨慎、合理、科学开发港湾、滩涂资源。二是要注重拓展新的养殖空间。鼓励和扶持大型抗风浪深水网箱、高潮位工厂化养殖等设施渔业的发展，不断拓展养殖空间，促进养殖业向工厂化、集约化发展。三是要注重养殖方式的转变。大力开发新品种养殖，发展附加值高的海珍品，扩大名特优新品种覆盖率；加快鱼塘标准化改造步伐，不断提高养殖效益；大力推广无公害养殖技术，强化无公害养殖基地建设，积极发展健康、生态、安全的水产养殖业；通过革新养殖技术、规范养殖行为、推广养殖新模式，逐步形成具有明显区位优势、较强市场竞争力的特色渔业产业带，全面提升水产养殖业的整体水平。

4. 深化加工，活跃流通，延伸渔业产业链

发展与渔业增长相适应的水产品加工和流通业，延伸渔业产业链，对于促进渔业生产、提高效益和产业素质，推进渔业产业化进程有着重要作用。一是要大力发展水产品精深加工业。要以水产品保鲜、保活和低值鱼类的综合利用为重点，逐步加大精加工产品的比重，提高水产品附加值；要加大招商引资的力度，出台扶持水产加工企业发展的优惠政策，积极培育加工龙头企业，创立名牌产品，推进渔业产业化经营水平；建议在海涂围垦区内考虑规划建设水产加工园区，通过水产品加工业集中连片开发，发挥集聚效应，进一步整合各种资源和生产要素，改善基础设施条件，不断提高综合加工能力，实现由初级加工向精深加工转变。二是要加强水产品流通体系建设，以浙福边贸水产城为基础，着力培育一批水产行销大户和企业，形成多渠道、全方位的水产品流通体系；加快对现有水产品批发市场的改造，完善批发市场的基础设施，推进市场管理现代化，尤其要对比较薄弱的市场信息服务要加大投入，不断增强市场集散功能和信息服务

功能，探索网上交易新途径，促进市场组织形态的演进与交易方式更新，实现批发市场与现代流通方式的有机结合；加快启动浙福边贸水产城二期工程建设，在用地、资金等方面给予大力支持，做大做强水产品流通业。三是要充分利用旅游资源丰富的特点，开发渔家乐等系列项目，开展沿海观光、海滨休闲、海上垂钓、海鲜品尝等以"海"为特色的滨海旅游活动，拓展渔民增收渠道；要打破单一产品、单一生产的格局，寻求投资主体多元化，休闲品种多样化，不断开发渔文化内涵，促进渔业经济向高深层次发展。四是要重视发展科技、信息、咨询、生产资料等为渔业经济发展配套的各类服务业。

5. 加强管理，强化服务，提高渔业发展后劲

一是要大力推进渔业科技进步和创新，为渔业结构调整和产业升级提供强大的技术支撑。整合当地现有水产科研力量，完善科研条件，加强对渔业实用技术的研究，重点突出新品种新技术引进和试验、水产品精深加工技术研究等，强化科技对渔业生产的推动作用；加大渔业技术的推广和普及力度，充分发挥县渔业技术推广站技术人员、科技特派员等作用，促进科技成果与渔业生产的紧密衔接，提高科技成果转化率。二是支持渔民专业服务公司、专业技术协会、经纪人等提供多种形式的生产经营服务，鼓励合作社、与渔户通过利益共享、风险共担的机制进行产业化联结，互利互惠、共同发展，提高渔业的组织化程度；大力培育和发展渔业专业合作经济组织，充分发挥其在组织、协调、管理、服务等方面的作用，发挥其沟通企业与政府的桥梁和纽带作用，在全县逐步培育起运营规范、竞争力强、能有效带动渔民增收的专业合作经济组织。三是要适应现代渔业发展形势的需要，努力构建渔业科研、教育、技术推广、涉渔企业等参与渔业人力资源培训网络；广泛开展渔民技术培训工作，着力提高渔民接受新技术的能力和生产技术水平，全面提高渔业生产者的技能素质；可在渔民中选择部分文化程度较高、接受新事物能力较强、热心于渔业年轻人到渔业职业学校，实行半年或一年时间的系统专业培训，使其成为当地的水产科技带头人。四是健全水产品质量安全监管制度，切实保证水产品质量安全。要加快水产品质量监测网络建设，逐步完善渔业生产质量管理体系，加强水产品生产全过程的质量控制和管理。

（作者：药学 11（1）班 邓惠文 冯立君 卢伟 指导老师：温汉雄）

十二　小洲村改造现状及
发展趋势调查

近年来，广州加快城中村改造步伐，拆迁重建是改造的主要方法，诸如猎德村、杨箕村等。而在改造小洲村的过程中，在村民表决大会上有超过九成村民反对拆迁，希望保护原有的古村落，才得以使小洲村保留下来。然而，是否意味着保留下来的古村落能够融入现代城市经济发展的大潮？小洲村经济发展的过程中，村民们还有哪些现实问题需要解决？由此，我们进行了实地考察和问卷调查。

经过实地考察，我们发现了目前保留下来的小洲村存在的一些突出问题。小洲村内现有不少艺术创作工作室进驻，食肆、大排档、咖啡屋等是村内饮食业的重要组成部分。但是这些饮食行当，诸如大排档占道经营、食肆周边的环境卫生不太乐观等等。村内正在进行的工程建设也很多，大街小巷上不少地方都堆满了废弃的建筑材料。至于村内的古建筑群，保护的力度明显不够，修缮工作也做得参差不一，而且只有少数古建筑对外开放。村内的路标指引不清，让人经常迷路。结合实地考察及问卷调查，我们了解到当地居住者对小洲村现状及未来发展的看法。

（一）　目前小洲村改造新模式

就"你认为小洲村最突出的特色"的调查结果如下：

A. 岭南水乡，独特生态环境	27.14%
B. 古色古香的建筑	12.86%
C. 当地特色美食	17.14%

D. 古村落人文氛围		24. 29%
E. 浓厚的艺术气息		11. 43%
F. 特色商铺		2. 86%
G. 其他		4. 29%

根据上表显示，受访者认为小洲村最吸引人的特色是其岭南水乡的独特生态环境。小洲村位于被誉为广州"南肺"的万亩果园内，村民世世代代以种植水果为生，直到现在，这里还保留着小桥流水的原生态，这也吸引了众多艺术家和艺术爱好者的进驻。但在新一轮的城市化热潮中，广州开始了大规模的城中村改造。尽管城中村改造给不少村民带来丰厚的收入和环境变化，但是小洲村在改造前的村民大会上，有超过九成的村民投票拒绝推倒重建计划。不拆房，不卖地，就没有资金来源，配套设施，环境改善，增加收入也就无从谈起。然而，小洲村在整体保留"南肺"万亩果园水乡原貌、发展文化旅游产业的同时，也正在探索发展的新模式。在广州高速发展的城市化进程中，小洲村该如何改造，正考验着热爱这个世外桃源的人们。

（二）小洲村改造现状不如人意

受访对象：

A. 男		50%
B. 女		50%

A. 广州市民		74. 29%
B. 外地游客		4. 29%
C. 大学城学生		4. 29%
D. 外来务工人员		1. 43%
E. 其他		15. 71%

A. 18 岁以下		4. 29%
B. 18 ~ 25 岁		81. 43%
C. 25 ~ 35 岁		10%
D. 35 岁以上		4. 29%

受访者对小洲村目前情况的满意程度如下：

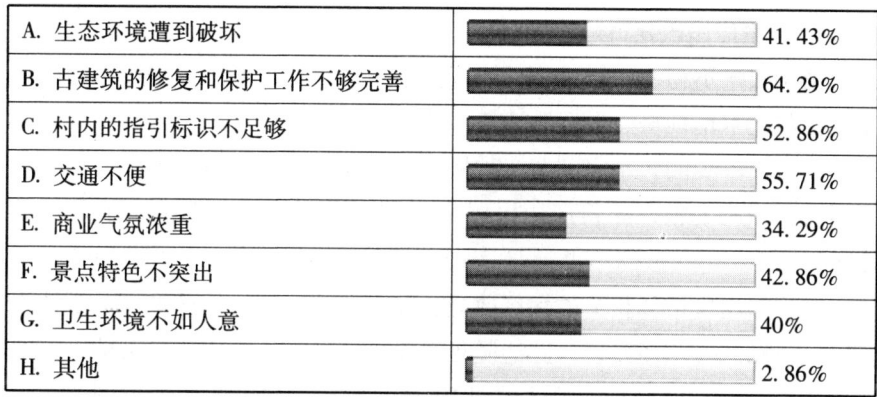

A. 十分满意	4.29%
B. 较为满意	27.14%
C. 满意	40%
D. 不太满意	21.43%
E. 不满意	7.14%

受访者认为目前小洲村存在的问题：

A. 生态环境遭到破坏	41.43%
B. 古建筑的修复和保护工作不够完善	64.29%
C. 村内的指引标识不足够	52.86%
D. 交通不便	55.71%
E. 商业气氛浓重	34.29%
F. 景点特色不突出	42.86%
G. 卫生环境不如人意	40%
H. 其他	2.86%

根据调查显示，大多数广州市民不满意小洲村的现状。人们认为最突出的问题是古建筑的修复和保护工作不够完善。

据报道，1960年小洲村村里常住人口为2793人，外来人口为零，一直到1990年，村里的外来人口也不过200人左右。如今，小洲村的本地居民增长到6000人左右，但外来流动人口已经过万，除了常年扎根在此的艺术家和满怀理想、希望在此寻找到自己艺术方向的学子们，还有3000多名为生计离乡背井来此寻找机遇的农民工。在村里的老房子、祠堂都陆续被艺术家们租用为雕塑、绘画工作室后，小洲村开始利用南沙港快速路的高架桥底空间，建设小洲艺术区。尽管桥上是飞驰的汽车，但艺术区两旁是生态果园，还有两条河涌蜿蜒穿过。目前，这个全长1100米、建筑面积约3万平方米，集原创工作室、大型展厅和休闲交流场所为一体的综合性艺术区已经初具规模。

对小洲村的改造，广州市政府决定将万亩果园纳入新城市中轴线南端规划范围。按照规划设想，政府将征地和土地流转与生态补偿相结合，对万亩果园进行保护，同时给村里划出一定比例的留用地用于发展。近年来，改造中存在诸多问题，不尽人意。

1. 小洲村旅游产业利润低

小洲村目前按规划主要发展文化旅游产业，村中没有作坊和工厂。村民们靠节假日增多的人流量，把自家种植的水果拿到高架桥底等地方摆卖，或者开设一些小食店，大排档赚钱。可到了旅游淡季，人流量骤减，经营惨淡，收入的不稳定令他们终日忧心忡忡。饮食业和烧烤场地不规范经营也给小洲村的自然环境造成一定的污染，同时给他们的正常生活带来了不便。

2. 大量房屋改建拆建

由于收入不稳定，村民将目光投向了房屋租赁市场。村中出租的房屋主要面向艺术培训班、餐饮小店等。近年来，小洲村古朴、富有岭南情调的环境吸引不少的艺术家到此，他们在此开设画坊。同时，廉价的租金也吸引了大量打工族来此租房，房屋出租快速发展给村民们带来了可观的收入。

与房屋租赁市场相关的房屋改建扩建开始在小洲村迅速推开。探访小洲村，一踏入村口便发现，路边随处可见施工工地，地面灰蒙蒙的，街道都被水泥、砂石占据。离村委不到 10 米的地方搭起了一个大型棚架，占地数百平方米，里面全是建筑材料，俨然成了建筑工地的临时仓库，工人在里面繁忙地搬运作业。调查发现，村民将旧屋拆掉重建新楼现象已非常普遍。由于缺乏整体管理和规划，带来了很多问题。相当多的楼外面贴着粗劣的锦砖、瓷砖、马赛克，造成城中村粗俗生硬的式样，加上冰冷的防盗门，既不高档，更谈不上与水乡古村风格协调，连色调也很难与周围景色融合。雨后，石板街道上铺满一层烂泥，垃圾随处可见，环境卫生状况令人担忧。有识人士担心，风情小洲很快会变成不伦不类的"城中村"模样。

根据熟悉情况的街坊介绍，村里的"违建"现象较多，增加了管理的难度。登瀛外街有一间在建的楼房外墙已贴上崭新的瓷片，但还未封顶，楼内也空空如也。村里建筑限高 2 层半，但这栋房子已经盖了 3 层半，并且仍然有向上加建的趋势。城管中队每拆一次，刚转身离开，户主又偷偷建，如此反复地建了拆、拆了建，城管已至少 6 次进场重复清拆。这种大拆乱建极大地破坏了小洲村原有的岭南水乡建筑屋式风格，如不加以制止，古村风貌将一去不返。

3. 村民只想"赚钱"，建设缺乏规划

村民老旧房外的墙面是按照要求，用与环境协调的青砖所砌，但一般人对房子风格根本不会去关心。确实许多人认为房子盖得怎样不要紧，重要的是"多快好省"：面积要多、建得要快、收入要好、省工省钱。小洲画院的老师向当地政府提出过多次建议，并提出免费为村民改建提供设计，使改建房屋与文化古村风格保持一致，但最终没有村民响应。这种不顾环境的改建之风可能暂时会使村民增加一点收入，但小洲村就会失去原有的特色。这个既没有工业，也缺乏优势产业的村落，仅仅靠吸引艺术家及学生来租房换来收入，如果原有建筑风格遭到极大破坏，那么艺术家们将另寻他处，受损的还是村民长远的利益。

（三）解决问题的建议或措施

就"政府是否应该向社会征集关于改造、完善小洲村的建议以及意见"这一问题，根据调查所得，人们的意见如下：

A. 应该	72.86%
B. 无所谓	14.29%
C. 不应该	7.14%
D. 不知道	5.71%

人们对小洲村发展方向的期望如下：

A. 以绿色生态、修缮保护古建筑为本，发展旅游业	61.43%
B. 注重艺术产业发展	22.86%
C. 致力打造饮食业	11.43%
D. 发展农业	2.86%
E. 店铺，旅馆出租的商业发展	1.43%
F. 其他	0%

针对小洲村目前整体的情况，根据调查结果，超过70%的人认为政府应该向社会征集关于改造小洲村的建议；且大部分人认为小洲村应该以绿色生态、修缮保护古建筑为本，发展旅游业。所以我们建议应给予修

复，保护古村落，维护特色建筑文化为前提，大力发展以绿色生态观光业，旅游业及艺术文化产业等行业为主的村落经济，努力解决好环境与村民的收入矛盾问题，最终实现游客与村民的双赢。

整治违章建筑，抑制抢建潮。由于外来人员的大量涌入，村内住房需求量大大增加，致使一些村民在利益驱使下未经有关部门审批通过，私自抢建超高违章建筑，破坏了小洲村原有整体风貌。我们建议相关部门应对已建、在建的违章建筑采取自行拆除等措施。为了维护小洲村的整体形象，政府部门应对村内报建的建筑进行限制；对于新建的村内建筑亦需进行风格上的协调，统一规划，最好提供样板，指引村民进行合理、有序地建设，在维持古村落风格不变的情况下对村落房屋进行合理扩建。

引进各方面力量，加大村落保护力度。根据我们调查，小洲村内目前的老式建筑、珍贵文物，如蚝壳屋、古旧祠堂等村落的珍贵遗产，是其形成旅游热点主要成因之一，因此亟需修缮保护。但由于经济收入有限，单靠村民自身维护并不实际。政府应加大对其文物保护的力度，引进社会资金力量，对文物建筑加固修缮，对原有危房旧房进行合理改造，对文物及其周边地区景观进行整饰，着力打造一条风貌景观和谐统一，独具岭南水乡特色的旅游风景线。

规划相关经济旅游配套设施与服务。由村内旅游热潮带来的商业发展，一方面促进了村民的经济收入，但另一方面导致不协调的现象发生，小洲村宁静古朴的风貌受到现代商业气息的冲击。对此，相关部门应合理规划好风景点和商业区，尽量使其和谐共存，互相促进。合理设置相关旅游配套设施，指引村民适当合理地发展商业服务，如增加一些艺术、精品小店，悠闲咖啡小馆等特色商店；应对数量庞大，逐渐增长的外来艺术生人群，以及相应增长的艺术培训机构也应给以合理的调节与规划，配套相应数量的住房和饮食机构，及时处理生活垃圾，避免村内产生脏乱现象；根据调查，大多数人认为，未来，当地政府应注重小洲村文化艺术及创意文化产业的发展，给予优先扶持，力争使其成为小洲村又一重要产业，促进村落的特色产业的发展。

（作者：医学应用 11（1）班 谢嘉健　何源湲　欧力榛　指导老师：刘海鸥）

十三 微博对大学生社会生活
影响的调查

（一）调查的目的和方法

1. 调查目的

在现代日趋网络化的时代，互联网早已深入每一个大学生的生活。据有关新闻报道，对某高校 500 名不同年级大学生的调查显示，百分之九十以上的大学生有过上网交际的行为。大学生人均每周上网 2 到 3 天，每次上网 3 到 5 个小时，大三学生上网是四个年级中比例最高的。如今，作为网络世界比较流行的交流方式，微博已经占据重要位置。微博会给我们的社会生活带来何种影响呢？基于此，我们进行了本次调查，希望可以窥探端倪。

2. 调查方法

此次活动采用调查问卷的形式，分为纸质版问卷和网页问卷两部分。调查问卷以本科生为主。其中纸质版问卷发放 150 份，回收 146 份，其中有效问卷占 139 份，网页版问卷 50 份，问卷有效率 94.5%。

（二）调查的基本情况及存在的问题

1. 基本情况

大学生通过微博与他人交流沟通，已经成为了日常生活的重要的交流方式，通过微博可以在第一时间了解到朋友的最新动态，拉近与自己喜爱的名人、歌星之间的距离，还可以让我们结识新朋友。在大学生对微博关注程度上，调查显示 91.67% 的同学关注亲人、朋友，占绝大多数，

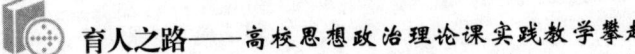

3.57%的关心明星与名人，4.76%的关注陌生人（见图一）。而57.14%的同学认为如果周围有较多人不玩微博了，自己的热情也会减少。29.76%的同学认为没有影响，7.14%的同学会选择和大家一起不玩，仅有5.95%的人会热情增加。可见，微博已经成为大学生与朋友，家人联系的重要平台。关于同学每次更新微博的主要内容，有45.24%的同学选择心情，23.81%的同学选择更新的是生活中的新鲜事，10.71%的同学转载，17.86%的同学发布自己身边的各种新闻信息，1.19%关注各类测试、投票等微博应用，1.19%的同学选择其他。由此可见，大部分同学在微博上更新的主要是心情、自己的发现和身边的新闻，通过这种沟通方式，能使更多的人了解自己最近的情况，分享乐趣与经验。而且，调查显示，多数同学在无聊的时候会登陆微博（占64.29%），其次有些同学会一有时间就玩（占27.38%），少数同学会选择在紧张的工作或学习后使用（占7.14%），还有一些同学会在心情不好的时候登陆（占1.19%）。由此也体现出了微博对大学生日常生活的重要影响。

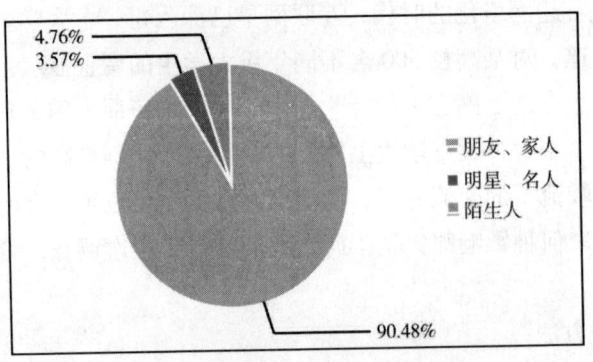

4.76%
3.57%

朋友、家人
明星、名人
陌生人

90.48%

图一　学生关注哪一类人占多数

对于微博这种交流平台的态度调查显示。认为这种交流平台具有相对宽松自由的言论环境的占55.95%，13.1%的同学认为流言谣言在微博上的传播更难以辨别和控制，11.9%的同学觉得微博更能反映出大家真正关心的话题，9.25%的同学认为微博更能激发人的创造力，言辞更容易吸引人，4.76%的同学认为微博同样是传播的一种技术，并不能真正推动民主进程。对微博这种交流平台信息真实性问题的调查显示，大部分人对其半信半疑占80.95%，持无所谓态度的与15.48%，完全相信的占2.38%，完全不信的占1.19%。而对于微博给大学生带来的到底是利是弊，41.67%的同学认为其利弊相当，28.57%的同学认为利大于弊，17.86%

的同学认为很难说，7.14%的同学认为弊大于利，4.76%的同学认为没有影响（见图二）。

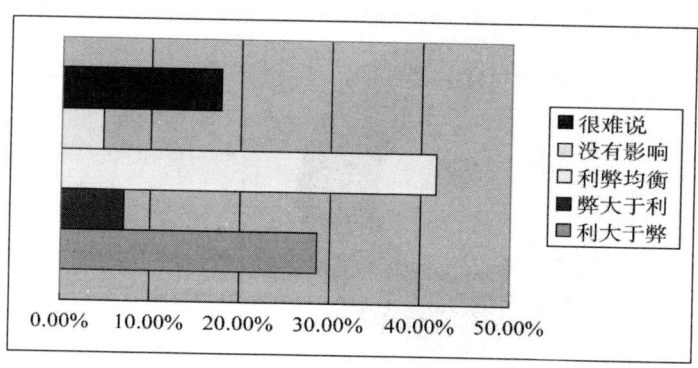

图例：
- 很难说
- 没有影响
- 利弊均衡
- 弊大于利
- 利大于弊

0.00%　10.00%　20.00%　30.00%　40.00%　50.00%

图二　微博的利弊关系

最后是关于微博对大学生社会生活的影响问题，这也是此次调查的重点内容。我们将分为以下三个方面进行探讨和研究。

首先就微博对个人生活交际方面的影响来看，从以下两方面有所表现：第一，我们谈及接触微博之后，同学减少了其他哪些方面的接触：44.05%的同学选择了电视节目，29.76%的同学选择了书本，14.29%的同学选择了网游，11.9%的同学选择了手机游戏。第二，从交际方面来说，55.95%的同学觉得微博这种交流方式增进了好友之间的友谊，也可以认识新朋友，42.86%的同学认为微博对其人际交往基本无影响，还有1.19%的同学觉得认识的朋友中有好有坏。

其次是有关微博上所更新信息、内容对大学生社会生活的影响方面。第一，微博上经常会传播一些经典且具有深刻道理的语录，谈及这个问题，65.48%的同学认为比较有道理的会选择合适的，并结合自己的个人情况，形成自己的看法并作出改变。27.38%的同学则认为虽然有道理却不会过多关注，4.76%的同学认为其很有道理，日常生活中会完全跟着语录去做，2.38%的同学选择不相信，认为它是胡说八道（见图三）。第二，关于社会认知方面。大部分同学认为微博对自己的社会认知有一定影响占73.81%，一部分同学认为微博上的内容不会影响自己的思维占20.24%，4.76%的同学认为微博对自己的社会认知有很大影响，1.19%的同学从不相信微博上面的言论，认为微博上面都是毫无根据的资讯（见图四）。第三，关于微博对大学生人生观、价值观、世界观的影响，41.67%的同学选择没有影响，33.33%的同学认为其影响了自己的价值观，13.1%的同学选择影响了人生观，仅有 4.76% 的同学认为影响了其世界观（见图五）。

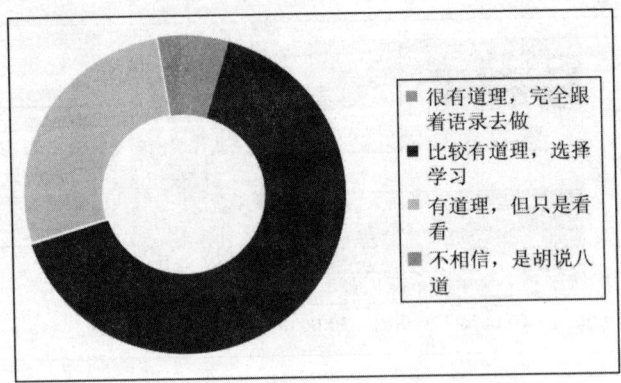

图三　微博等传播深刻语录对大学生的影响

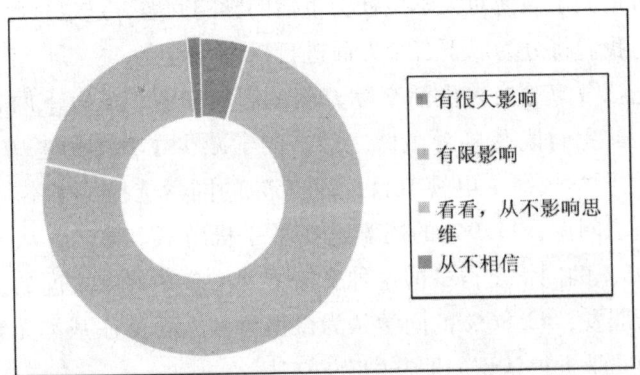

图四　对社会认知的影响

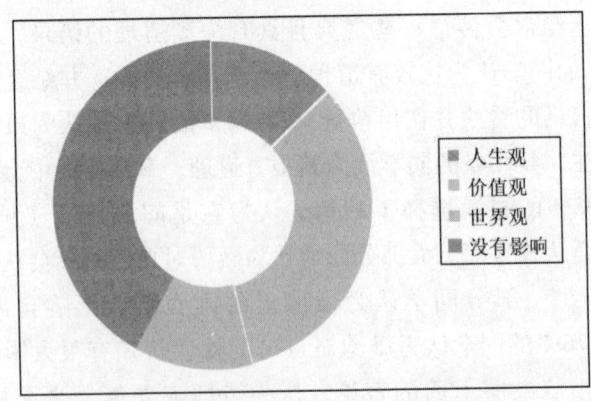

图五　微博对人生观、价值观、社会观的影响

最后，问卷中有几道问题针对微博对大学生社会生活影响的评价，分

为正负两个方面。关于其正面影响，57.14%的同学认为微博开阔了自己的视野，47.62%的同学觉得方便他人了解自己，认为微博为自己提供了重要信息的人占47.62%，47.62%的同学认为微博上的内容会激发思考，给予启迪（见图六）。而对于其负面影响，53.57%的同学认为微博上的虚假消息会带来很多困扰，59.52%的同学觉得微博上面的消息内容繁杂，浪费时间。47.62%的同学觉得其信息更新快，重要信息容易被淹没，还有3.57%的同学认为微博的负面影响是收到文字诽谤（见图七）。由此可见不论是正面还是负面，微博这种交流方式都对青少年产生了或多或少的影响，根据调查数据显示，同学们首先认为通过微博可以及时了解时事话题占29.76%，其次，微博可以扩大人际交往圈子占19.05%，第三，微博有助于扩展知识面10.71%。但是，在微博给我们带来好处与便利的同时，也有同学认为微博减少了同学们现实社交活动26.19%，有时候也会浪费时间14.29%。

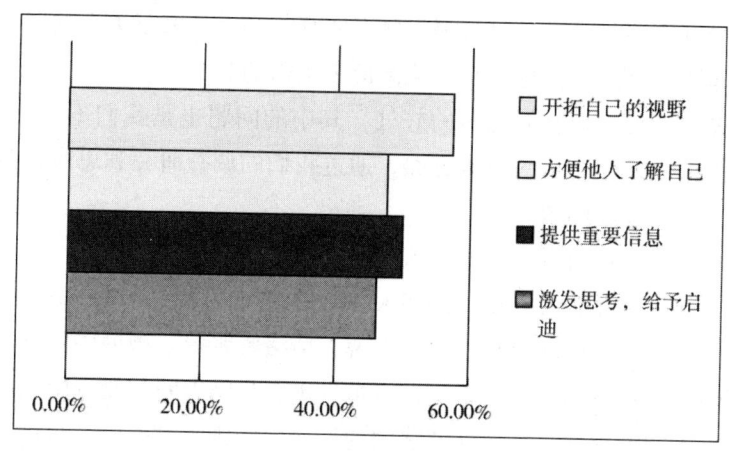

图六 微博正面影响

2. 存在问题

随着学校教学环境和生活质量的不断改善，微博的方便快捷已经成为许多大学生与家人、朋友、社会交流的第一选择。的确，借助微博这样的交流平台，我们足不出户就可以知道许多新鲜资讯、新闻消息，获得一些额外的知识，读到更多经典的语录。也可以与他人分享自己的兴趣爱好、心路历程和身边的故事等。微博还给了我们一个增大交际圈的途径，不论是兴趣相投的陌生人，还是喜欢的名人明星，我们都可以与他交流，拉近了人与人的距离。而且，有了微博之后，老朋友可以跨越时间与空间的界

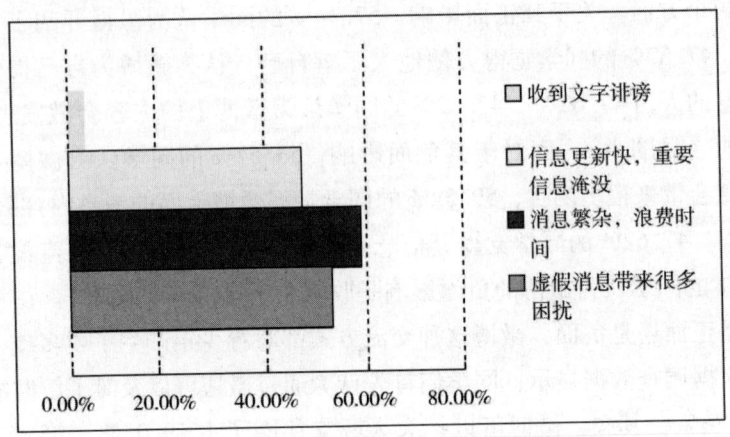

图七 微博的负面影响

限，进行交流，保持联系，不会像以前那样失去联络。就算对方远在他乡或者漂洋过海，我们还是可以相互了解彼此的近况，维系友谊。微博的信息更加公开透明，可以及时披露一些事实真相和反映大家关心的问题。例如，动车事故等重要信息也是先从微博传出来的。

但是，即便微博有如此多的好处，其中的问题也是我们不可忽视的。就其对大学生社会生活的影响方面，通过我们的调查研究和思考，整理出了如下五个方面的问题：

第一，过多地通过微博与他人进行对话，就会使大学生的现实社交活动减少，导致交际能力退化。许多人在微博上可以侃侃而谈，但是在现实生活中与人交流却出现尴尬、无话可说、情绪紧张等。微博中的文字毕竟有其局限性，听不出语气也看不到表情，更容易随着我们阅读时的心情而赋予文字不同的感情，造成彼此之间的误会，轻则拌嘴生气，重则互相辱骂，挖苦讽刺，时间久了可能会造成大学生的感情淡漠。

第二，微博上会传播一些虚假消息，有时令人无法辨认。例如，我们经常会看到一些微博上发布附近地区有抢劫、伤害等信息，会使得人心惶惶。其实这只是一些不良的用户为了骗取转发的不道德做法。而且，微博上的内容繁杂，有些并不是我们所需要的内容，很多广告会出现刷屏的情况，这有可能让许多喜欢玩微博的人浪费了许多时间和精力。

第三，过于依赖微博导致大学生的娱乐方式单一化。许多同学无聊时就会玩微博，逐渐丧失对其他娱乐的兴趣，过于依赖微博，必然使大学生认识世界的途径变得单一。仅凭微博信息是不能让我们全面地认识社会，唯有多接触、体验，在现实的实践活动中才能正确地认识世界。况且微博上的信息良莠不齐，过于依赖微博，会对我们的人生观、世界观、价值观产生不良影响，不利于大学生健康成长与发展。

第四，相对宽松的微博言论环境，还会给大学生造成一些困扰。例如，微博一些言论缺乏深度与广度，不利于引发大学生的思考；有些言论过于偏激、不负责任，会影响同学的情绪，增加心理负担；甚至在某种相对宽松的言论环境下，会导致流言传播，难以控制，后患无穷。

第五，过于频繁地接触微博，会让一些大学生缺少对经典书籍的阅读与思考。调查表明，许多大学生会在有空的时候就开始玩微博，通过微博，我们可以找到许多电子读物。随着信息技术的发展，纸质版的图书逐渐被取代。调查显示，大学生对经典书籍的阅读的比例正在减少，对问题的思考表面化、情绪化趋向严重。

（三）解决问题的建议

综上所述，微博这种交流方式的出现确实对大学生生活方式、交友态度等带来了很大的影响，在潜移默化地影响着他们的成长。一方面，微博为我们的生活带来了巨大的便利。但另一方面，过于依赖网络微博会使我们的生活失去了自我。我们是不是应该改变自己，试着在真实的世界中见见你的朋友，把电脑丢在一边，放下手机，和朋友坐在咖啡店面对面地聊聊天，背起背包与几个相识找个山清水秀的地方野营，去体会那种自然与真诚。诚然，微博这样的网络交际手段给我们带来了巨大的便利，但我们不能无视它的弊端。对此，我们提出以下建议：

第一，在学校举办更多丰富多彩的活动，建议大学生走出宿舍，更多地参加一些有意义的活动，丰富课余生活，增加娱乐方式，加强与别人的交流与合作。

第二，建议大学生多参加一些社会实践，锻炼胆量，让自己学会与陌生人交流。

第三，课堂上多给予同学演讲、交流的机会，让大学生在课堂上也能适当地得到锻炼。

第四，开展相关专题知识讲座，让大学生有辨识是非的能力，预防并减少偏激思想的出现。引导大学生树立正确的人生观、价值观、世界观。

第五，建议大学生适当安排时间去图书馆阅读一些好书，提高自身修

育人之路——高校思想政治理论课实践教学攀越

养与素质。适当通过其他方式关注时事新闻，更全面地认识社会。

也许，试着暂时放下网络，改变一下生活，我们会发现许多同样很美好东西。

（作者：医药信息11　黄杏萍　简敏莹　李畅　卢柯岚　指导老师：朱白薇）

256

十四　追寻民族文化，传承民族精神

——广东省开平市赤坎镇新联乡
长安村村民碉楼保护意识调查

近年来，由于人们对文化遗产缺乏深刻认识和了解，往往只顾眼前的短期利益，屡屡出现不合理改造甚至拆除物质文化遗产的现象。为了保护好民族优秀文化遗产，传承民族精神，我们必须增强对物质文化遗产的保护意识，并付诸行动。今年暑期，我们社会实践调查小组一行三人按计划来到广东省开平市赤坎镇新联乡长安村，采取问卷调查、走访的调查方式方法，一共发放和回收调查问卷 50 份，回收率高达 100 %，顺利完成了广东省开平市赤坎镇新联乡长安村村民关于开平碉楼保护意识的调查，然后运用科学的分析方法进行数据分析，初步了解了该村村民对保护文化遗产的态度与认识，并且通过深入分析，我们提出了一些意见和建议，希望我们的努力能够为促进民族文化遗产保护工作贡献一份绵薄之力。

（一）调查的基本情况

在本次暑期社会实践调查中，我们通过问卷调查、走访等方式进行实地调研，对象为广东省开平市赤坎镇新联乡长安村村民，共分为四个年龄组，分别是 10 - 18 岁的青少年组，18 - 35 岁的中青年组，36 - 55 岁的中老年组，56 岁或以上的老年人组。发放和回收问卷共 50 份，其中青少年组的问卷回收 10 份，中青年组的问卷回收 11 份，中老年组的问卷回收 16 份，老年人组的问卷回收 13 份。

（二）调查结果及相关分析

1. 从统计结果来看，男女比率约为 2 : 3，性别比率基本平衡，且通过对比问卷发现性别因素对民族文化遗产问题的认识影响不大，因此在对民族文化遗产保护意识探究上性别因素可以不给予考虑。

2. 从相关调查问题的数据统计分析来看，在题 2 中，该村村民了解开平碉楼与村落成功进入《世界遗产名录》的正确率高达 76%。其中，从图表 1 可以看出，56 岁或以上的老年人组知道正确日期的占 85%，10－18 岁的青少年组知道正确日期的占 80%，18 岁－35 岁的中青年组知道正确日期的占 73%，36－55 岁的中老年组知道正确日期的占 69%。

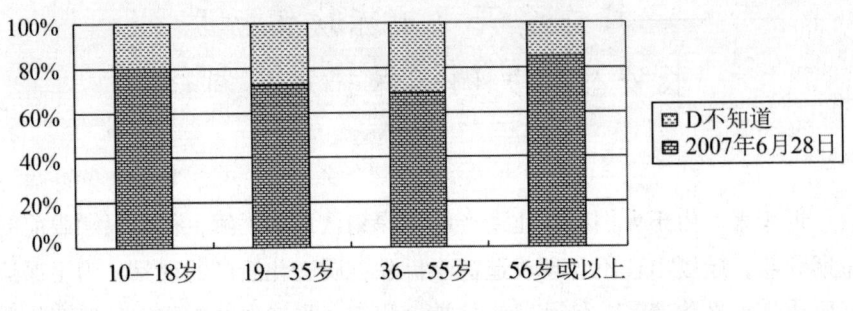

图表 1

从这些数据中，我们可以看到：当地中老年人对本地的传统文化遗产更关注，说明老一辈对其感情更为浓烈，认知了解更深刻；青少年组知道碉楼成功进入《世界文化遗产名录》的正确率也挺高，这说明近年来开平市中小学对碉楼等基本知识普及教育取得较好成果；中青年组对本题的答题正确率较低，这显示出部分中青年对传统文化关心不够，一些人对传统文化抱有一种冷漠的态度。

从题 3 的调查结果来看，该村村民保护碉楼与村落文化的责任感普遍较强，认为是开平人的责任占 14%；认为是政府的责任占 6%，而这 6% 里面青年人就占了 18% 左右；认为是政府和所有人的责任则占了 80%。（见图表 2）

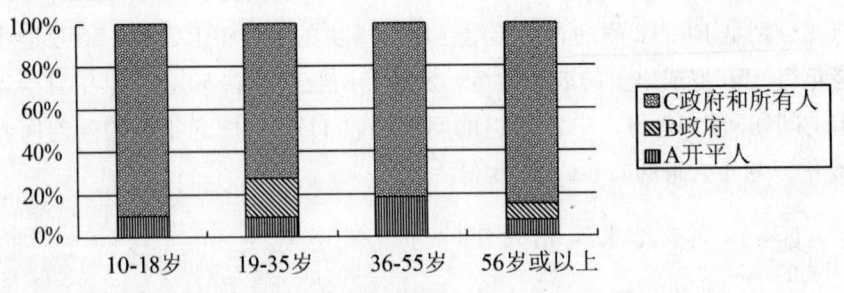

图表 2

从以上的数据还可以分析得出：各年龄阶段的人群对碉楼等文化遗产的保护意识普遍较强，但是他们对责任的最终所属了解较为模糊，尤为突出的是18—35岁的中青年组认为是政府责任的几乎占了两成，表明中青年对传统文化遗产有推脱、不负责任的淡漠态度。

根据第4题的调查结果，从以下的饼状图可清楚看出该村村民认为有必要保护开平碉楼的占98%，认为无所谓，与己无关的占2%（见图表3）。

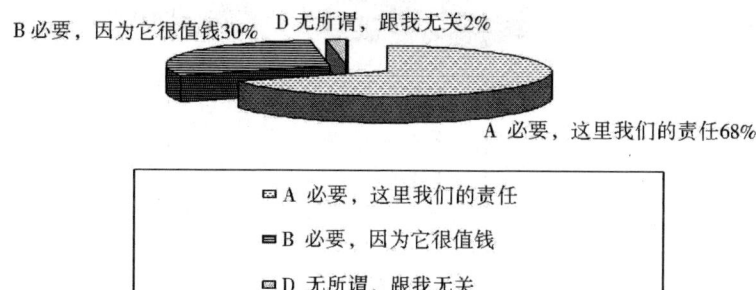

图表3

从以上的数据分析还可得出：该村村民对碉楼的保护意识与责任感普遍较强，但还存在一定比例的无所谓认知者。其中，在这个98%认为有必要保护碉楼的人群中，按年龄阶段细分，36—55岁年龄段认为那是自己本人的责任的占31%，19—35岁年龄段认为那是自己本人责任的占21%，而10—18岁与56岁或以上的年龄段人群认为那是自己本人的责任所占的比例相同，同为24%（见图表4）。

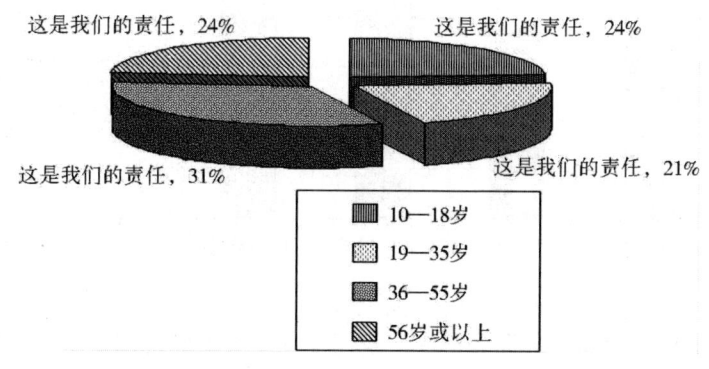

图表4

此外，在这个98%认为有必要保护碉楼的人群中，按年龄阶段细分，36—55岁的中老年人与56岁或以上的老年人中出于经济原因，认为碉楼有必要保护的分别占34%、33%；而10-18岁与19-35岁的青少年出于经济原因，认为碉楼有必要保护的各占13%、20%（见图表5）。这表明大多数中老年人认识到了传统文化遗产的经济价值，这对于当地的经济发展有非常大的促进作用，有利于带动当地的经济发展；但青少年对碉楼的经济价值认识相对较为薄弱，可能与其年龄、人生阅历相关。

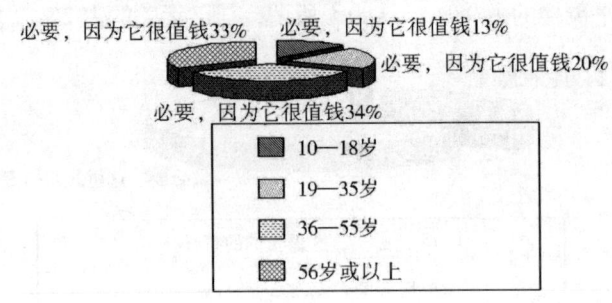

图表5

通过第6题的调查，我们发现，当开平碉楼遭遇被破坏的行为时，该村村民的保护意识普遍较强，都持劝阻态度。其中，持坚决劝阻态度的占74%，持虽劝阻但不听就算态度的占26%。再按年龄阶段细分，如图表6，其中56岁或以上的老年人对破坏碉楼的行为持坚决阻止态度的高达94%，可见老一辈人对碉楼的感情更深刻，更浓烈；而中青年则虽然持劝阻态度但阻止态度不够坚决，有一些消极悲观的因素存在。

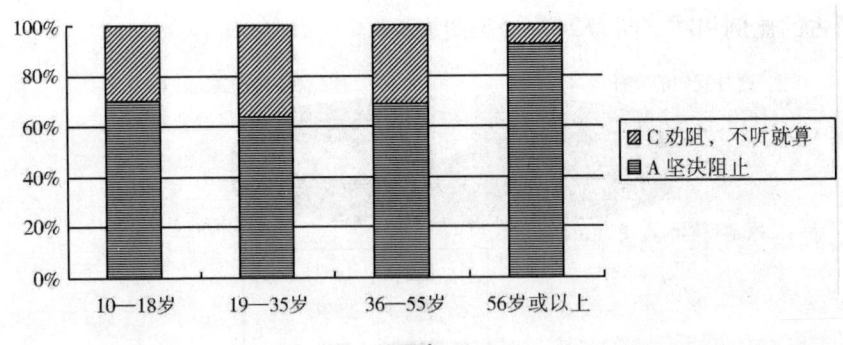

图表6

从第9题的调查数据分析中，我们发现了开平碉楼保护中存在资金不足、政府支持力度不足、宣传力度不够、缺乏系统的保护规划、公众的文物保护意识差等几个主要问题。从以下的图表7数据分析可知，其中资金投入不足、宣传力度不够、缺乏系统的保护规划等三大因素占比较大的比重，说明政府在这方面有待下功夫。而公众的文物保护意识差占 52% 左右，说明个人的文明素质也有待提高。

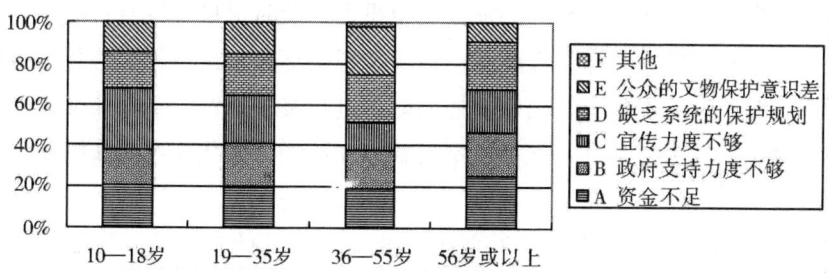

图表 7

在最后一个调查问题中，对于我们提出的"你是否支持改建开平碉楼作为旅游景点，以吸引更多游客"的建议，有 18% 的受访村民认为只要促进经济发展就支持；有 8% 的受访村民表示不支持，认为这会导致商业化过重，失去原有建筑的韵味；有 66% 的受访村民表示要看具体情况而定，不能牺牲原有建筑历史韵味而一味追求经济发展；有 8% 的受访村民则表示无所谓。虽然大部分的受访村民表示不能一味地以牺牲原有的建筑历史来追求经济发展，但是仍有较大比例的受访村民表示不支持或无所谓态度（见图表 8）。这表明部分村民对民族文化遗产缺乏重视。长此以往，会导致年轻一代对本民族传统文化不熟悉，丧失对民族文化的关注与热爱，给文化传承带来威胁。

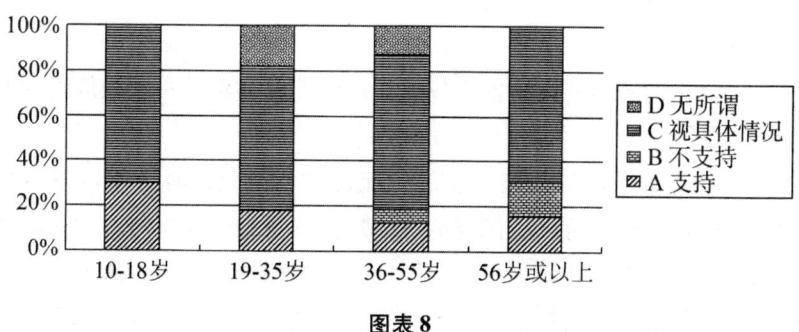

图表 8

（三）建议及解决措施

1. 政府应加大对开平碉楼保护工作的支持力度，加大财政经费投入。通过调查发现，目前开平碉楼保护陷入了资金不足、力度不够的困境，这是制约文化遗产保护工作的"瓶颈"。相比经济建设而言，政府对文化建设投入还比较少，尤其对具有代表性民族文化遗产的保护更是缺乏保障，这也使得文化遗产的脆弱性和保护工作的急迫性更加突出。因此，政府加大财政资金投入责无旁贷，如加拨资金投入，及时保护亟待修葺的文物建筑；出台相关的文物保护性政策，对于恶意破坏文物建筑等违法行为必须严惩，对于极力保护文物建筑的好人好事进行奖励嘉许，不能让文物建筑的有效保护成为空话，否则投入不足就会加速物质文化遗产与非物质文化遗产的消亡。

2. 教育当地的中青年提升保护碉楼文化遗址的意识，并使之成为一种经常性的习惯。具体建议如下：

（1）政府加强宣传引导，提高当地民众对本民族文化遗产保护工作重要性的认识，增强他们的保护意识。政府要从对国家和历史负责的高度，从维护国家文化安全的高度，充分宣传民族文化遗产保护的重要性、紧迫性。要充分利用广播、电视、报刊、互联网等各种媒体和传播形式，制作和持续展播形象生动的公益广告，充分利用各种平台大力宣传民族文化遗产。例如可以把开平碉楼的相关信息拍摄成纪录片、宣传片等，在公交电视以及开平的旅游车上播放，让更多的人了解开平碉楼的历史发展及现状，以此提高全社会对民族文化遗产的认识和保护民族文化遗产的文化自觉性。

（2）要充分发挥民族民间文化对广大青少年进行传统文化教育和爱国主义教育的功能，将优秀的、体现民族精神与民间特色的民族文化遗产纳入学校课程，在学生中普及民族文化遗产保护知识，激发青少年热爱祖国优秀传统文化的热情，让各级各类学校的艺术教育承担起民族民间艺术的传承义务。

（3）青少年是保护民族文化的中流砥柱，因此，必须重视青少年责任意识的教育，我们可以将优秀的、体现民族精神与民间特色的民族文化遗产纳入学校课程，在学生中普及民族文化遗产保护知识，激发青少年热爱祖国优秀传统文化的热情，让各级学校的艺术教育承担起民族民间艺术的传承义务。

（4）青年要提高保护碉楼等文化遗产的自觉性和保护性，积极向老一辈探讨学习了解碉楼的历史韵味，个中的博大精深的传统文化，培养民族自豪感，树立主人翁的精神，勇于向故意破坏文物建筑等违法行为作斗争。

3. 积极发展民间组织，协会，成立以公益性为宗旨的民族传统文化遗产保护协会。事实证明，这一组织可以更有效地在当地宣传保护民族文化遗址。协会会员们根据自己的认识及阅历在空闲时间学习交流本民族的碉楼文化，从而可以策划、组织一系列学习和实践活动，可以通过开展征文、研讨、调研等活动促进当地民众对民族文化的了解和思考，进一步增强保护意识。

4. 挖掘文化遗址的经济价值，提高当地居民的生活水平，进而促进保护工作。调查发现绝大部分当地民众已经认识到碉楼的经济价值所在，开发碉楼旅游可以带动当地的经济发展，提高当地居民的生活水平，快速带领人民过上富裕生活。当然，在把开平碉楼开发成旅游资源的同时，还必须注意保护文物遗址，考虑碉楼的承载力，适当限制当日的旅客数量。只有这样，在发展经济的同时，才不会让碉楼的原始韵味散失。

（作者：物流管理 11（1）班 谭小琳　李泽琪　邓思颜　指导老师：张居永）

十五　丹霞山旅游状况调查

"色若渥丹，灿若明霞"是广东名山丹霞山的真实写照。2004 年，丹霞山正式成为了世界地质公园。2012 年 8 月 1 日，在巴西举行的世界遗产大会中，丹霞山连同中国其他五个景区组成的"中国丹霞"通过大会表决成为世界自然遗产。丹霞山正式成为广东省首个世界自然文化遗产，实现了广东世界自然遗产的零突破。丹霞山正走向世界，被世界所了解。丹霞山作为韶关的一个重点旅游景区，甚至可以说是龙头景区，对其进行开发和利用具有重大的意义和影响。当前丹霞山的旅游状况如何？如何才能更好地充分利用世界自然遗产资源，促进当地经济发展？带着这样的问题，我们利用暑假的时间，通过对丹霞山旅游景区进行实地考察，采访了丹霞山旅游景区负责人和部分工作人员，通过调查，得出调查报告。

（一）丹霞山旅游资源概述

丹霞山，世界自然文化遗产、世界地质公园、国家地质公园、中国红石公园、国家 AAAA 级风景名胜区、国家级自然保护区。它是广东省面积最大、景色优美、以丹霞地貌景观为主的风景区。到目前为止，丹霞山已经开发的景区有陡峭的长老峰景区、木栈道为主的阳元石景区、游船游览的翔龙湖景区和锦江游览区。

长老峰景区根据高度分为三层景观。下层景区为锦石岩，以北宋时期建的锦石岩石窟寺和最具典型的赤壁丹崖为主。中层有别传寺、一线天等景观。沿着建在陡峭石壁上的丹梯铁索，可以到达长老峰顶层。顶层是著名的观日亭，是看日出、日落和远眺丹霞山风光的最佳位置。阳元石则与阴元石遥相对应，一阴一阳的完美组合，也让很多人来此地拜佛求子。因湖面轮廓似一条腾飞的青龙而命名的翔龙湖，以及自北向南流淌于丹霞山的锦江，在游船上可以欣赏到丹霞山的又一独特风景。

除了自然风景的独特外，丹霞山还有众多摩崖石刻、悬棺和石窟等文化景观。得天独厚的气候，也让这里孕育了丰富的珍稀物种，如名贵的罗汉松、黄杞树、荷木、马尾松、兰花等。在丹霞山还有著名的三大特产：兰花、红豆以及还魂草。

随着名气的扩大，丹霞山的开发也在进行中，即将开放的景区有峻险的巴寨景区、韶石山和姐妹峰。

（二）丹霞山旅游状况调查

1. 丹霞山旅游人数增长情况

丹霞山自 2004 年荣膺世界地质公园的美名开始，旅游人数大幅度增长，1993 年，旅游人数仅为 19 万，到 2004 年猛增至 114.3 万，2006 年更达到 128.8 万。随着宣传力度和名气的增大，丹霞山旅游在黄金周期间再创新高。2009 年春节黄金周期间，丹霞山接待游客近 10 万人次，同比增长 87%；旅游综合收入达 2700 万元，同比增长 130%。2010 年春节黄金周则接待国内外游客近 12 万人次，同比增长 15%，旅游收入近 3000 万元，同比增长 4%。

2. 丹霞山客源

丹霞山虽然是世界地质公园，但是对于其名气来说还没有真正扩大，从其客源就可以看出。来丹霞山旅游的大多是散客，一是当地居民；二是来自广州、东莞、深圳等珠三角城市和港澳地区的部分自驾出游客；三是部分外省地区的游客，主要来自湖南、江西、广西等邻近省份，极少部分来自华东、华中地区。特别是在周末的时候，丹霞山的旅客大多都是当地的学生和居民，因为办理门票卡有地方优惠，所以还是比较受当地人欢迎的。每到周末的时间，广州地区的自驾游客比较多，特别是在一些特殊的日子，很多人还会到丹霞山的寺庙烧香拜佛。

3. 丹霞山景区门票价格

丹霞山景区的门票价格算是非常低的，相比九寨沟、黄山等都低得多。

景区门票价格：平时 100 元/人；节假日：120/人。

索道：平时单程上或下 40 元/人，双程 60 元/人；节日单程上或下 45 元/人，双程 70 元/人。

翔龙湖船票：单程 15 元/人，双程 30 元/人。

锦江船票：35 元/人。

竹筏漂流：全程 100 元/人，半程 50 元/人。

中华性文化博物馆：35 元/人。

具有韶关户口的游客办理门票卡只需 30 元/人。

丹霞山虽说是世界地质公园，但是门票价格对大众来说还是易接受的。从 2009 年三月起，取消办理年卡业务，取而代之的是办理一次性门票卡。

4. 丹霞山旅游新特点

丹霞山极具特色的赤壁丹崖、在大自然的鬼斧神工下，展现出各种神奇姿态，吸引着大量的游客。景区内的石窟寺遗址，历代文人留下的传奇故事和诗词、摩崖石刻也吸引不少的文化爱好者。丹霞山的旅游发展迅速，呈现了一系列的新特点。

（1）自驾车游客大幅增长。随着交通条件的改善和经济水平的迅速提高，自驾游已经成为一种时尚的旅游方式。丹霞山随着名气的增大也吸引了不少的自驾车旅客。

（2）旅游团队大幅度增加。相比过去，丹霞山接待的旅游团队大幅上涨。期间接待的旅游团队除了本省的之外，还有来自国内其他省份的，甚至外国的大型旅游团队也不少。

（3）学生旅游人数上升。漫长的暑假，众多的学生选择旅游的方式度过炎热的暑假。丹霞山在暑假期间的学生接待量也有所上升。

（4）观光农业发展前途可观。在丹霞山山麓，有一片草莓基地，草莓收获时节，每天都有众多的游客来这里摘草莓，不但欣赏到了神奇的丹霞风光，也享受到了摘草莓的乐趣和恬静的田园生活。在丹霞山内，还有农户居住，相信观光农业的发展也是一个新的经济增长点。

（三）存在问题

根据调查数据分析和实际访谈得知，丹霞山经济在快速发展的同时，也存在一系列问题，主要表现在：

1. 管理不完善，无法承担旺季的大客流量。

一是售票厅太小。有两个窗口是办理韶关市民的门票卡的，只有五个窗口办理其他游客的门票卡。一到旅游旺季或周末，售票厅都挤满了人，排着长龙买票，天气炎热的时候，游客都纷纷抱怨。二是检票站的设备相对落后。进入各景区都有检票站，但是这些检票站的管理过于复杂。不但需要检票工作人员帮助，而且还需要多次刷卡，输入指纹，浪费游客不少时间。

2. 配套服务设施建设滞后。景点的开发，不可避免要有配套的设施。随着客流量的增加，景区内的酒店、餐厅、休闲中心等显得不足，不能满足日益增多的游客需求。而且为了保护环境，景区内的一些酒店、餐馆已经拆除，必须尽管解决这个问题。

3. 交通不便。无论是景区内的交通还是到达丹霞山的交通都不太令游客满意。进入山门后，可以看到有一个不大的停车场，到达景区的车辆非常少，如果游客多的时候，势必会造成拥挤、秩序混乱等。另一方面，到达丹霞山的公路除了 106 国道之外，其他的都非常小，而且经常出现拥堵。到达丹霞山的另一条 S246 公路经过仁化县县城，县城内的路非常狭小，人流又多。

4. 安全设施不到位。丹霞山特点之一就是"险"，众多地方都是悬崖峭壁。但是在这样惊险的地方却缺少安全设施。比如去一线天的时候，要爬很陡很狭窄的阶梯。左边是石壁，右边只依稀长了些树。站在石梯往下看，心惊胆战，却没有铁栏或其他的安全设施，如果人多的时候安全隐患会大大增加。

5. 对景区环保问题不够重视。在景区内一些比较偏僻的地方比较容易发现垃圾。有一些游客在爬山途中喝完水的矿泉水瓶子随手就扔进草丛里，还有一些在陡坡上，这给景区内的清洁人员带来了极大的不便。除此以外，还有景区内的小摊贩收摊后不清理垃圾，饮食业造成的垃圾堆积到景区的偏僻角落，破坏了景区的风景。

6. 保护风景区的意识不强。在很多石壁上总看到很多游客留下的纪念品，如："某某某到此一游"、"某某爱某某"等等。在石壁上刻的这些字非常难消失，实在是大煞风景。

（四）改进丹霞山风景区的建议

为进一步促进丹霞山地区整体经济的发展，我们提出一些有针对性的建议。

1. 扩大售票厅面积，增加售票窗口，也可以通过网上订票，多渠道解决订票拥挤的问题。对于检票进景区的程序，我认为应该宣传门票卡的使用方法，让游客自己刷卡进入。在买门票的时候已经输入指纹了，我觉得应该简化程序，建立一个识别系统，在进入景区时只需要输入指纹即可，而不再需要检查证件。

2. 合理规划区内土地利用，安排餐饮服务中心。景区内的餐饮服务规模较小，品位也不高。有些游客白天到景区旅游，晚上还要赶回区外的宾馆休息，游客感到极大不便。如果可以在旅游景区内扩大经营范围，实行适合区内游客的一条龙服务，可以提高服务质量。

3. 鼓励游客步行，这不仅可以解决拥挤的局面，也可以保护环境。对于外部交通，则要加大政府投入，拓宽与建设新道路。2009 年开通的武广高铁，为丹霞山吸引外省客源提供了便利。

4. 增加必要的安全设施。在比较惊险陡峭的地方设置护栏、铁索，及时修理破损的阶梯。

5. 印发宣传单，加强公众环保意识。对于游客可派发小册子在介绍景点的同时也宣传环境保护，增强游客保护风景区的意识，减少垃圾的丢弃和破坏风景区的行为。对于商贩和景区餐饮业等制造的垃圾，应该统一管理，对于任意堆积垃圾的行为采取严厉的惩罚措施。

6. 以旅游业为契机，完善丹霞山的农副产品产业链。丹霞山及整个仁化县内有非常多的特产：沙田柚、白毛茶、果蔗等，对其特产进行统一包装、销售，能增加附加值，提高经济效益。

7. 加大宣传，提高品牌效应。借鉴其他景区经验，如安徽黄山、湖南张家界、江西庐山等，加大宣传力度。如在中央电视台的"大好河山"播放网络视频宣传片，在交通站点张贴宣传海报。

8. 以丹霞山为龙头，带动经济发展。仁化县内有全省最高的山峰——石坑崆，以云海著名；还有红色旅游，如石塘的双峰寨；县内古塔资源丰富，有云龙寺、文峰塔等。此外还可以和韶关市的其他著名旅游景点合作，形成旅游经济带，带动经济增长。

现在丹霞山正处于韶关市政府 2007—2025 年规划期限的早期（2007—2015 年），对其秉着科学规划的原则，届时可以形成两带——锦江、浈江观光带；五区——丹霞山、巴寨、韶石山、飞花水、仙人迹景区。丹霞山的科学规划必将让这个世界自然遗产熠熠发光。

（作者：医药软件工程 09（1）邱玲燕　指导老师：万芳芳）

十六　兴宁市、蕉岭县两地医药行业经营现状调查

　　为了客观、真实地了解当前医药行业经营现状，我们于 2010 年 8 月 13 日至 8 月 25 日在梅州市下辖的兴宁市、蕉岭县两地展开了一次为期近两周的社会实践调查，面向一些私营药店、医院药房、连锁药店、中药店等经营场所附近的流动人群发放问卷，进行访谈，收集问卷，分析总结。在调查过程中，我们初步了解了受访市民对药品品种选择、药店经营服务、购买方式偏好及零售终端市场状况等。通过调查研究，我们比较客观地掌握了兴宁市、蕉岭县两地医药行业整体的经营状况，这为我们日后毕业从事该行业奠定了一定的认知基础。

（一）调查数据统计与分析

（1）受访市民对药店的选择情况

表1—1

	医院药房	私营药店	连锁药店	中药药店
兴宁市	5.2%	21%	63%	10.5%
蕉岭县	14%	24%	46%	10%

　　从图表 1—1 反映的情况看，参与调查的市民中，选择在医院药房买药的平均百分率为 9.6%，而选择在非医院药房买药的平均百分率为 90.4%，后者几乎为前者的 10 倍，可见非医院药房较受受访市民的欢迎。而经过调查了解，具体原因如下：首先，兴宁市、蕉岭县是梅州市两个相对较小的县市，医院在县城中的分布密度较小，所以受访市民选择去医院药房买药的百分率比较低；另一个原因就是伴随社会主义市场经济的发

展，当地的私营药店近年来快速增加，极大地方便了人们就近买药。从调查数据的另一个侧面可以看出，相对于以前，药店经营药品丰富，人们买药的选择更多了，不再像以前那样单一。

（2）选择到其他药店而不选医院药房买药的原因

表1—2

	方便快捷	服务态度好	价格适中	其他原因
兴宁市	47.4%	10.5%	42.1%	0%
蕉岭县	40%	15%	35%	10%

从图表1—2可以看出，认为其他药店比医院药房方便快捷的平均百分率为43.7%。那么，受访市民认为医院药房买药不便捷的原因何在？经分析，与第一题调查结果背后的原因相似，医院在兴宁市、蕉岭县这样较小的县市来说密度较小，所以在医院药房买药不太便捷，而且就现在兴宁市、蕉岭县的一些乡镇医院还没有实行数字化管理，病人在医院就医时，挂号登记、排队买药经常要花很多时间，其他药店的价格相对医院药房来说比较合理，对于病人来说，除非大病外，影响他们消费的另一主要因素是方便和价格。在医院药房买药先要诊断，而且还要支付挂号费等一些繁琐的费用，这就使药品价格变贵，而在非医院药房买药一般是买OTC药物（即非处方药物），价格适中，所以消费者一般情况下会选择到药店买药，而不是医院药房。

（3）觉得药品价格是否合理

表1—3

	特贵	略贵	适中	便宜
兴宁市	10.5%	42.1%	42.1%	0%
蕉岭县	18%	48%	20%	14%

从图表1—3可以看出，受访市民认为药品价格略贵的比例较大，其中来自兴宁市的比重为42.1%，蕉岭县的占48%。这说明药品消费对兴宁市、蕉岭县市广大家庭来说压力是比较大的，因为这两个地区的整体经济发展较慢。为此，药店行业应该转变药品经营策略，实行薄利多销，让更多的老百姓买得起药，以达到一个双赢的局面。这与当今社会提倡以人为本，建设和谐的文明社会也是一致的。在农村地区，经常会听到病不起

的抱怨，这也反映了人们对看病难、药品价格贵的看法。也有一些病人对大病之后政府给予的医疗补贴大加赞赏，他们认为有些病（比如肺结核）的药物，虽然比较贵，但是他们可以只花一小部分钱，剩下的政府会补贴，极大地减轻了他们的负担。从中可以看出政府近年来推行的医改，一定程度上缓解了人民群众看病难的问题，人们也希望这项政策最终能解决看病难的问题。

（4）遇到药品品种雷同的情况

表1—4

	很少	比较少	一般	经常
兴宁市	10.5%	15.8%	57.9%	21%
蕉岭县	11%	41%	25%	23%

图表1—4显示，受访者中认为药品经常雷同的比例约占44%。原因在于，从药店行业角度来说，消费者对某品种的药品需求比较大，所以药店会根据市民的需求去选择加大哪种药品的销售量，故一般药店会出现药品品种雷同。如果药店所购的药物不符合大多数市民的需求，货品放在仓库里卖不出去，就会亏本，所以商家在买药的时候就会顾虑到这点。另一方面，从消费者来说，买到品种雷同的药物会花多些钱，由于多数市民不太懂药，这样可能会吃哑巴亏。因此对商家来说，购买雷同的药物不要太多，要考虑其药效是否重叠，真正做到盈利、便民。

（5）怎样选择药品

表1—5

	看价格	品牌与广告宣传	专业人士介绍	随意挑选
兴宁市	10.5%	26.3%	47.4%	15.8%
蕉岭县	32%	10%	38%	20%

据图表1—5显示，对同类品种的药品，选择专业人士介绍或品牌与广告宣传的受访市民占60.3%，而随意挑选药品所占比例较小。大部分人都不会盲目地挑选药品，都会根据有关介绍去选择与自己所需疗效的药品，这是一种比较理性的做法。而价格对市民药品选择的影响也比较大。据调查结果显示，看价格的所占平均比例为16.6%，由此可见，药品疗效的宣传对消费影响是比较大的。在依据品牌与广告宣传选择药品方面，

蕉岭县的比率比兴宁市的少 16.3% 。在调查时，大部分人表示，通过媒体做广告宣传的药物会比较贵，因此会选更实惠的药品。蕉岭县市民较多地会选择自己挑选药物，但不是随意，而是经过深思熟虑的。

（6）药店的经营服务水平

表1—6

	服务热情	态度散漫	专业素质高	其他
兴宁市	5.2%	42.1%	31.6%	21%
蕉岭县	28%	25%	32%	15%

从图表 1—6 的统计结果看，受访市民认为蕉岭县药店的服务态度明显好于兴宁市。在蕉岭县受访市民的心目中，药店的服务水平总体上是好的。在专业素质、熟悉药情方面，二者在受访市民中印象很相近，说明兴宁市、蕉岭县药店销售人员的专业素养都有很大程度的提高。其原因在于兴宁市、蕉岭县对医药行业一直采取鼓励、支持的态度，这为有医药素养的人才提供了发展的空间。同时，激烈的市场竞争环境，要求他们不断提升自身的素质，否则，就会在服务水平上输给对手，这就太不值得了。因此，为了在市场上赢得胜利，每个医药企业、公司都会强化对员工服务态度的培训，建立完善的激励机制。

（7）希望药店销售人员为你提供的信息

表1—7

	疗效介绍	使用介绍	自由选购	个性化导购建议
兴宁市	53%	0%	26.3%	21%
蕉岭县	48%	9%	22%	21%

图表 1—7 显示，受访市民希望药店销售人员提供药品的疗效信息的平均百分比为 50% ，自由选购的平均百分比为 24.15% ，提供个性化导购建议的平均百分比为 21% 。有接近一半的受访市民对疗效介绍比较感兴趣。这是因为对于病人来说，有效果就是最具说服力的，而且有些药品上的疗效介绍不是很清楚。同时受访市民在自己选购药品的时候也会根据自己的病情，再经过询问销售人员疗效而购买药品，对于非处方药，人们往往也会问疗效以买到更适合的药品。个性化的导购建议并不是人人都可接受的，对于销售人员，这种工作方式有助于激发他们对工作的兴趣，在一

定程度上会提高自己的专业综合素质，提升药店的经营销售特色。对于建议的效果，我们还需对消费者做进一步调查，以更好地完善这项措施。

（8）选择网上购买药物

表1—8

	会	有时会	不会
兴宁市	0%	10.5%	89.5%
蕉岭县	11%	21%	60%

图表1—8的数据显示，接近75%的受访市民表示不会在网上购买药物，接近20%的消费者表示会选择在网上购买药物。近年来，网上购物已经成为一种潮流。淘宝网、乐淘网等购物网站的出现，人们可以足不出户就可以在网上购买到所需的用品，包括一些药物。但有75%的受访市民不愿在网上购买药品，一方面，是因为他们担心网上购买东西存在风险，加之网上信用制度还不够完善。对于药品的销售，如果不具备医药资格开药店的，管理、销售存在的风险就更大了。尽管网上销售药物为医药专业的学生带来了一种新的就业机会，但在目前国内环境下还需要不断探索。另一方面，是因为受访市民更容易相信现实生活。对于消费者，特别是病人来说，生病吃药既需要接受医生的治疗，又需要及时购买到所需药物，而网上购买有一定的时空距离，相对于到附近的药店购买，后者更方便快捷。当然，对于常用药物、慢性病患者及青年人群，调查显示多会选择在网上购买药物。毕竟，年青人对于在网上购物较易于接受。

（9）网上购买的药品与普通药店药品的区别

表1—9

	有区别，但区别不大	没有太大区别	没区别
兴宁市	74%	10.5%	15.8%
蕉岭县	63%	21%	16%

图表1—9数据显示，只有大约16%的人认为网上购买的药品与普通药店药品是没区别的，且持这种观点的大部分是年轻人，而接近84%的受访市民认为网上购买的药品与普通药店药品是有区别的。毕竟药品本身是很特殊的商品，在网上销售，真伪难辨，一旦出现纠纷，网络途径的隐蔽性难留下投诉证据，药监部门很难取证，消费者难维权。一些人因吃了

网上买来的药物而产生不良反应，却又得不到解决，产生了网购药品存在很大风险的担忧。从传统的生活方式看，兴宁市、蕉岭县人们的看病方式是医生看病、开药、买药，已经形成较为固定的就医模式，要让人们短期内接受网售药品，多数人比较困难。因此，网上药店要想提升业绩，必须要加大广告宣传力度，提升快捷高效的销售模式，让更多的人认可其营销的模式。

（10）药店竞争压力的来源

表 1—10

	药品种类和来源	药品规模大小	药品更新速度快	药店的信用度
兴宁市	37%	15.8%	15.8%	31.6%
蕉岭县	49%	21%	13%	17%

图表1—10显示，药店药品种类和来源多的话可以吸引更多的市民。当今看病的主流市场主要是老年人，但随着人们健康保健意识的提高，健康保健产品越来越受欢迎。除了非处方药、生活常备药，其他保健药也是需要的，药品种类越多，人们的选择权越大，越能买到称心如意的药品。当今社会，不管是企业，还是个人，其信用很重要，无信用很难立于当今社会主义经济市场。因此，药店要有自己的一套信用制度、原则，让医药市场更好地发展起来。当然，药品规模的大小，药品的更新速度也是药店立于不败之地的重要因素，这几方面是相互影响，相互作用的，药店尽可能多地注意这些方面，才能更好地为广大市民服务。

（二）意见及建议

（1）加大公立医院药房服务方式的改革力度，更好服务患者。我们从调查结果中不难看出，医院药房的经营方式还有待进一步提高，尤其兴宁市、蕉岭县市这样一个相对落后的地区，应尽快地建立方便快捷的电脑数字化药房服务方式，让患者以最快的速度取药。

（2）构建合理的药品价格形成机制。看病贵一直是人们关注的话题，医院、企业、政府应该共同协商，比如通过开听证会的形式，多了解民意，确立合理的药品价格。

（3）丰富药品的品种，让消费者有更多的选择权。同时，药店的销售人员应该多提供药品的信息、个性化导购建议，从而提高药店的经营服务水平。还要加强宣传，鼓励医院、企业对医保目录的加入，尽可能使商家和消费者都受益。市民应该根据需要，多听从医师的建议，不随便买药。

（4）规范网上销售药物的商业模式。虽说网上药店可以节省店面的开支，但网上药店要求企业有独立的机房和服务器，除了要有药学服务人员，还要有专职的网络维护人员，因此要有专门的具有资质的人员从事网络药品的管理，防止滥竽充数。网店的销售离不开宣传，因此要加强互联网药品信息服务资格的审查，对第三方网上导购药店发布虚假、不实信息的，要严格追查。通过严格监管，使网上销售药物的企业自觉坚持信用优先，提升服务水平，保障药品质量，让人们买药更便宜、方便、安全。

（三）结语

从总体上看，兴宁市、蕉岭县的医药行业经营现状还是好的，服务水平与质量近年来都有所提高，销售人员的专业素养也在不断提高。政府比较注重医药行业的发展，人们对健康保健也越来越注意，这对医药行业的发展起到很大的促进作用。随着医疗保险、医保目录的开展，百姓看病难的问题应该可以有所缓解，网上药店这种新的销售渠道，使消费者更方便快捷地购买到药物，对于信息产业的发展也有很大的帮助。当然，药店的竞争压力也会越来越大，这是市场竞争的必然。对于企业来说，要学会提高服务质量，诚信经营；对于政府来说，需要加强监管，不断规范药品市场；对于消费者来说，要理性购买药品，对当前社会发展中存在的问题辩证看待。

当然，本次的社会实践调查选择的对象相对较窄，调查方式方法比较单一，收集调查的信息难免以偏概全，调查结果也必然有一定的局限。但是，通过本次社会实践调查活动，我们在一定程度上接触了社会，增长了社会知识和相关调查研究的知识，通过系统的研究，学习到一些有价值的理论知识。更让我们受益匪浅的是，看似简单的调查，我们不知经过了多少烈日炎炎、风雨交加的日子，甚至遭遇一些不明事理人的非议和抵触，但我们用坚毅和真诚完成了这项任务，所以这次调查也真正地锻炼了我们这些象牙塔内的大学生！

（作者：药用高分子材料 09（1）徐欢茹　吴思娜　指导老师：钟光红）

后　记

　　凝聚着许多人辛勤劳动和智慧结晶的专著《育人之路——高校思想政治理论课实践教学攀越》一书终于付梓出版了。这部专著的出版是对广东药学院思想政治理论课教学部自 2009 年以来在高校思想政治理论课实践教学领域潜心研究与探索创新成果的一次集中检阅，同时也体现了多年以来我们在高校思想政治理论课实践教学领域持之以恒的探索精神与创新实践。我们也希望借助本书的出版，能够搭建一个与国内高校思想政治理论课同行及相关专家学者进行交流与沟通的平台。

　　广东药学院党政领导长期以来高度重视思想政治理论课建设，严格按照教育部及广东省教育厅相关文件的要求，加强对思想政治理论课建设的领导，确保思想政治理论课建设的各项措施落到实处。学校党政领导的高度重视和关怀，燃起了我们进行思想政治理论课实践教学改革与探索的巨大热情。作为我们在思想政治理论课实践教学领域改革探索的最新成果，本书是集体智慧的结晶，编委会的有效决策以及所有成员的精诚合作确保了本书的顺利出版。全书由编委会主任郭姣、主编吕志负责进行总策划，吕志作为主编，张居永、温汉雄、刘小龙、刘伟作为副主编，承担了大量而细致的统稿、修改与校对工作。广东药学院党委副书记兼纪委书记郭姣在百忙之中对书稿进行了审定。本书各章节撰写人员名单如下：吕志第一编（一）；第二编（一、二）；第三编教师篇（一）、温汉雄第一编（二）；第二编（一、二）；第三编教师篇（二）、刘伟第一编（三）；第二编（三）、刘小龙第二编（一、二）；第三编教师篇（一）、万芳芳第二编（一、二）、李雪如第二编（四）；第三编教师篇（六）、黄丽春第二编（四）、胡旭华第二编（五）、朱白薇第三编教师篇（三）、张居永前言；第三编教师篇（四）、潘华第三编教师篇（五）、粟莉 何建娥第三编教师篇（六）。需要特别说明的是，本书第三编学生篇由于篇目较多，作者及指导教师名单在此不一一单列，统一置于每章文末。

　　本书的出版得到了中央编译出版社的大力支持，潘萌先生、刘彬女士为此付出了辛勤劳动。本书在撰写过程中也借鉴和引用了一些思想政治理论课的同行及专家、学者的相关研究成果，我们在此谨致谢忱。限于作者水平有限，本书难免存有不当之处，真诚期望得到全国从事思想政治理论课教育教学的同行、各位专家、学者和读者们的批评指正。

编者
2013 年 12 月